나이듦에 대하여

인문학 공동연구 총서

나이듦에 대하여

2024년 1월 20일 초판 1쇄 펴냄
2024년 3월 15일 초판 2쇄 펴냄

엮음 서울대학교 인문대학
편집 이소영·임현규·한소영
디자인 김진운
본문조판 토비트
마케팅 김현주

펴낸이 윤철호
펴낸곳 ㈜사회평론아카데미
등록번호 2013-000247(2013년 8월 23일)
전화 02-326-1545
팩스 02-326-1626
주소 03993 서울특별시 마포구 월드컵북로6길 56
이메일 academy@sapyoung.com
홈페이지 www.sapyoung.com

일러두기
· 우리말 표기법에 따라 '나이 듦'으로 띄어 쓰는 것이 맞지만, 이 책에서는 주제를 명확
  히 표현하고 반복되는 단어의 가독성을 높이기 위해 '나이듦'으로 붙여 써서 표기했다.
· 단행본이나 논문집 등은 『 』, 단행본에 실린 단편이나 논문, 기사 제목 등은 「 」, 회화 작
  품의 제목은 〈 〉, 화집이나 화첩은 《 》로 표기했다.

나이듦에 대하여

서울대학교 인문대학 엮음

사회평론아카데미

이 시대에 인문학의 위치는 어디일까? 인류는 과학기술의 비약적 발전에 환호하고 있고, 과학기술은 이 시대의 변화를 주도하고 있다. 그런데 이 과정에서 인간은 보이지 않는다. 변화와 발전의 출발점과 도착점은 인간이어야 하는데도 말이다. 거의 홍길동 없는 『홍길동전』이다. 이제는 급기야 첨단화된 과학기술이 인간에게 위협이 될 수 있다는 우려마저 나오고 있다. 인간은 과학기술 발전의 성과를 향유하는 존재이기도 하지만, 그것을 넘어 끊임없이 사유하고 자성하는 존재이기도 하다.

이 시대를 살아가는 인간과 인간의 삶에 대한 근본적인 문제에 대해 성찰하는 것이 인문학의 책무라는 인식에서 출발하여, 2019년에 '인간'이라는 주제로 인문대학 심포지엄을 개최하고 여기서 발표된 글을 모아 인문학 공동연구 총서 『인간을 다시 묻는다』를 발간하였다. 이후 매년 한 가지 주제를 정하여 심포지엄을 개최해오고 있는데, 2020년에는 '팬데믹 너머 대학의 미래를 묻다', 2021년에는 '문화의 유통, 그 과정과 변이'가 주제였다.

2022년에는 '나이듦에 대하여'라는 주제로 제4회 인문대학 심포지엄을 개최하였고, 여기서 발표한 글을 엮어 이 책을 출간하게 되었다.

인공지능이 아무리 발달해도 생로병사에 얽힌 인간의 고뇌를 대신해줄 수는 없다. 물론 의학과 과학기술의 발달이 인간의 고통을 완화해주고 삶의 질을 획기적으로 높였지만, 그래도 인간은 여전히 생로병사로부터 자유롭지 못하고 이 질곡에 갇힌 인간의 고뇌 또한 그대로다. 초고령사회 진입을 앞둔 우리나라에서는 노화가 초미의 관심사다. 의학과 간호학의 과제이기도 하고, 정치·사회·문화적인 의제이기도 하다. 여러 해 전에 학부 4학년 학생이 1학년 신입생의 젊음을 부러워하고 본인의 나이듦을 한탄하는 것을 보고 실소를 금하지 못한 적이 있다. 실제로 나이듦은 중장년만의 관심사가 아니다. 20대의 관심사이기도 하고, 어쩌면 10대도 관심이 있을지 모른다. 결국 인간은 태어나는 순간부터 나이가 들어가는 존재이기 때문에 나이듦은 모든 인간의 숙명이자 화두이다.

이 책은 나이듦에 관한 글 열세 편을 담고 있는데, 시간적으로는 고대부터 현대까지, 공간적으로는 동양과 서양을 넘나들며 나이듦에 관한 다양한 사유를 보여주고 있다. 옥고를 보내주신 열세 분의 필자와 제4회 인문대학 심포지엄을 기획하고 진행하신 김병준 교수님, 그리고 이 책의 출판을 맡아주신 윤철호 사회평론아카데미 대표님께 감사드린다. 또한 이 책이 출판되기까지 모든 과정을 세심하게 챙긴 정요근 인문대학 기획부학장님과 애쓰신 모든 분에게도 감사의 마음을 전한다. 아무쪼록 이 책이 나이 들어가는 모든 이들에게 바쁜 일상에서 잠시 벗어나 인간과 삶에 대해 성찰할 수 있는 여유를 선사할 수 있길 바란다.

2024년 1월
서울대학교 인문대학 학장 강창우

어느 날 갑자기 찾아온 노년

김병준

아침에 머리를 감을 때마다 샴푸 통 위의 펌프 꼭지를 눌렀다. 언제나 손바닥 위에 똑같은 양의 샴푸 액이 떨어졌다. 내가 샴푸 통 꼭지를 누르기만 하면 영원히 언제라도 딱 그만큼의 샴푸 액이 나올 거라고 생각했다. 오늘도 여느 날처럼 샴푸 통 꼭지를 눌렀다. "퓨~욱!" 소리만 날 뿐 샴푸가 안 나온다. 무슨 일이지? 다시 눌러도 마찬가지다. 샴푸 액이 없다. 그제야 그 사이 매일매일 샴푸를 할 때마다 조금씩 샴푸가 줄어들고 있었다는 사실을 깨달았다. 왜 몰랐을까 가만히 생각해보니, 샴푸 통이 플라스틱으로 만들어져 그 안에 들어있는 샴푸 액이 보이지 않았기 때문에 그동안 샴푸가 줄어든다는 사실을 몰랐던 것 같다. 그래도 그렇지. 아무리 보이지 않아도 어떻게 이 간단한 사실을 깨닫지 못했을까? 매일 반복되는 평온한 일상이 언제까지나 이어질 거라는 막연한 바람 때문이었을까?

나이듦에 대해 생각하는 것도 다르지 않다. 사람은 매년 나이가 들면서 청년이 되고 중년이 되고, 그리고 노인이 된다. 이런 사실을 모르는 사람이 있을까? 그럼에도 대부분 노년을 마주하기 전까지는 오늘도 내일도 언제까지나 젊음이 지속된다고 생각한다. 마치 샴푸가 계속 나올 거라고 기대하는 것처럼 말이다. 하지만 어느 날 갑자기 샴푸가 나오지 않듯이 갑자기 문득 노년이 다가온다. 샴푸 통이 플라스틱으로 만들어져 그 안의 샴푸 양이 보이지 않았던 것처럼, 우리의 몸도 겉으로 급변하는 것이 아니어서 나이를 먹고 있다는 사실을 잊어버린다. 그러다 "퓨~욱!" 소리를 내듯이 내 몸 어딘가가 갑자기 예전과 같지 않게 되면 비로소 노년을 깨닫게 된다. 조선시대 김창흡이 이가 빠진 자신의 모습을 보고 펑펑 울었다는 이야기(8장 「늙음을 받아들이는 지혜」)도 이와 다르지 않다.

나이듦이란 이렇게 갑자기 느껴지기 때문에 무척 생소하다. 나이 든 자신에 대해 제대로 생각해본 적이 없어서 어리둥절하기도 하지만, 예전과 달라진 자신의 모습을 보면 당황스럽기까지 하다. 무얼 어찌할지 몰라 우왕좌왕하며 신세 한탄을 하기 일쑤다. 없어진 젊음을 아쉬워하며 시간을 보내려니, 이렇게 또 시간이 지나가버리는 것이 더 아쉽다. 샴푸야 다시 사면 그만이지만, 내 몸은 다시 살 수 없다. 이대로 내버려 둘 수는 없다. 더 이상 나이듦을 생소한 대상이 아니라 익숙한 내 것으로 만들어야겠다.

2022년에 서울대학교 인문대학으로부터 심포지엄의 기획 책임을 부탁받았을 때 내 모습이 대충 이랬다. 마침 그때 인문 대학 심포지엄을 맡아달라는 제안을 받은 것이다. 인문대학 심포지엄은 인문학의 여러 분야를 전공하는 교수들이 하나의 공통된 주제를 각자의 시선에서 바라보고 이를 함께 생각해보는 자리이다. 몇 가지 주제를 생각해보았지만, '나이듦'이라는 주제가 심포지엄에 제일 잘 어울리겠다고 판단했다.

인문학은 사람을 주제로 삼는다. 모든 학문이 인간을 떠나 존재할 수는 없겠지만 인문학은 특히 인간 본연의 모습을 주목하고 깊이 성찰한다. 문학, 어학, 철학, 역사의 다양한 시선으로 인간을 바라보던 인문학이 시대가 흐르면서 점차 세분화되어 그 방법론이 무척이나 다양해지고 전문화되었다. 더 다양한 시선으로 인간을 들여다볼 수 있어 풍부한 사고가 가능해지기도 했지만, 다른 한편으로는 인문학 내의 이웃 학문에 대한 이해가 크게 부족해졌고 자연히 관심도 멀어져갔다.

본래 인간을 더 깊숙이 이해하기 위해서 여러 측면에서 보려던 의도로부터 멀어져 자기 학문의 방법론에만 충실해져버렸다. 이제라도 인문학 본래의 목표를 자꾸 되돌아볼 필요가 있다는 생각이 널리 공유되기 시작하던 차에, 인문대학에서 마련한 심포지엄은 이런 목적에서 인문학의 다양한 분야의 전공자가 모여 서로의 생각을 들어가며 이야기를 나누고자 출발했다. 인간을 탐구하는 학문이라면 어떻게 해도 피할 수 없는 주제인 나이듦이야말로 함께 이야기해볼 만한 주제가 아니겠는가. 누구라도 피할 수 없는 문제라면 분야마다 깊은 고민이 있었을 법했다. 심포지엄의 주제, 그리고 이 책의 주제는 이렇게 정해졌다.

집필진은 가능한 여러 분야의 전문가로 구성했다. 분야별로는 문학, 어학, 철학, 역사학, 미술사학의 시선을 모두 담으려 했고, 지역별로도 동양과 서양, 시대별로도 전근대와 근현대뿐만 아니라 지금 현재의 이야기를 들어보고자 간호학도 포함했다. 그리고 드디어 지난 2022년 10월 심포지엄을 개최했다. 예상했던 대로, 아니 예상보다 훨씬, 각 분야에서 나이듦에 대해 오랫동안 깊은 고민이 축적되어 왔다는 사실을 확인할 수 있었다. 각자가 처한 시대적 환경에 따라서, 성별에 따라서, 때로는 계층과 신분에 따라서 나이듦의 의미는 달랐다. 나이듦을 바라보는 시선은 사뭇 다르다 못해 상반되기까지 했다. 어느 편이 반드시 옳다고 할 수도 없었다. 인문학이 언제나 그렇듯이 쉽게 결론을 지을 수 있는 것이 아니었다. 귀를 기울여 들어야 할 뿐이었다.

심포지엄이 끝난 뒤, 원고를 정리하며 이렇게 다양한 시선을 어떻게 편집할지 고민했다. 단순히 학문을 나누는 분류 방식으로 내용을 배열하면 독자가 읽기에 오히려 번잡스러울 것도 같았다. 그래서 나이듦을 생각하게 되는 입장으로 다시 돌아가보았다. 어느 날 갑자기 나이듦을 마주한 인간은 너무도 생소한 나머지 '도대체 노년이 무엇일까?'라는 본질적 질문을 할 듯싶었다. 그 대답을 듣기 위해서 먼저 수천 년 동안 사람들은 나이듦을 어떻게 받아들였는지 들어볼 필요가 있다고 생각했다. 과거에 가졌던 나이듦에 대한 시각을 물려받든, 탈피하든 그 역사에 대해 알아야 나이듦의 가치를 각자 정의해나갈 수 있기 때문이다. 그래서 제1부 '나이듦의 의미를 찾아서'에서는 조금은 거시적인 안목으로 인생에서 노년이라는 시간이 어떠한 특징을 지니는 시간인지를 보여줄 수 있는 글들을 모아 구성했다. 과거의 사유 속에서 나이듦의 의미를 짚어보는 글들이다.

거시적 역사의 흐름 속에서 나이듦의 의미를 찾고 난 후라도 어딘가 아쉬운 구석이 남을 것임에 틀림없다. 역사를 전공하는 나도 역사적 의미를 운운하지만, 종종 일개 한 사람으로서 거대한 역사의 흐름과 나를 일치시키기에는 그 의미가 너무 무겁다. 누군가 나에게 더 구체적으로 나이듦에 대해서 이야기해줄 수 있는 사람은 없을까. 누군가 나이듦에 대해 오랫동안 깊은 성찰을 한 사람이 혹은 그런 경험을 한 사람이 그 생각과 경험을 말해준다면 훨씬 편안하게 나이듦을 받아들일 수 있을 것이다. 제2부 '노년, 가장 전위적인 시간'에서는 노년에 가장 뛰어난 예술성과 통찰을 보여준 인물들의 이야기를 담고 있는 글을 모았다. 노년은 '과정'이며, 어쩌면 인생에서 가장 '풍요로운' 사유로 가득 찬 시기임을 넌지시 전달하고 있는 글들이다.

이렇게 나이듦의 의미를 역사적 흐름 속에서, 또 뛰어난 통찰력을 가진 선배들의 이야기를 통해 이해하게 되면 나이듦은 더 이상 불편하지만은 않을 것이다. 하지만 나이듦을 마주하며 닥친 당혹감을 해소한 것만으로 만족할 수는 없다. 이제 그 다음 단계, 즉 좀 더 구체적인 방향이 제시되어야겠다. 제3부 '나이듦을 공부하다'에서는 노년을 맞이한 자들, 아니 노년을 앞둔 우리 모두가 알아가야 할 실용적이고 현실적인 주제들을 다뤘다. 잘 나이 들기 위한 기본적인 마음가짐이 무엇인지, 내가 쓰고 있는 언어 속 나이에 관한 관념을 의식하는 일, 노인 돌봄과 관련한 정책을 아는 일에 대한 글을 묶었다. 나아가 이 책에서 시작된 논의가 끝나지 않도록 하기 위해서 또 다른 논점을 제기한 다른 책을 소개한 글을 마지막에 배치했다.

노년은 누구나 맞이할 수밖에 없다. 지금 이미 노년이 되어 눈앞에 놓인 노년을 어떻게 받아들여야 할지 고민하는 사람도 있지만, 아직은 먼 미래의 일이라고 치부하고 있는 사람들, 아니 절대로 나한테는 노년이 오지 않을 거라고 우기는 사람도 있다. 하지만 이들에게도 노년은 오고야 만다. 또한 이들 역시 언제나 '나이듦의 시간'을 보내고 있다. 어느 날 갑자기 노년을 깨닫고 당황하는 것보다 그것이 오고야 말 것이라면 조금 미리 슬쩍 넘겨보아두는 것이 좋지 않을까. 인문대학이 기획하고 펴낸 이 책이 그런 사람들에게 조금이라도 도움이 되었으면 한다.

심포지엄 주제를 '노년'이 아니라 '나이듦'으로 정한 까닭은 '나이듦'의 대상을 노인으로만 한정하지 않으려는 의도에서였다. 모든 연령대의 사람들이 나이 들어갈 터이므로, 소년의 나이듦, 젊은이의 나이듦과 중년의 나이듦, 그리고 노인의 나이듦을 살펴보고, 그것들을 비교해보려고 했다. 노년이라는 말에 담긴 어감이 어딘가 조금 쓸쓸해 보이기 때문이기도 했지만, 모든 연령대를 대상으로 한 검토를 통해 나이듦의 참뜻에 접근할 수 있을 것이라고 생각했기 때문이다.

하지만 역시나 노인을 제외한 연령대에서는 나이듦을 의식하는 경우가 생각보다 많지 않았다. 물론 더 정밀한 검토가 필요하겠지만, 심포지엄의 일관성과 명료함을 높이기 위해 노인의 나이듦, 즉 늙음에 집중하기로 했다. 노년이 오기 전의 나이듦은 확실히 다른 것이다. 특별히 다루어볼 만한 주제이며, 앞으로 더욱 깊은 담론이 필요한 주제이다.

차례

1부

나이듦의 의미를 찾아서

01

유럽사에 나타난 나이듦의 다양한 이미지

장문석 서양사학과

우리는 투쟁하도록, 승리하도록 만들어졌어요. 슬픔과 멜랑콜리여 안녕.
우리에게 끝이란 없어요. 끝은 바로 이 순간이고, 매 순간 끝은
확장되니까요. 우리를 지배하는 강렬한 정신 활동은 멈추지 않을 것이니,
이는 우리가 그렇게 원하기 때문이에요.
- 피에로 고베티

'나이듦' 또는 '노년'이 진지한 학술 연구의 대상이 된 것은 상대적으로 최근의 일이다. 그러나 역사는 짧지만 관심의 밀도는 높아서 서양 학계에서는 역사학을 비롯한 많은 영역에서 주목할 만한 성과들을 축적하였다. 이제 노년이라는 주제는 역사학자와 사회학자, 심리학자, 경제학자, 의학자 등이 열심히 경작하는 비옥한 텃밭이 된 듯하다. 다만, 우리나라의 경우에 인구의 노령화가 급속히 진행되면서 노년에 대한 사회적 관심이 폭발적으로 늘어났음에도 불구하고, 그에 상응한 학술적 연구가 깊이 있게 이루어지지는 않는 것 같아 아쉽다. 특히 노년에 대한 진지한 인문학적 성찰이나 역사학적 고찰이 희소하여 공백이 커 보이는데, 그런 작업이 폭넓게 이루진다면, 노년에 대한 학술연구가 한층 자극되고 깊어질 수 있으리라 생각한다.

어쨌든 오늘날 나이듦에 대한 연구는 서양 학계에서든 우리 학계에서든 긴급하고도 유망한 분야로 떠오르고 있다. 나이듦에 대한 관심은 날로 커지고 연구 성과들도 점점 쌓여간다. 앞으로 더 많은 연구를 통해 노년에 대한 우리의 인식은 깊어질 것이다. 이런 인식의 심화는 당장 우리 각각이 자신의 삶을 길고 넓은 안목에서 전망하게 할 뿐더러 우리의 삶을 풍요롭게 해 줄 터이다.

그런데 장애물이 있다. 노년에 대한 표상에서 천편일률적인 이미지가 노년에 대한 우리의 이해를 방해하고 있다는 점이다. 그런 천편일률적인 이미지는 삶의 한 과정으로서 노년이 갖는 풍부함과 다양성을 제거해버린다. 여기서 중요한 점은 노년이 연속적인 삶의 한 **과정**이라는 사실이다. 이 글에서 나이듦과 노년을 딱히 구분하지는 않겠지만, 과정을 중시한다면 노년보다는 나이듦이 더 적절하고 정확한 함의를 담은 표현일 듯하다.

나는 유럽사에서 거칠게 잘라낸 일부 단면들을 통해 그런 천편일률적인 표상들을 살펴보면서 노년의 정형화된 이미지

란 무엇인지, 그런 이미지가 얼마나 근거 있는 것인지 검토하
고자 한다. 나아가 그런 역사적 검토를 통해 나이듦 또는 노년
에 대해 단일하고 일반적인 이미지와 담론을 고착시키는 것이
얼마나 위험한지를 드러내 보이고자 한다. 이를 위해 먼저 그
런 표상들의 원형이라고 할 수 있는 고대 그리스와 로마의 사
례에 대한 연구들을 참조할 것이다. 또한 근대사의 기점인 프
랑스 혁명을 전후한 시대의 사례도 부분적으로 인용하여 노년
의 인식과 표상에서 확인되는 연속성과 변화, 획일성과 다양
성의 문제도 사고해본다. 덧붙여, 필자가 공부하는 20세기 이
탈리아에서도 몇몇 흥미로운 사례들을 추려내 그 함의를 끌
어내보려고 한다. 주로 파시즘과 반파시즘에서 나타난 노년의
표상들의 공통점과 차이점을 분석할 것이다. 이런 단편적인
고찰만으로 역사적 구성물로서 노년의 표상들을 온전히 분석
해내기는 힘들 테지만, 정형화된 노년 인식에 대한 문제 제기
라는 측면에서 작은 의미를 찾고자 한다.

고대의 나이듦

이탈리아 사회학자 굴리엘모 주멜리(Guglielmo Giumelli)에 따

르면, 스테레오타입으로 된 노인의 표상은 긍정과 부정의 이미지를 하릴없이 오간다. 노인은 "현명하고 관대한 기억의 저장자이자 연속성의 관리자"이지만, "쩨쩨하고 인색하며 어리석은" 존재이기도 하다. 오늘날에는 부정적 이미지가 우세하여, 나이듦은 "고립과 고독, 의존, 빈곤, 지적 감퇴, 활력 저하, 신체적·도덕적 쇠약, 투병"의 이미지로 제시된다. 그러나 일각에서는 "제3의 인생"으로 찬미하기도 하는데, 이는 상업화의 목적을 숨기고 있는 표상으로서 우리 사회의 "위선"을 설핏 드러낸다.[1] 역사학계에서도 전근대 시대에 현자의 이미지를 갖던 노인이 근대화 이후 권위와 존경을 잃었다는 근대화론의 해석이 오랫동안 우세했다. 영국 역사학자 팻 테인(Pat Thane)은 노년의 역사가 있다면 이는 필경 "쇠퇴의 이야기"일 거라고 단언한다. 즉 과거에는 늙어서까지 사는 경우가 드물어 노인은 "희소성"이 크고 "비용"도 낮기에 존중된 반면, 지금은 "부담"을 주는 존재로서 무시당한다는 것이다. 물론 테인 자신은 오늘날 역사서술이 그런 "허구"에 도전해야 한다고 본다.[2]

그렇다고 고중세 유럽이 노인들의 "황금시대"였을까? 이러한 통념은 널리 공유되고 있지만, 정작 근거는 희박하다. 무엇보다 통념을 뒷받침하는 노인의 "희소성"만 해도 그렇다. 테인 등 많은 역사학자들에 따르면, 전근대 시대에 높은 유아 사망률로 평균 기대수명이 짧아지기는 했어도 어릴 적 고비를 넘겨 한 25세까지 생존하기만 하면 60세를 넘어 장수하는 것이 드문 일은 아니었다고 한다. 18세기 유럽의 일부 국가에서는 60세 이상 노인들이 전체 인구의 10% 안팎을 차지했고, 심지어 1세기 로마 제국 인구의 6~8%가 60세를 넘겼고 그중 극소수는 100세까지 산 것으로 추정된다. 여기에 현대의 경제학적 "비용"의 척도를 들이밀면, 전근대 시대에도 노인 부양은 오늘날처럼 가족과 공동체에 "부담"을 주었을 것이다. 따라서 전근대 시대가 노인들의 "황금시대"였다는 통념은 신화에 불과하다. 그때에도 노인들은 대부분 어려운 삶을 영위해야 했다. 물론 많은 노인이 자식들에 의존하지 않고 독립적이고 활동적인 삶을 꾸렸다. 만일 전근대 시대에 노인이 권위와 존경을 누렸다면 단지 나이 들었다는 이유로 자동으로 그리된 것이 아니라 개인의 의지와 능력을 통해 성취한 것일 터이다.[3]

결국 전근대 시대에 노년과 노인이 존중받았다는 통념도 재고해야 한다. 존중받기는커녕 조롱당하기 십상이었다. 고대 그리스와 로마의 경우를 보면, 가령 아리스토텔레스(Aristoteles)는 노인들이 수다스럽게 과거에 집착한다고 질려했고, 루키아누스(Lucianus)는 노인들이 지나치게 삶을 사랑한다고 비꼬았다. 키케로(Cicero)는 노년의 결함을 네 가지로 정리하여 반박했는데, 반박보다는 결함이 더 기억에 남는다. 즉 노년은 젊었을 때 할 수 있었던 일을 못 하게 되고, 신체가 약해지며, 즐거움이 없고, 죽음과 멀지 않은 시기라는 것이다.[4] 고대 과학도 노년을 부정적으로 분석했다. 히포크라테스(Hippokrates)는 나이듦을 열과 습기를 상실하는 과정으로 보고, 노년을 냉하고 건조한 체액인 흑담즙(멜랑콜리)이 과잉해지는 시기로 판정했다. 이로부터 멜랑콜리는 서양의 문학과 미술에서 오랫동안 노인의 특징으로 간주되었다.

물론 스파르타의 장로회의(gerousia)가 노인 지배(gerontocracy)의 강력한 증거로 제시될 수 있다. 그러나 프랑스 역사학자 조르주 미누아(Georges Minois)에 따르면, 스파르타는 "특별한 예외"일 뿐이다. 장로회의의 특권이라는 것도 숱한 전투들에서 살아남은 명예로운 자들에 대한 경의의 표시였다. 그나마도 스파르타의 장로회의는 5인의 감찰관 에포로이(ephoroi)에 밀려났다. 이 스파르타의 예외를 제외하면, 고대 그리스 세계는 대부분 젊음을 찬양하고 나이듦을 배척했던 것으로 보인다. 메난드로스(Menandros)는 나이듦을 "인류의 적, 아름다움의 파괴"로 여겼고, 아리스토파네스(Aristophanes)는 노인을 "대머리인데다, 이가 빠지고, 귀가 먹고, 주름지고, 등이 굽고, 째지는 목소리"로 묘사했다. 반면, 미누아는 로마인들이 국제적이고 실용적인 감각으로 노년에 대한 일반적 관념과 범주화의 오류에서 벗어났다고 본다. 그들은 노년을 다양한 측면에서 이야기했고, 특정 연령층보다는 개개인을 논하면서 결과적으로 노년의 "비참함과 위대함"을 동시에 보존했다는 것이다.[5]

과연 고대 로마의 노년에 대한 인식을 보는 미누아의 해석은 의미심장하다. 노년을 하나의 범주로 설정하여 하나의 특징으로 개념화하는 것의 위험성을 날카롭게 포착하고 있어서다. 기실, 고대 그리스인들과 고대 로마인들도 노년을 보는 시각이 서로 달랐고, 그리스와 로마 문화 내부에서도 시각은 다양했다. 아닌 게 아니라 로마인들은 노년에 대해 다중적인 시각을 지니고 있었다. 예컨대 유베날리스(Juvenalis)는 노년을 "일그러지고 추한" 이미지로 조롱했지만, 세네카(Seneca)는 노년을 "더 이상 즐거움을 원치 않게 되는 즐거움을 누리는" 시기로 균형 있고 심오하게 정의하기도 했다.[6] 물론 세네카도 유베날리스도 로마를 대표하지 않는다. 여기서 교훈은 다른 시대에서도 노년의 표상이 어느 하나로 대표될 수는 없으리라는 것이다.

또 하나 유의할 점은, 시몬 드 보부아르(Simone de Beauvoir)가 지적하듯이, 고대 시인들, 특히 로마 시인들이 늙은 여성에게 독설을 퍼부었다는 사실이다. 호라티우스(Horatius)는 사랑에 빠진 늙은 여인을 온갖 노골적 표현을 동원하여 묘사했고, 오비디우스(Ovidius)는 자기가 사랑하는 여인의 미래 모습을 신랄하게 상기시켰다. 보부아르에 따르면, 여성은 남성에게 오직 에로티시즘의 대상일 뿐이어서 늙고 추해지면 여성들을 사회적 자리에서 밀어냈다고 한다. 그렇게 노인 혐오가 여성 차별과 결합된 것이다. 그렇다면 노년의 문제는 종종 **성별**의 문제와 긴밀히 얽혀 있었다고 볼 수 있다.

그런가 하면 노년의 문제는 **계급**의 문제와도 엮여 있었다. 다시 보부아르에 따르면, 고대 작가들은 힘없고 가난한 남성 노인들에게는 관심이 없었다. 주된 표적은 부와 권력을 장악한 구세대 남성 노인들이다. 그런데 이들 힘 있고 부유한 남성 노인들에 대한 태도는 이중적이어서 한편으로 동경하고 존중하나 다른 한편으로는 질시하고 증오했다고 한다.[7]

이 대목에서 세대 갈등이라는 중요한 쟁점이 나타난다. 미누아는 노인 지배의 변론가라고 할 '고명한' 플루타르코스(Plutarchos)를 호출하여 노년에 대한 상충하는 표상들이 세대 갈등을 반영한다는 점을 예리하게 파고든다. "노인들이 권력을 독점할수록, 성장하는 세대의 초조함은 격화되어 노인들에 대한 멸시와 증오로 변모한다."[8] 플루타르코스다운 날카로운 지적이다. 여기서 노년의 표상에 잠복해 있는 어떤 정치성을 엿볼 수 있다. 그리고 세대 갈등이 고대에만 국한될 리 없으므로 플루타르코스의 통찰은 다른 시대에도 얼마든지 적용된다. 그런 만큼 세대 갈등이 벌어지는 특정한 역사적·정치적 상황 속에서 노년의 표상들을 이해하는 것이 중요해진다. 바꿔 말해, 노년에 대해 대립하고 경합하는 복수의 표상들을 그것들이 생성된 원래의 **맥락들**로 돌려보내 이해해야지만 노년에 대한 추상적이고 전형적인 인식에서 탈피할 수 있다는 말이다. 확실히, 주멜리도 그런 맥락화의 중요성을 강조한다. 그가 정당하게 경고하고 있듯이, "일부 요소들을 세분하여 적절하게 맥락화하지 않고서 요소들에만 주목하는 것, 또는 일부 부정적 국면들을 부각하거나 과장하는 것"은 틀림없이 삶의 특정한 단계로서 노년을 왜곡시키는 "천편일률적인 독해"로 이어질 뿐이다.[9]

근현대의 나이듦

역사 속에 나타난 나이듦 또는 노년의 표상들을 틀에 박힌 방식으로 독해하지 않기 위해서는 무엇보다 노년에 대한 다채롭고 복합적인 동시에 서로 길항하고 대립하는 표상들을 인식할 필요가 있다. 여기서 긴장과 갈등의 국면들은 당연히 어느 시대에나 확인될 수 있겠지만, 근현대에 들면 좀 더 극적이고 정치적인 성격이 두드러지는 것 같다. 가령 프랑스 혁명을 젊은 아들들의 아버지 살해로 보는 시각은 이제는 진부할 정도로 유명하다. 젊음과 대항하는 도식적인 시각에서 보면, 노년은 '혁명'으로 타도되어야 마땅할 '앙시앵 레짐(ancien régime)'이고, '공화국'은 '형제애'를 표방한 젊은 아들들이 늙은 아버지를 제거하고 자매들을 배제하며 재건한 새로운 권력일 것이다. 이런 식의 관점은 '가족 로망스'라는 프로이트적 정신 분석의 개념을 동원하여 프랑스 혁명을 흥미롭게 설명한 역사학자 린 헌트(Lynn Hunt)의 혁명 분석에서 잘 드러난다.

그런데 노인과 관련하여 헌트의 분석에서 흥미로운 점은 이미 혁명 전에 노인의 지위가 불안하고 쇠퇴하는 것으로 표상되고 있었다는 사실이다. 예컨대 18세기 중후반의 화가 장 밥티스트 그뢰즈(Jean-Baptiste Greuze)의 그림들에는 권력을 상실한 노인들이 자주 등장한다. 눈멀고 늙은 오이디푸스나 유스티니아누스 황제에게 쫓겨나 구걸하는 늙은 벨리사리우스 장군의 모습이 바로 그것인데, 이는 가부장의 권위가 위기에 빠졌음을 상징적으로 나타내고 있다. 또한 당시 많은 소설과 그림이 아버지와 아들 관계의 긴장과 갈등, 나아가 부재한

장밥티스트 그뢰즈의 〈아버지의 저주: 고마워할 줄 모르는 아들(*The Father's Curse: The Ungrateful Son*)〉. 아들이 가족들에게 입대하겠다고 말하자, 아버지가 악담을 퍼붓고 있는 모습이다. 아버지와 아들 관계의 긴장이라는 당대의 익숙한 주제를 형상화하고 있다.

아버지의 이미지를 생성했다. 늙은 아버지는 젊은 아들들에게 위협받고 있던 것이다(물론 아내와 딸들을 배제한 아버지와 아들들의 화해와 공모를 잊을 수 없지만 말이다). 헌트의 말을 빌리자면, "혁명 이전 시기의 소설과 그림이 입증하듯 아버지가 없는 세계를 상정한다는 것은 이미 가능한 일이었다."[10]

그러나 노년에 대한 부정적 표상들만 있었던 것은 아니다. 필경 긍정적 표상들도 있었다. 혁명 프랑스는 노인들에게 애국적 이미지를 부여하여 "재결합의 축제(fête de la réunion)" 또는 이른바 "노년에 바치는 축제(fête dédiée à la vieillesse)"를 개최하기도 한 것이다. 예컨대 파리의 축제에서 어느 관리는 노인들을 찬미하면서 "노인들이 이끄는 공화국 만세"를 외침으로써 혁명의 과잉을 절제하고 애국심을 고취하려고 했다. 1790년대 프랑스 농촌에서 벌어진 "재결합의 축제"를 묘사한 한 그림에서는 젊은이들에게 부축과 돌봄을 받는 노인들의 모습과 "노인을 공경하라."라는 말이 쓰여 있는 휘장을 볼 수 있다.[11] 당연한 말이겠지만, 18세기 유럽에서도 노년에 대한 이미지는 획일적이지 않았고, 대립하는 다양한 이미지들이 특정한 역사적 맥락과 사회적 상황에서 정치적 성격을 띠며 극적으로 표출되었던 것이다.

20세기 유럽에서도 사정은 그와 비슷하다. 아니, 어떤 점에서 20세기는 18세기보다 정치성을 더 강렬하게 보여준다는 점에서 좀 더 상세히 분석해 볼 가치가 있다. 테인은 1920년대와 1930년대 유럽 사회의 인구가 급격히 줄고 노령화된다는 두려움이 파시스트 이탈리아와 나치 독일의 등장과 연관이 있음을 암시한다. 그런 인구학적 맥락은 파시즘이나 나치즘 같은 전체주의 체제가 다자녀 어머니들을 포상하고 독신을 처벌하는 등의 적극적인 인구 정책을 펼친 이유를 설명해준다는 것이다.[12] 그의 논의를 더 확장하면, 예컨대 이탈리아 파시즘은 파시스트들의 자기 확신대로 노년에 대한 '젊음(giovinezza)'의 반란이라는 형태로 전개되었다고 볼 수 있다. 더 구체적으로 말하자면, 이탈리아 파시스트들은 종래의 자유주의 이탈리아를 노쇠한 체제로 폄훼하고 대표적 자유주의 정치가인 "늙은 여우" 조반니 졸리티(Giovanni Giolitti)의 거래정치 관행인 '변신정치(trasformismo)'를 부패의 대명사로 맹렬하게 비난했다.

반면, 파시즘에 의해 질타당한 노쇠한 졸리티는 임종 직전에 태연히 다음과 같이 고해했다고 한다. "신부님, 저는 노인입니다. 아주 늙은 노인이지요. 저는 다섯 번 내각을 꾸렸습니다. 당신도 아시겠지만, 저는 늙어서 「젊음」(파시스트 가요)을 노래할 수 없었습니다."[13] 이 말에서 보이듯이, 졸리티는 자유주의와 파시즘의 대립이 노년과 젊음의 대립이라는 (희화화된)

이탈리아 자유주의를 대표하는 '변신정치'의 대가 조반니 졸리티의 모습. 그는 파시스트 (무솔리니)와 반파시스트(고베티) 모두에게 이탈리아의 구세대, 나아가 '노년'을 상징하는 정치가이기도 했다.

형태로 표출되었음을, 또한 그런 대립이 근본적으로 화해되기 힘든 것임을 잘 알고 있던 것이다. 이처럼 노년과 젊음의 구분은 강한 정치성을 띠곤 했다. 덧붙여, 파시즘이 '젊음'과 더불어 '남성성'에 강박적으로 집착했음을 고려하면, 여기서도 노인 혐오는 여성 차별과 정치적으로 결부되어 있음을 거듭 확인할 수 있다.

한편, 파시즘에 비타협적으로 저항한 자유주의 지식인 피에로 고베티(Piero Gobetti)는 파시스트적 '젊음'의 대척점에 다른 '젊음'을 맞세웠다. 그는 파시즘의 지도자 베니토 무솔리니(Benito Mussolini)야말로 '변신정치'의 브로커라고 질타했다. 고베티는 25년의 생을 미처 채우지 못하고 파시스트들의 폭력으로 요절했는데, 생전에는 물론 사후에도 그의 정치문화적 영향력은 실로 거대하여 반파시즘의 영원한 '젊음'으로 남았다. 그는 짧지만 강렬했던 삶을 통해 안토니오 그람시(Antonio Gramsci)와 카를로 로셀리(Carlo Rosselli), 노르베르토 보비오(Norberto Bobbio), 카를로 레비(Carlo Levi), 비토리오 포아(Vittorio Foa), 프랑코 안토니첼리(Franco Antonicelli), 나탈리아 긴츠부르그와 레오네 긴츠부르그 부부(Natalia and Leone Ginzburg) 등 쟁쟁한 지식인들에게 큰 영향을 미쳤다. 참고로 긴츠부르그 부부의 장남이 우리에게도 잘 알려진, 미시사(mi-

crostoria)의 걸작 『치즈와 구더기』를 쓴 역사학자 카를로 긴츠
부르그(Carlo Ginzburg)이다.

흥미로운 것은 고베티와 그의 연인이자 훗날 레지스탕스
지도자가 될 아다 프로스페로(Ada Prospero)가 보여준 젊음
의 특성이다. 프로스페로는 고베티에게 보낸 1919년 8월 29일
자 편지에서 이렇게 쓰고 있다. "구름이 걷히고 황금빛 태양이
미소 짓는데, 나의 **멜랑콜리**는 사라지지 않네요. 공허함과 불
안감이 아직도 없어지지 않아 거의 울어버릴 지경이죠. 왜 나
는 그렇게도 많은 멜랑콜리를 안고 있을까요?"[14] 이에 고베티
는 1919년 9월 3일 자 답신에서 이렇게 말한다. "우리는 투쟁
하도록, 승리하도록 만들어졌어요. 슬픔과 위기와 **멜랑콜리**여
안녕. 그 모든 것은 한동안만 지속될 수 있어요. 그 이상은 아
니지요. 그다음은 삶이 지배해야 해요. 우리에게 끝이란 없어
요. 끝은 바로 이 순간이고, 매 순간 끝은 확장되니까요. 우리
를 지배하는 강렬한 정신 활동은 멈추지 않을 것이니, 이는 우
리가 그렇게 원하기 때문이에요."[15] 이 편지들에서 우리는 이
들의 비타협성이 단지 물리적 젊음의 무모한 용기가 아니었음
을 금방 눈치챌 수 있다. 두 젊음은 심연으로부터의 깊은 고뇌
와 번민, 주체할 길 없는 슬픔과 멜랑콜리를 느낀 것이다. 그렇
다면 이 편지들에서 읽을 수 있는 것은 프로스페로와 고베티

의 전투성이 단순히 원초적 젊음에서 솟구친 것이 아니라 내면의 멜랑콜리를 극복한 결과로 배어 나왔다는 점이다. 고베티가 말한 "강렬한 정신 활동"이라는 것이 그런 치열하고 고통스러운 내재적 극기의 과정을 암시한다고 할 수 있다.[16]

덧붙여 상상력을 펼치면, 자기비판을 통해 멜랑콜리를 극복한 젊은 투사들이자 연인이었던 고베티와 프로스페로는 일찍이 키케로가 말한 "노인 같은 데가 있는 젊은이"를 연상시키기도 한다. 키케로의 말은 다음과 같다. "노년은 이처럼 존경스러운 것이라네. 노년이 자신을 방어하고, 제 권리를 누리고, 누구에게도 종속되지 않고, 마지막 숨을 거둘 때까지 제 영역을 지배한다면 말일세. 나는 노인 같은 데가 있는 젊은이를 좋아하듯이, 젊은이 같은 데가 있는 노인을 좋아한다네. 그렇게 되려고 노력하는 자는 육체는 노인이 되었어도 정신은 그렇게 될 수 없을 테니까 말일세."[17] 이처럼 "노인 같은 데가 있는 젊은이"나 "젊은이 같은 데가 있은 노인"이라는 표현을 통해 고대의 현자 키케로는 노년과 젊음의 구분이 절대적이고 경직된 것이기보다는 상대적이고 유연할 수 있다는 지혜를 넌지시 들려준다. 아닌 게 아니라 고베티와 프로스페로가 보여준 젊음의 멜랑콜리와 이를 극복하는 과정은 젊음이 지닌 노년의 성숙, 노년이 품은 젊음의 생기가 존재할 수 있다는 것을 잘 보여준다.

한 가지 더 흥미로운 점은 파시즘 내부에서도 젊음과 노년의 대립이 있었다는 것이다. 젊은 파시스트들은 파시즘이 '늙음'으로 낙인찍은 낡은 자유주의와 완전히 단절하고 싶어 했다. 그런 점에서 파시즘의 이론가 조반니 젠틸레(Giovanni Gentile)의 노선이나 권위적이고 고답적인 민족주의에 미온적이었다. 젊은 파시스트들은 훨씬 극단적이거나 '좌익적'이었다. 알베르토 아소르로사(Alberto Asor Rosa)에 따르면, 그런 경향은 가령 젊은 파시스트들로 구성된 토스카나의 문화 서클에서 잘 확인된다. 서클의 한 비평가는 이렇게 적었다. "국가 안에서 작업하려는 신념과 의지가 지성을 행동의 편에 옮겨 놓는다 … 파시스트적 지성은 인간의 총체성을 바라본다 … 파시스트적 지성은 쉬운 길을 가지 않으며, 희생을 통해 단련되고 정당화된다." 이 글에서 뜻밖에도 반파시스트 고베티의 언어나 감성과 유사한 분위기가 감지된다. 아소르로사는 큰 논란을 야기한 논고에서 젊은 파시스트 문필가들이 자유주의 시대의 문화적 전통과 관계 맺기를 거부했을 뿐만 아니라 자신들이 살았던 파시즘 집권 '20년간(ventennio)'의 유일한 현실이 파시즘이었던 까닭에 파시즘의 언어와 사고를 전용할 수밖에 없었다고 지적한다. 그리고 이런 맥락을 고려하면 그들이

나중에 반파시스트가 되고 "반파시스트 문화의 사회 참여적 핵심"을 형성한 것이 그리 놀랄 일은 아니라고 주장한다.[18] 이 주장에 대한 동의 여부와는 별개로, 젊음과 노년의 구분은 20세기 이탈리아에서 자유주의와 파시즘, 반파시즘의 이념과 정치를 가로지르는 복잡한 대립 구도와 전선을 형성했던 것이다.

마지막으로, 자본과 노동이 오랜 갈등을 겪었던 1970년대 이탈리아 피아트(Fiat) 공장의 사례도 숙고할 만한 지점들을 보여준다. 당시 젊은 기층 노동자들은 구세대 노동조합 활동가들을 혁명의 불을 끄는 "소방수"라고 불렀다(열을 잃는 것이야말로 노년의 특징이 아니었던가!). 이에 어느 역전의 노동운동가는 그와 같은 호칭을 듣고 느낀 멜랑콜리를 씁쓸하게 회상했다.[19] 또한 1978~79년 피아트 경영진이 대규모 신규 채용을 진행하여 상당수 "신참들"이 들어왔을 때에도 피아트 노동자들 내부에서 세대 갈등이 극적으로 불거졌다. 흥미롭게도, 그들은 스스로를 "노동자(operai)"로 부르는 대신 "젊은이(giovani)"와 "영감님(anziani)", 또는 "여자(donne)" 들이라고 불렀다.[20] 세대(와 성별)가 계급과 운동도 가로지른 셈이다. 이처럼 20세기 유럽에서 세대나 연령층에 대한 표상들은 고대 로마의 경우처럼 이념과 정치, 계급, 성별, 민족 등과 중첩되며 한두 마디 말로 일반화할 수 없을 정도로 다양했다. 그리고 그런 표상의 갈등이 드러내는 **정치적** 차원은 노년의 문화사와 사회사를 넘어 정치사적 지평도 열어젖혔다.

일반화의 덫

이상의 단편적인 고찰을 통해 잠정적이나마 어떤 결론을 끌어내 본다면 무엇보다 특정한 역사적 시기마다 고정된 노년의 표상이 대응하는 것은 아니라는 것이다. 같은 시기라도 다양하고 복합적인 이미지들이 공존하고 경합하기에 해당 시대 노년의 개념을 한두 마디로 정의하는 것은 위험할 것이다. 따지고 보면, 노년의 시기가 언제부터 시작되고 그 특성은 무엇인지 정의하는 것 자체가 쉽지 않다. 시기 문제만 해도 어떤 시대나 사회는 50세부터일 수도 있고 다른 시대나 사회는 70세 이상일 수도 있다. 대략 공무적으로는 60~65세가 노년으로 접어드는 분기점으로 간주되곤 한다. 그러나 이 또한 개개인의 정신적·신체적 역량과 경제적 능력, 사회적 적응력이 다르기 때문에 하나로 고정할 수 없다. 주멜리에 따르면, 노년 시기를 정의하기 어려운 본질적인 이유는 노년이 "태어나는 순간에 시작되어 죽음으로 끝나는 인생에서 적응하고 재적응하는 기복이 심한 **연속체**"²¹인 탓이다. 여기서 "연속체"라는 표현이 의미심장한데, 이를 통해 주멜리는 다분히 정태적인 노년의 개념을 연속적 과정으로 이해하기를 은근히 주문하고 있는 것 같다. 그런가 하면 노년의 개념만큼이나 노년의 특성도 정의하기 어렵다. 노년은 시대마다 형태를 달리하면서도 긍정과 부정의 이미지로 획일적으로 표상되곤 한다. 즉 노년은 "배낭을 메고 지팡이를 짚고 배회하는 백발의 노인과 … 조언하는 늙은 현자"²²라는 양극단 사이에서 다양하게 묘사되는 것이다. 그러므로 노년의 진실에 다가가려면 시대에 따른 "변화"만큼이나 "연속성"을 고려해야 하고, "일률적이고 통일된 역사상"을 제공하기보다는 "세분화"를 추구할 필요가 있다.²³

아울러 고려해야 할 점은 노년에 대한 인식과 표상이 세대를 매개로 한 사회적 갈등과 긴밀히 얽혀 있고 이는 때때로 첨예한 정치적 성격을 띠기도 한다는 사실이다. 그런 점에서 젊음과 노년의 차이를 포함하는 '세대'의 범주는 종래의 계급이나 인종, 젠더 등의 범주들과 마찬가지로 역사를 이해하고 사회를 분석하는 필수적인 개념일 것이다. 사실, 세대 갈등은 우리 시대의 가장 중요하고 첨예한 사회적 갈등 중 하나라고 할 수 있다. 그렇기에 우리가 노년을 어떻게 규정하고 표현하며 이를 비노년 또는 젊음과 어떻게 관계 짓는가의 문제는 우리들이 미처 인지하지 못하는 우리 사회의 쟁점과 모순을 파악할 수 있는 단서이다. 이미 고찰했듯이, 역사적으로 많은 사회가 노년을 부정적으로 표상해온 것이 사실이다. 그러나 그런 부정적 이미지들에 맞서 새로운 노년의 담론들이 나타나면서 종래의 담론들과 경쟁하기도 한다. 그런 담론적·문화적 경쟁은 결코 정치 투쟁을 배제하지 않고, 오히려 종종 그와 결합한다.

그런데 그런 담론이나 정치와 관련하여 유의할 점이 있다. 우리가 노년을 하나의 범주나 개념으로 말하는 순간 단순화와 일반화의 덫에 빠질 수 있음은 이미 강조한 바 있다. 게다가 그렇게 거론되는 노년의 범주나 개념도 삶의 노년기를 통과하는 당사자들이 아니라 이 시기를 피하고 숨기거나 잊으려는 이들이 말하는 노년인 경우가 대부분이다. 주멜리가 말하듯이, 그들은 "노년을 '비노인'으로 살거나 '노인 없는' 노년을 살기"를 바란다. 노년은 철저히 타자화되고 주변화된 셈이다. 그렇다면 노년을 살아가는 개개의 노인들을 타인의 멸시와 망각에서 구해낼 필요가 있다. 주멜리는 그러기 위해서는 먼저 노년을 "죽여야" 한다고 말한다. 이 다소 과격한 표현을 통해 이 이탈리아 사회학자는 사람을 구하기 위해서는 개념을 버려야 한다고 호소한다. 노년의 개념보다 노년을 살아나가는 개인들이 더 소중하니 말이다. 요컨대 주멜리에게 실제로 존재하는 것은 "노년이 아니라 자신만의 독특한 삶의 이야기를 통해 나이 들어가는 많은 개인들"이다.[24] 그리고 역사는 그들의 이야기에 귀 기울일 수 있는 좋은 통로이다.

02

노년에 관한 네 가지 불평과 반론[1]

: 키케로의 설득

강상진 철학과

키케로가 로마 농부들을 소환하는 이유는 자신이 심은 나무가
자신에게 이익을 주지 않을 것임을 알면서도 노력을 기울이는 노령의
농부를 통해 전달하고 싶은 이야기가 있기 때문이다.

서양 고전은 오랫동안 읽힌 작품이고 그래서 작품 자체보다 저명한 저술가들의 인용을 통해 더 널리 알려지는 경우가 많다. 본고에서 다룰 키케로의 『노년에 관하여(*De Senectute*)』에서 유래한 다음의 인용도 아마 그 예가 될 것 같다.

> 노년 스스로 자기를 방어하고, 자기의 고유한 권리를 유지하며, 누구에게도 위탁하지 않고, 마지막 숨에 이르기까지 자기 식솔들을 지배하는 한, 노년은 고귀한 것이라네.[2]

노년이 가져오는 갖은 어려움과 위험에 대해 결연히 대처하고자 하는 듯한 이 문장은 당대 최고의 변호사였던 키케로의 이력 때문인지 '방어', '권리', '위탁', '지배'와 같은 법적·정치적인 용어로 넘쳐난다. 하지만 이 인용으로 키케로의 노년에 관한 이해가 마지막 순간까지 권리를 방어하고 누구에게도 위탁하지 않는 지배권 행사를 통해 노년을 고귀하게 혹은 존경스럽게 만드는 투쟁이었다고 판단한다면, 안타깝게도 과녁에서 많이 벗어나게 된다.

본고의 일차적 목표는 키케로의 작품을 중심으로 서양 고전기의 노년에 관한 담론을 재구성하는 것이다. 키케로의 작품을 통해 하나의 서사를 만들어보려고 시도하지만, 서양 고전 시기의 담론이 포괄된다는 뜻은 아니다.[3] 키케로는 플라톤(Plato)의 『국가』 1권에서 소크라테스가 자신보다 먼저 노년의 길을 간 인생 선배에게 노년의 의미에 관해 묻는 케팔로스를 소환하면서 얘기를 시작한다. 이것만으로 이미 노년을 포함한 인간, 사회, 우주에 관한 고전철학적 사유의 전통 안에 있다는 것을 알 수 있지만 사실 노년이라는 주제에 한정해서 말해도 훨씬 넓은 내용을 가진 전통을 이어받고 있다고 해야 할 것이다. 70세의 나이에 탈옥으로 불명예스러운 삶을 더 이어가는 것보다는 부당한 판결이었지만 사형을 받아들이는 것이 고귀한 삶임을 논변하는 소크라테스, 그의 죽음에 대한 이해와

이를 둘러싼 철학적 논변을 보여주는 『변론』, 『크리톤』, 『파이돈』 등도 키케로의 이해 속에 있었다고 해야 할 것이다. 아울러 행복과 도덕에 관한 고전적 토론을 보여주는 아리스토텔레스의 저술들에 등장하는 노년과 관련된 중요한 논의들도 암묵적으로 그의 저술 안에서 영향력을 행사하고 있다고 봐야 한다. 그러니까 본고는 문헌적으로 플라톤과 아리스토텔레스로부터 시작해서 키케로와 세네카에 이르는 시기를 일차적 대상으로 삼고 있으며, 키케로의 작품을 중심으로 전통으로 부를 만한 연속선을 재구성하는 것을 목표로 삼는 셈이다. 서양 지성사에서 대단히 중요했던 이 시기에 노년에 대한 이해와 담론이 어떻게 구성되고 있는지 일차적인 이해를 시도하게 될 것이다.

본고의 전반부는 키케로가 작품을 통해서 얘기하는 바를 정리하고 음미하는 일에 할애하고 후반부는 노년에 관한 현대적 담론과 견주어 보았을 때 서로 빠지는 부분이 무엇인지 점검하고 돌아보는 작업에 쓸 것이다. 어떤 지성사적, 문명사적 배경이 이러한 차이를 만들었는지 충분히 설명할 수는 없겠지만, 고전적 담론에서 빠져 있는 것이 무엇인지, 서양 고전 전통에서는 당연했지만, 현대적 담론에서는 또 당연하지 않게 된 것이 무엇인지 확인할 것이다. 마지막에서는 인류가 지금까지 쌓아온 문명적 성취 위에서 21세기가 새로운 담론을 요구하고 있다는 사실과 '노년'에 관한 고전적 사유방식에서 배울 수 있는 것이 무엇인지를 다시 새기면서 마무리할 것이다.

노년에 관한 글쓰기를 통해 수행되는 위로, 혹은 자기 위로

기원전 44년경에 집필한 것으로 알려진 작품 『노년에 관하여』를 쓸 때 키케로는 막 예순을 넘어 자신보다 몇 년 연상인 아티쿠스를 위해 노년에 관한 글을 쓰게 된다. '이미 우리를 짓누르고 있거나, 아니면 틀림없이 다가올 노년이라는… 공통의 짐'[4]을 아티쿠스와 자신을 위해 가볍게 만들고 싶다는 것이 동기로 제시된다. 연구자들은 이 작품을 당시 정치적 상황 속에서 정치적 주변부로 밀려나 있던 키케로가 경험하고 있는 가족적, 사회적 곤경들을 지적으로 소화하며 수행하는 일종의 자기 설득 작업(self-persuasion)[5]의 일부로 이해한다. 키케로 자신을 괴롭혔던 노년과 결부된 몇몇 괴로움은 자신의 고백대로 저술 과정에서 말끔히 쓸려가고, 노년을 '편안하고 즐거운 것으로 만들어주기까지'[6] 했다는 것이다. 뒤에서 자세히 논의하겠지만 노년에 관해 제기되는 주요한 네 가지 불평에 대한 답을 쓰는 과정에서 키케로는 혹시 모를 때 이른 죽음에 관한 생각, 사회적 인정의 감소, 체력의 축소와 같은 불평들을 적어도 정신적으로 소화해내는 데 성공한 것으로 보인다.

하지만 성욕, 명예욕, 경쟁심, 적대감, 온갖 욕망이라는 전역(戰役)을 다 치르고 제대한 것인 양 마침내 마음이 자신과 함께 있는 것, 자기와 더불어 산다는 것은 얼마나 대단한 일인가! 게다가 연구와 학문이라는 먹거리까지 가지고 있다면, 한가한 노년보다 더 즐거운 것은 아무것도 없다네.[7]

키케로에게 법정과 공직을 떠나 마음 둘 곳이 없던 때가 만약 있었다면 적어도 이 글을 쓰는 수행을 통해서 자신과 산다는 것(secum vivere)이 갖는 고유한 의미[8]를 새겨내고, 이것을 노년의 한가함이 주는 즐거움과 연결한 것이다. 글쓰기가 없었다면 괴로울 뻔했던 노년이 이러한 집필을 통해 서서히 즐거운 것으로 변하는 과정이, 혹은 글을 읽으면서 유사한 체험을 하는 독자들의 변화 과정이 이 작품에서 놓치지 말아야 할 요소이다.

키케로는 노년에 관한 자신의 견해를 자신이 태어나기도 훨씬 전에 돌아간 로마 귀족의 입을 통해 흘러나오게 한다. 작중 대화가 열린 해는 기원전 150년으로 84세의 카토가 30대

중반인 라일리우스와 스키피오에게 노년에 대해 조언해주는 설정으로 되어 있다. 연구자들은 물론 이 작품을 통해 묘사되는 카토와 역사적 카토 사이의 거리를 지적하고, 그러한 거리에도 불구하고 이러한 설정이 갖는 메타적 소통의 차원이 무엇인지에 대해 궁리하고 있지만 본고에서는 마치 그런 드라마적 설정 없이 노년의 초입에 들어선 키케로가 노년에 대해 말한 것처럼[9] 설명하고 음미하겠다.

노년에 관한 잘못된 불평

콕 집어서 노년에 관한 네 개의 불평을 나열하고 하나씩 반론을 제기하기 전에 이미 카토는 노년에 관해서 제기되는 불평이 진정으로 탓해야 할 것을 탓하는 것이 아니라는 점을 분명히 한다. 자신의 동년배들은 노년 때문에 감각적 쾌락을 즐길수 없게 되었고, 나이 탓에 자신을 존경하던 사람들로부터 이제 멸시를 당한다는 불평을 늘어놓지만, 그런 불평[10]에서 비난받아야 할 것은 나이가 아니라 성격(mores)[11]인데 잘못된 탓을 하고 있다는 것이다. 플라톤이 『국가』 1권에서 보여준 소크라테스와 케팔로스 대화의 로마적 판본을 보는 듯한 도입부는 노년에 관한 최선의 '무기'에 관한 언급으로 일단락된다.

노년에 대항하는 가장 적절한 무기는 학문 연구와 덕의 발휘일세. 생의 모든 시기를 통해 잘 연마되었으며 그토록 오랫동안 함께 살아온 덕은 놀라운 결실을 가져다주기 마련이네. 덕은 결코, 심지어 생의 마지막 순간에도 우리를 저버리는 법이 없고 이것이야말로 덕이 그렇게 대단한 이유이지만, 그뿐만 아니라 훌륭하게 살아온 삶을 의식하고, 많은 선행을 기억하는 일은 무엇보다 즐거운 것이기 때문일세.[12]

작품 전체의 향방을 가늠하는 이 문장은 노년에 관한 키케로식 접근의 핵심을 보여주지만, 동시에 만만치 않은 어려움도 제공한다. 젊은 시절부터 덕을 연마하지 않은 사람들은 결국 노년을 위한 최선의 무기를 갖추지 못한다는 얘기를 함축하는 듯 보이기 때문이다. 노년과 결부된 통상의 불평이 사실은 나이 때문이 아니라 부덕(不德) 혹은 유덕(有德)하지 않은 성품 때문이라면, 카토나 키케로처럼 훌륭하고 유덕한 삶을 살아온 사람에게는 위로가 되지만, 동시에 그렇지 않은 노년들에게는 아프기만 할 뿐 치료는 할 수 없는 상처를 보이는 일이 되지 않는가? 안타까운 일이지만 그렇다는 것이 키케로가

서 있는 고전적 덕론의 답이다. 그리고 사실 이 논점이 노년의 자기 위로이면서 젊은 세대에게 주는 덕으로의 권고 역할을 동시에 수행하는 이유이기도 하다. 작품의 화자 카토는 청자였던 라일리우스와 스키피오에게 둘 다 노년이 되어 자신에게서 들은 것이 사실임을 실제 경험을 통해 인정하게 되기를 바란다는 당부로 작품을 마무리하는데, 한편으로는 노년의 자기위로인 동시에 다른 한편으로는 다음 세대에 대한 도덕적 당부라는 점이 키케로와 서양 고전의 담론에서 주목할 점이다.

노년의 비참에 관한 네 개의 이유와 반론

작품의 나머지 부분은 노년이 비참해 보이는 네 가지 이유를 제시하고 하나씩 검토하는 방식으로 진행한다. 이것 말고도 다른 이유들에 관해서는 의도적으로 침묵하고 있는지, 아니면 네 개의 이유에 대한 반론으로 충분한 위로의 토대가 주어진다고 생각하고 있는지는 후에 다시 논의하겠지만 일단 순서에 대해서 한 가지만 지적하고자 한다. 반론이 동원하고 있는 지적 자산의 관점에서 보자면 뒤로 갈수록 통상적인 경험과 상식의 범위를 넘어서는 논증들이 동원된다. 죽음이 가깝다는 것이 노년이 괴로운 이유라는 지적과 같은 것은 가령 우리는 경험할 수 없는 불멸에 대한 사유를 동원하는 것이 그 예이다. 그에 비하면 노년에 할 수 있는 일이 없다는 첫 번째 불평에 대해서는 상식적인 관점에서 그렇지 않다고 말할 수 있을 여지가 충분한 것으로 보인다. 지금부터 간략하게 대체로 노년의 어떤 문제와 반론을 통해 노년에 관한 담론이 구성되는지 살펴보도록 하자.

활동의 감소

키케로가 첫 번째로 꼽는 불평은 노년이 활동의 즐거움을 빼앗는다는 것이다. 키케로는 곧이어 '어떤 활동'이 노년에 어렵게 되는지 묻고, 젊음과 체력이 필요하지 않은 활동은 여전히 노인에게 열려 있다는 사실을 수많은 사례들을 통해 보여준다. 중요한 건 민첩성이나 신체의 기민성이 아니라, 계획과 명망(auctoritas)과 판단력에 의하여 이루어지며, 이러한 자질들은 노년에 오히려 증가한다는 것이다.[13]

기억력의 감퇴 때문에 활동이 줄어든다는 불평에 대해서는 열성(studium)과 관심(industria)만 남아있다면 노인들에게도 지적 능력은 그대로 남아 있다는 응수로 맞선다. 정말 자신이 관심을 갖는 일 혹은 이해관계가 걸린 일은 잊어버리는 일이 없다는 관찰도 이 대목에서 등장하는데 이를테면 노인이라 할지라도 인간이 보물을 묻어둔 장소를 잊어버리는 일은 없다는 것이다.[14]

고령이 되도록 비극을 쓴 소포클레스(Sophocles), 평생 지속된 학구열을 가진 시인과 철학자들의 이름이 호명되고, 마지막으로 들판의 로마 농부들도 등장한다. 농사는 1년을 주기로 돌아가는 일이라 어느 농부도 자기가 1년을 더 살지 못 할 거라고 생각하지 않고 그래서 매해의 수확에 관심을 갖고 열정을 기울인다. 하지만 키케로가 로마 농부들을 소환하는 이유는 자신이 심은 나무가 자신에게 이익을 주지 않을 것임을 알면서도 노력을 기울이는 노령의 농부를 통해 전달하고 싶은 이야기가 있기 때문이다. 노인임에도 불구하고 대체 누구를 위해 씨를 뿌리느냐는 당연한 질문에 '다음 세기 혹은 후손에게 이익'이 된다는 답을 전달하면서 키케로는 이런 말을 하고 싶었던 것으로 보인다. 노년의 활동이 누구에게 도움이 되겠냐는 질문, 스스로 활동을 포기하게 만드는 사고방식에 대해, 로마 농부의 예를 들어 당대와 자기를 넘어서는 이익의 차원을 환기시킴으로써 활동의 이익이 자신에게 귀속되지 않는다는 생각이 활동을 포기할 이유는 되지 않는다는 점을 말이다. 노년은 체력이 필요한 활동에는 장애가 될 수 있지만 정신적인 부분이 토대가 되는 다른 활동에는 정신력과 기억력의 연마와 관심 여하에 따라 장애가 되지 않을 수 있으며, 활동해봐야 소용이 없다는 생각도 단견임을, 인간에게는 자신의 생물학적 죽음 너머의 이익에 관한 진지한 관심도 있을 수 있음을 반론으로 제기하는 것이다.

　노년의 고유한 즐거움은 적당한 활동을 통해 증진된다. 젊은이들이 덕을 닦도록 이끌어주는 일, 이미 알고 있는 지식에 새로운 것을 더 배우는 일, 악기를 배우는 일과 같은 것을 통해서 말이다. 나이가 듦에 따라 할 수 있는 활동이 줄어들어서 불행하다는 말은 틀렸다. 나이에 맞는 활동을 할 정신력과 기억력은 충분하며, 자신의 생전에 돌아올 이익을 넘어서는 활동에서도 의미를 찾을 수 있기 때문이다.

체력의 저하

젊은 시절만큼의 체력과 건강이 유지되지 않는다는 것이 노년이 비참한 두 번째 이유이다. 키케로의 답을 간단하게 요약하자면, (1) 할 수 있는 만큼 노력해서 나이에 맞는 체력을 유지할 수 있으며 (2) 누구도 노인에게 젊은 시절의 체력을 요구하지 않으니 자연의 이치에 따른 체력의 감소를 아쉬워할 이유도 없다는 것이다. 기력이 떨어지는 것은 노년 탓이라기보다는 젊은 시절의 방탕 때문인 경우가 더 많고, 실제로 역사적 위인들은 절제와 자기관리를 통해 마지막 순간까지 상당한 체력을 유지했음을 든다. 여든네 살인 카토 자신도 전투에 참가했던 젊은 시절의 체력은 없지만 가르침을 청하는 사람들의 면담을 거절한 적이 없는 체력을 유지하고 있고 기억력을 훈련시키기 위해 낮에 말하고 듣고 행한 모든 것을 저녁에는 마음속에 떠올리는 일을 하고 있다고 말한다. 노년에 대항해야 하고, 노년의 약점을 근면으로 벌충해야 한다는 생각, 어느 정도 성공해서 노년에 어울리는 체력을 유지할 수 있다는 생각이 첫 번째 답변인 셈이다. 본고의 처음에 등장한 인용문도 이 맥락에서 제시된다. 이렇게 체력을 유지해야 마지막 순간까지 누구에게도 기대지 않고 노년의 권리를 방어하면서 존경받는 노인으로 마지막까지 다스릴 수 있다는 것이다.

물론 키케로 자신도 이것이 과도하게 요구될 때 발생할 난점에 대해 잘 인지하고 있다. 힘이 있으면 쓰되, 없다고 아쉬워할 일은 아니라는 것이다.

앞에서 말했던 노년에 걸맞는 활동이 젊은이의 체력이 아니라 기억력과 정신력에 의존하는 것이라면 그것을 발휘할 수 있을 정도의 체력은 노력을 통해 달성할 수 있으니 그래야 한다는 것, 나이에 따르는 체력의 감소는 자연적인 것이라 아쉬

위할 것이 아니라는 점이 반론의 핵심이다. 한 번만 가게 되어 있는 자연의 길을 거의 끝까지 가본 상태에서 제대로 돌아볼 수 있는 정신적 능력이 있다면, 젊은 시절의 체력과 저돌성을 거쳐 이제 도달한 원숙(maturitas)은 드디어 거둘 때가 된 자연의 결실이다.[15] 이 주제는 후속 논의에서 다시 반복될 것이다.

쾌락

노년이 비난받는 세 번째 이유는 즐거움과 관련된다. 노년에는 감각적 쾌락이 없다는 것이다. 대답은 카토가 처음 얘기했던 고전적 덕론의 배경에서 짐작할 수 있듯이 감각적 쾌락이 없어지는 것이 단점이 아니라 오히려 장점이라는 것이다. 이성과 지혜로도 거부할 수 없던 쾌락, 해서는 안 되는 것에 대해 욕망을 품지 않게 해주는 노년이야말로 진심으로 감사할 일이며, 젊은 시절의 가장 위험한 약점으로부터 해방시켜 주는 것은 세월이 주는 대단히 멋진 선물이지 한탄할 것이 아니라는 것이다. 세월 때문에 약해진 쾌락이 그렇다고 전혀 즐기지 못하는 것은 아니라고 지적하면서 정신적인 즐거움에 더 집중할 수 있게 되는 것도 노년의 장점으로 부각된다. 성욕, 명예욕, 투쟁, 적대감과 같은 전투를 다 치르고 나서 자신과 더불어 사는 것의 즐거움이 대단하다는 것, 연구와 학문에서 영양분을 취할 수 있는 한가한 노년이 얼마나 즐거운지를 설명한다. 사람들은 쾌락의 부재를 노년이 괴로운 이유로 불평하지만, 육체적 쾌락과는 비교할 수 없을 정도의 정신적 즐거움을 누릴 수 있으니 노년의 즐거움 일반을 부정할 수는 없다는 것이다.

카토는 한 걸음 더 나아가 농경의 즐거움을 길게 칭송한다. 저자인 키케로보다 작중 화자인 카토에게 더 어울리는 농사일에 대한 언급은 자연의 운행과 순리라는 더 큰 질서로 청자들의 마음을 준비시키는 역할을 한다. 첫 불평에 대한 반론에서 등장했던 농부, 즉 자신이 아니라 후손들에게 돌아올 이익을 위해 나무를 심는 농부는 인간들을 부양하고 신들을 공경하는 데 필요한 온갖 물건을 산출함으로써 '전 인류에 유익한 봉사'를 하는 것이며 그런 활동에 고유한 즐거움이 있다는 것을 보여준다. 농사일이 지닌 공간적이고 시간적인 질서에 대한 언급은 노년이라는 인생의 마지막 장이 고유하게 수행하는 역할과 보상에 대한 논의로 이어진다. 노년의 탐욕에 대해서는 나그넷길은 얼마 남지 않았는데 노자를 더 마련하려는 것은 어리석은[16] 것과 같은 논리로, 중년보다 말년이 더 행복한[17] 이유는 수고는 줄고 명망(auctoritas)은 높아지기 때문이라고 말한다. 물론 노인이라고 다 누리는 것은 아니고 높은 관직을 성공적으로 수행하고 노년에 이르러서야 비로소 생기는 것이지만, 키케로의 강조점은 청년기의 모든 감각적 쾌락보다 이 명망이 더 값진 것이라는 점이다. 명망, 존경, 권위[18]로 옮길 수 있는 라틴어 'auctoritas'는 농경의 즐거움에 대한 논의가 함께 가져온 자연의 순리라는 틀에서 노년의 정점(apex senectutis)으로, 혹은 지난 명예로운 세월의 마지막 결실로 제시된다. 공적으로 훌륭한 삶을 살아온 이가 갖는 권위와 명망, 또 그에 대한 마땅한 존경은 그 어떤 육체적 쾌락도 견줄 수 없는 특권(prae-mia)이다.

키케로에게 노년이란 육체적 쾌락이 감퇴하지만, 성공적 삶을 살아왔다는 사실로부터 받게 되는 존경, 바로 그 존경이라는 특권을 통해 고유한 즐거움을 누리며 살아야 할 시기이다. 노년에도 즐거움은 줄어들지 않는다. 젊은 시절의 위험했던 육체적 즐거움이 노년에 고유한 즐거움으로 바뀔 뿐이다. 서투른 배우는 자기 힘을 앞 장에서 다 써버려 마지막 장에서 쓰러져 정작 극의 완성을 보여주지 못한다.[19] 연극의 각 장이 완성을 위해 각각의 역할이 있듯, 인생이란 연극의 마지막 장도 보여주어야 할 명망과 받아야 할 보상 혹은 특권을 가지고 있다.[20] 마지막 장의 재미를 제대로 누린다면 노년에 즐거움이 없다는 말은 할 수 없을 것이다.[21]

죽음

노년을 가장 불안하고 걱정스럽게 하는, 네 번째 이유인 임박한 죽음이라는 것은 그것이 사실이라는 인정과 함께 죽음에 관한 자못 비상식적으로 들리는 언명으로 시작된다. 즉 '그토록 오래 살아오면서도 죽음은 경멸해야 마땅하다는 것을 깨닫지 못했다면 참으로 안타까운 일'인데, 죽음이 만일 영혼을 완전히 절멸하는 것은 아니라면 무시되어야 마땅하고, 죽음이 만일 영혼이 영원히 살 어떤 곳으로 인도하는 것이라면 오히려 반겨야 하기 때문이라는 것이다.

키케로는 이 심각한 불평을 일차적으로는 죽음 이후의 영혼의 지속과 그것의 삶에 대한 논변을 통해, 혹 그것을 받아들이지 않더라도 이차적으로는 자연의 순리라는 이론적 틀을 통해 소화하고자 한다. 물론 죽음이 임박했다는 사실은 노년에게만 특별하지 않고 모든 연령에게 열려 있는 가능성이라는 사실도 지적하고, 보다 긴 기대수명을 가진 젊은이에 비해 노인들에게 여생은 얼마 남지 않았기에 희망이 없다는 사실도 지적하면서 젊은이들이 희망하는 장수를 이미 소유한 노인이 차라리 사정이 낫지 않냐고 응수하지만, 다른 논변에 비해 강한 설득력을 가진 것으로 보이지는 않는다. 논증적 힘은 '자연과 조화를 이루는 것은 무엇이든 선으로 간주되어야 하는데,

노인들에게 죽는 것보다 자연과 조화를 이루는 것이 없다'[22]라는 류의 논변에서 보여진다. 젊은이에게 죽음은 자연에 반하는 폭력적인 구석이 있지만 노인에게는 때에 맞는 완숙(maturitas)에 가까운 것이다.

노년에게 죽음이 자연적인 것이라는 생각은 보통 사람들이 무서워하는 죽음을 대수롭지 않게 생각할 이유를 제공하는 것처럼 보이지만, 키케로가 노년을 '오랜 항해 끝에 육지를 발견하고 항구에 입항하려는 느낌'이라고 표현한 것을 볼 때[23] 죽음 이후의 세계 혹은 그에 대한 믿음이 계속 작동하고 있는 것으로 보인다. 사실 죽음을 근거로 한 노년에 대한 불평을 소화하는 강력한 논거는 고전적, 로마적 불멸을 이해하는 것이고, 이것이 실패하더라도 자연의 순리라는 이론의 틀을 통해 죽음에 대한 두려움을 무화하는 전략이 이 논변을 관통하고 있다. 키케로는 장례식장에서 눈물을 흘리고 곡하는 것을 만류하는 퀸투스 엔니우스(Quintus Ennius)의 시를 '영생이 뒤따르는 죽음은 슬퍼할 까닭이 없다'[24]라는 생각으로 해석하면서 조국의 자유를 위해 싸우다 죽은 로마사의 위인들을 열거하고, 그리스철학으로부터 '우리 영혼이 신적인 우주정신에서 유래했음'을 인용하는 방식으로 죽음 이후의 불멸에 대한 생각으로부터 죽음에 대한 두려움에 맞선다.[25]

이는 개인적인 신념의 형태로, 자신도 죽어서 존경하고 사랑했던 스키피오와 라엘리우스의 부친들을 만나고 싶다거나, 먼저 죽은 자신의 아들을 다시 만나고 싶다는 식으로 표현하고 있지만, 논변적으로는 가장 공을 들이고 있는 부분인 것은 분명하다. 구체적인 로마사의 위인들을 불멸의 경지에 올리고, 훌륭한 사람들의 진지한 노력을 불멸에의 욕망과 결합시킴으로써 죽음이 더 이상 다음이 없는 끝이 아니라 '혼잡하고 혼탁한 세상을 떠나 신과 같은 영혼들의 모임과 공동체로 출발하는'[26] 사건임을, 적어도 그렇게 사유할 수 있음을 보이고 싶었던 것이다. 하지만 키케로 자신도 죽음 이후의 불멸에 대한 사유가 모든 사람을 설득할 수 있는 것은 아니었다는 점을 잘 의식하고 있었던 것 같다. 그는 설사 불멸이 없더라도 노년에게 죽음은 자연적인 것이고 자체적 의미를 가진 인생의 부분이라는 점을 확인하며 논의를 마무리한다.

소수의 유복한 노년만을 위한 위로일까?

본인의 노년이든 가까운 사람의 노년이든 다가오는 노년의 문제에 대해 고민해본 사람이라면 키케로의 작품을 읽고 아마 이런 생각을 했을 것이다. 수긍할 수 있는 논변들이지만, 정작 중요한 얘기는 하지 않고 말이 되는 좁은 범위에서만 노년을 얘기하고 있는 것은 아닌가? 충분한 부와 건강, 공적으로 인정받을 정도로 명예로운 삶을 살아온 사람이라면 이 논변들로 삶의 이 단계의 의미를 새길 수 있겠지만, 그런 사람은 안타깝게도 소수이고 대부분의 사람은 그중 어느 하나가 부족해서 고생하는 것이 노년의 일반적 모습이지 않은가? 작품의 등장인물인 카토나 스키피오, 라엘리우스는 물론이고 작품을 쓰고 헌정 받는 키케로와 아티쿠스는 앞선 소수의 범주에 들어가겠지만, 그래서 떨어지는 체력에도 불구하고 작품을 쓰는 과정이 일종의 자기 위로의 기능을 수행할 수 있겠지만, 21세기 노인 대다수에게 위로가 되기는 어렵지 않은가? 고전적 행복론에 대해 가해지는 엘리트주의 혐의와 유사한 이런 비판에 대해서는 일단 다음과 같은 비유만 지적해두고 보다 적극적인 내용으로 넘어가기로 하자. 수학능력시험의 어떤 과목에서 가장 많은 수의 수험생이 평균 근처의 점수를 받고 최고 등급을 받는 학생은 소수이지만, 어떤 선생님도 이러한 통계적 사실에 기초해 평균 등급을 목표로 가르치지는 않을 것이다. 최선을 다해 최고 등급의 지식을 얻도록 가르치고 노력하되 결과가 평균 근처에 많은 학생이 몰리는 것뿐이다. 결과적으로는 소수이지만 적어도 지향에 있어서는 겨냥해야 할 노년의 최고 경지와 그것의 의미가 키케로가 작품에서 논한 노년이라고 이해하는 것이 좋겠다.

노년의 고유한 의미

드라마가 기승전결의 구조를 갖고 각각의 부분들이 드라마 전체의 의미를 구성하는 데 고유한 기여를 하듯[27] 인생은 소년기-청년기-장년기-노년기의 구조로 이루어진다는 생각, 따라서 노년기가 어떤 의미에서 이전 삶의 연속선상에서 완성과 마침의 역할을 한다는 생각[28]이 키케로의 작품을 관통하고 있는 것으로 보인다. 이전 시기에 비해 활동도 줄고 체력도 떨어지고 쾌락도 줄어든다는 불평에 대한 그의 응수는 줄어드는 것에 상응하는 노년 고유의 활동과 즐거움이 얼마든지 있으며 노년 고유의 성숙과 원숙이 있다는 것이다. 젊은이들에게는 희망인 장수 혹은 노년의 달성이 축복인 맥락이 바로 여기 있다. 노년 자체가 아니라 생활방식 혹은 성격이 문제라는 분석은 젊어서 방탕한 삶을 산 사람이 노년에 체력의 급격한 저하를 경험하는 경향이 있으며 젊은 시절부터 절제 있게 살아온 사람은 노년에도 체력과 기억력을 유지할 수 있다는 키케로의 언급도 고전적 덕론의 지평에서 정확히 기대되는 바이다. 덕스러운 삶, 훌륭한 삶을 살아온 분들에게 응당 부여되는 권위와 명예, 존경에서 오는 즐거움이 그 시기에 고유한 즐거움이다. 물론 이런 즐거움은 청장년 시기와 같이 적극적인 활동을 통해 무언가를 성취하는 업적이 있어야 가능하다. 인생이라는 연극의 마지막 장에서 기진맥진하지 않고 끝까지 연극의 온전한 완성을 위해, 혹은 명예로운 노년을 위해 체력과 독립성, 가솔을 책임지는 자세를 유지해야 할 이유이다. '마지막 순간까지 투쟁하는 듯한 모습, 즉 법적이고 정치적인 언사가 너무 많이 등장하는 것은 아닌가?'라는 의문은 정확히 어떤 맥락에서 그런 발언이 등장했는지를 이해하면 그렇게 이상하게 들리지 않는다. 불멸이 없다면 적절할 때 죽는 것이 바람직하다는 생각 혹은 노인들에게 죽는 것보다 자연과 조화를 이루는 것은 없다는 생각이 배경처럼 깔려 있기에, 노년이라는 인생의 마지막 순간까지 노년다운 위엄과 즐거움을 누리기 위해 최선을 다하라는 말로 듣는다면, 글의 서두에 인용했던 노년에 대한 결연한 태도도 잘 이해될 수 있을 것이다. 노년이 문제인 것은 이 시기에 따르는 체력 저하와 같은 생물학적인 특징 때문이 아니다. 인생의 마지막 장을 이전 장에서 만든 것들과 합쳐 얼마나 좋은 의미와 끝을 만드는지 여하에 따라 노년은 고유한 즐거움과 역할을 가진 축복의 시기일 수도 있고, 그 반대의 시기일 수도 있다는 점 때문이다.

생물학적 한계를 지성적으로 돌파하기

노년과 죽음을 자연의 순리라는 틀에서 수용하는 것을 마지막 방어선으로 놓고는 있지만, 사실 죽음이라는 생물학적 한계 너머에서 성립하는 영혼의 불멸과 영원한 삶이 논증의 배경이 된다는 것이 이 담론의 중요한 특징 중 하나이다. 육체적 활동이 줄어들고 체력도 떨어지고 육체적 쾌락도 줄어드는 것을 상쇄하는 것은 정신적 활동과 노년 고유의 즐거움이다. 하지만 인생의 시기에 맞는 활동과 즐거움이라는 순리적 수용 이상의 적극적 의미 부여와 극복이 강하게 개진되고 있다. 이러한 적극적 측면에서는 노년에도 의미를 잃지 않는 지성을 발휘하여 돌파구를 찾는다. 우리의 핵심적 기억 능력은 감퇴하지 않는다고 생각하고 그런 능력에 대한 신뢰가 적극적 지성을 발휘하는 토대가 되는 것이다. 우리의 진정한 자아는 자연의 순리에 따라 사라지는 신체가 아니라 생물학적 죽음 이

후에도 존속하는 영혼이며, 그 영혼을 돌보라는 소크라테스의
가르침은 불멸의 영광을 얻기 위해 목숨을 희생한 로마 선조
들의 실례를 통해 죽음 앞에서 무력해지지 않고 오히려 적극
적인 정신적 활동을 수행하는 이유가 된다. 고전적 덕론은 인
간의 진정한 본성 혹은 참된 삶이 생물학적 한계 혹은 사회적
한계 안에서만 수행되는 것이 아니라 그런 한계를 넘어서는
데서 성립함을 끊임없이 암시해왔다. 아리스토텔레스처럼 우
리 지성에서 실천적이지 않은 영역에 대한 관조(contemplatio)
까지 말하지는 않지만, 노년에 새로운 것을 배우고 연구와 학
문에서 영양분을 취할 수 있다고 얘기하는 대목은[29] 이런 배
경에서 잘 이해된다.

키케로가 노년의 의미를 새기며 자주 동원하는 농사의 예
도 이런 관점에 도움이 된다. 자기에게 이익이 돌아올 수 없는
나무를 심는 일의 의미는 자아를 후손과 동일시할 정도로, 즉
후손의 이익이 곧 나의 이익이라는 방식으로 넓게 이해하거나
혹은 생물학적 신체에 한정되거나 그리로 환원되지 않는 가치
와 의미를 자신의 현존재가 감당할 수 있고 마땅히 감당해야
한다고 생각하는 주체를 가정해야 잘 설명된다. 영생이 뒤따
르는 죽음은 슬퍼할 까닭이 없다는 카토의 말은 영혼의 존재
와 무관하게 죽음 이후에도 지속되는 가치와 의미를[30] 노년의

내가 적극적으로 수용해서 삶의 동력으로 쓰는 한, 죽음이 모든 것을 무화한다는 식의 두려움으로부터 벗어날 수 있다는 말이 될 것이다. 그리고 바로 이것이 키케로의 노년 담론을 생물학적 한계에 대한 지성적 돌파 관점에서 이해하는 이유이다.

현대적 담론: 죽음 이후에 관한 사유

이 작품에 등장한 많은 논변 중 현대의 독자에게 가장 거북한 대목은 마지막에 등장한 불멸을 통한 죽음의 극복일 것이다. 죽음 이후의 영혼의 존재와 불멸을 믿는 사람이라면 문제가 없겠지만 그런 것을 믿지 않는 사람에게는 동원할 수 없는 논변이 아닌가 하는 생각이 아마도 이런 거북함의 원인일 것이다. 한정된 종교 공동체 내에서야 고유의 언어로 죽음과 죽음 이후의 존재에 대해 얘기하고 죽음을 보다 열린 마음으로 맞게 할 수 있겠지만, 적어도 공적인 장에서 모든 노인에게 얘기할 수는 없는 것처럼 보인다. 하지만 계몽된 근대적 이성이더라도 차마 부인할 수 없을 정도로 죽음 이후 지속되는 영혼에 대한 사유는 강력하고, 바로 이 사유가 '죽음'의 두려움을 넘어서는 혹은 생물학적 한계를 '돌파'하는 당당한 노년 담론의 핵심인 것도 분명하다. 노년에 관한 현대적 담론과 비교할 때 가장 크게 두드러지는 부분도 정확히 이 논점이다. 서양 고전에서는 노년에서 당연히 얘기해야 할 논제인 '죽음 이후의 삶'이 왜 현대에서는 사라지게 되었는지에 대해서 비교적 간명한 철학사적 설명이 있다. 지금 논의된 불멸의 아이디어를 그리스도교가 자신의 신학적 맥락에서 수용하면서 죽음을 영원한 생명으로 가는 중요한 사건[31]으로 전면에 내세웠고, 서양의 근대가 공식적으로 그리스도교 전통과 단절하면서 개인적이고 사적인 영역에서는 유효할지 몰라도 공적 담론의 장에서는 사라졌다는 것이다. 서양 고전에서 비그리스도교적 맥락에서 논의되었던 많은 주제와 마찬가지로 신학적 차원에서 비로소 완성되는 주제라고 간주하는 '죽음 이후의 존재와 의미'에 대한 담론도 더 이상 공적인 담론이 동원할 수 없는 지적 자원이 된 것이다. 실제로 근대 이후의 노년을 다루는 많은 논의가 연금제도[32]의 발전이 가져온 노년에 관한 사회 경제적 관점의 변화, 혹은 노년 자체를 병으로 보는 의학적 관점으로부터의 생애 전 주기에 걸친 정상성의 재정의에 이르기까지 이전 시기에는 상상하기 어려웠던 논점들을 새롭게 논의하고 있지만, 죽음 이후 지속되는 존재와 그것의 의미가 노년 담론에 필요하다고 생각하는 것 같지는 않다.

철학사적으로 어떻게 설명되든 이러한 담론의 부재가 현대인에게 노년을 이해하는 중요한 지적 자원에 대한 접근을 어렵게 만들고 있다는 점은 지적해야 한다. 사실 우리가 노년과 죽음을 대하는 태도 중에는 다음 세대를 위해 나무를 심는 농부에게서 간취되는 것과 같은, 굳이 종교적이라고 부르지 않더라도 성립하는 초개인적 차원이 있는 것으로 보인다. 호국영령이 나라를 지킨다고 하고, 몸이 예전 같지 않지만 자식을 양육함으로써 이루어낸 업적은 누구도 부인할 수 없다는 말이 이런 방향이 아니던가? 실천적으로 공적인 담론에서 이 차원을 새기는 것이 특별히 근대가 멀리하고 싶어하는 종교적 함의 없이도 가능하고 의미 있는 일이라면, 이 지적 자원의 개발과 활용이 서양 고전의 담론으로부터 배울 수 있는 것 중 하나라고 말할 수 있을 것이다.

키케로가 노년과 죽음에 관한 적극적 논변을 통해 개진하고 싶은 바를 철학적으로 더 확장시켜 말하면 다음과 같은 문제가 될 것이다. 서양 고대와 중세에 널리 받아들여졌던 목적론적 사고는, 죽음이 그것의 일부가 되는 더 큰 목적과 과정에 대한 사유 없이는 노년과 죽음의 의미를 새길 수 없다고 말하는 셈인가? 죽음이 정말 끝이라면 풀 수 없는 문제에 봉착한다고 말하는 것인가? 개인으로서는 끝이지만 사회[33]에게는 지속의 중요한 연결고리라고 말하는 방식은 개인의 종말을 사회 혹은 국가의 지속이라는 보다 큰 목적의 한 과정으로 해석하는 셈이다. 다음 질문은 당연히 이런 것이 될 터이다. 자신과 사회와의 연결을 그렇게 이해하지 않거나 그렇게 보고 싶지 않은 사람에게는 더 이상 의미가 없는 것인가? 노년의 의미, 혹은 인생의 의미, 사회적 의미의 연결망이나 죽음 이후의 가능한 존재에 관한 생각은 근대 이후의 공적 담론이 취했던 전략처럼 각자 자신이 선택한 가치관에 따라 알아서 해결해야 할 문제로 내버려 두어야 하는 것인가?

영원한 젊음 대 노년 고유의 의미

노년에 관한 현대적 담론에서 직접 거론되기보다는 간접적인 방식으로 강력한 영향을 행사하고 있는 것은 인간 향상(human enhancement)[34]의 기술적 가능성을 적극적으로 수용하는 담론이다.

성공은 야망을 낳는다. 인류는 지금까지 이룩한 성취를 딛고 더 과감한 목표를 향해 나아갈 것이다. 전례 없는 수준의 번영, 건강, 평화를 얻은 인류의 다음 목표는, 과거의 기록과 현재의 가치들을 고려할 때, 불멸, 행복, 신성이 될 것이다. 굶주림, 질병, 폭력으로 인한 사망률을 줄인 다음에 할 일은 노화와 죽음 그 자체를 극복하는 것이다. 사람들을 극도의 비참함에서 구한 다음에 할 일은 사람들을 더 행복하게 만드는 것이다. 짐승 수준의 생존 투쟁에서 인류를 건져 올린 다음 할 일은 인류를 신으로 업그레이드하고, '호모 사피엔스'를 '호모 데우스'로 바꾸는 것이다.[35]

이런 종류의 거대 담론은 한 두 개의 경험적 사례를 통해 확증되지도 반증되지도 않는 성격이지만, 이런 사유가 지향하는 방향은 분명해 보인다. 노화는 삶의 당연한 일부로 받아들여야 할 것이라기보다는 보다 높은 삶의 질, 신적인 차원으로 업그레이드되는 삶을 위해 가능한 한 없애거나 축소해야 할 것이라는 점이다. 키케로가 열심히 논의하면서 자신을 위로하고 친구를 위로했던 노년에 관한 담론이 전제하는 생물학적 토대가 더 이상 당연하지 않고, 자연이 하는 일과 인간이 하는 일의 경계가 이전과 다르게 설정된다면, 노년의 의미를 새기는 일이 아니라 아예 노년이 없거나 최소화된 삶을 만들어내는 쪽에 집중할 것이라는 말이다.

20세기 이후 학문과 기술의 발전이 비로소 열어낸 이러한 기술적 가능성이 얼마나 빨리 우리의 현실이 될지는 지금으로서는 가늠하기 어렵지만 노년에 관한 현대적 담론의 추세를 짐작하는 데 도움이 되는 다른 예를 하나 더 들어보자. 2020년 싸이더스스튜디오엑스가 탄생시킨 영원히 늙지 않는 가상인간 '로지', 이스트소프트가 2022년 데뷔시킨 AI 버츄얼 휴먼 '백하나'에 관한 얘기이다. 기술적 완성도나 인터넷 공간에서의 반응이 아니라 너무도 자연스럽게 우리 사유의 일상으로 자리잡는 방식에 관해 지적하고 싶다. 우리에게 주어진 기술적 가능성의 최고치에서 성립하는 가상인간이 나이를 드는 일은 없다고 한다. 상상이 가능한 일이다. 하지만 이 예들은 동시에 우리에게 노년의 의미에 관한 어떤 단초를 제공한다. 지금은 열광하지만, 십 년 혹은 이십 년 후에도 똑같이 열광할 수 있을까? 열광했던 사람들은 나이를 먹고 있는데, 혼자만 늙지 않는 로지와 백하나를 보면 사람들은 위안을 얻게 될까, 아니면 더 좌절할까? 로지가 기반하는 인공지능과 우리 인간이 기반하는 생물학적 토대가 무엇을 함축하는지 깨닫는 순간이 오면, 우리의 존재가 영원히 늙지 않는 실리콘 기반의 존재가 되기를 바랄 것인가? 키케로가 영혼의 불멸을 가지고 돌파하고 싶었던 노년과 죽음이라는 논점을 생물학적 몸과 유전적으로 재설계된 호모 데우스급 몸 혹은 인공지능적 몸의 대비를 통해서 다시 제기하게 될까? 책을 읽는 종족이 점점 소수가 되어 가는 것처럼, 나이듦과 노화를 가능한 한 피해야 할 것으로 보지 않고 인생의 완성을 위해 반드시 있어야 할 일부로 받아들여야 한다는 입장도 소수가 되는 것 같다.

노년, 그것은 인간성에 관한 담론

노년의 의미를 어떻게 새기는가의 문제는 결국 우리가 인간성(humanity)을 어떻게 이해하고 있는지에 달린 문제로 보인다. 노년과 죽음을 자연스러운 일부, 고유한 의미를 가진 일부로 받아들여야 할지, 기술적으로 가능하다면 가능한 회피하거나 축소하는 것이 적절할지의 문제 말이다. 인간의 생물학적 본성과 한계를 인정하고 노년에 의미를 부여하는 작업을 했던 서양 고전의 담론이, 호모 데우스급의 새로운 생물학적 토대를 추구하는 시대에도 여전히 유효한가라는 질문은 피할 수 없다. 우리는 이런 시대에 과연 노년에 관한 서양 고전의 담론에서 무엇을 배울 수 있을까? 영혼의 불멸, 죽음 이후의 존재에 관한 담론이 있어야 노년과 죽음이라는 주제가 제대로 소화될 수 있다는 서양 고전의 생각은 계몽된 서양 근대 이성을 우회하는 방식으로 현대인에게도 부담스럽지 않은 방식으로 어떻게든 살릴 수 있을 것처럼 보인다. 하지만 영원히 늙지 않는 삶을 의식적으로든 무의식적으로든 이상으로 받아들일수록 노년이 인생의 다른 시기와 마찬가지로 전체를 완성하는 데 기여하는 고유한 의미가 있다는 생각은 자리를 잡기 쉽지 않아 보인다. 짧은 논변으로 가늠할 수 없는 큰 문제라는 점만 지적해두고자 한다. 나이듦에 관한 고전적 사유방식에서 무엇을 배울 수 있고, 무엇은 더 이상 수용할 수 없는지의 문제는 아마도 각자가 인간성을 어떻게 이해하고 무엇을 가치 있는 삶으로 생각하느냐에 따라 달리 판단될 것이다. 지금쯤 분명해진 것은 우리가 단순히 이전 시기로 돌아갈 수는 없는 일이고 인구의 대다수가 노령으로 인해 사망에 이르는 역사상 최초의 시기[36]라는 문명적 성취 위에서 21세기는 새로운 담론을 요구하는 중이라는 점뿐이다.

03

노인을 바라보는 상반된 시각과
그 역사성

김병준 동양사학과

모든 지방정부에서는 80세 이상의 노인에게 매달 쌀 1석과 고기 20근,
그리고 술 5두를 주도록 하라. 90세 이상의 노인에게는 여기에 더해서
비단 2필과 솜 3근을 나누어 주도록 하라.

누구나 나이가 들고, 누구나 노인이 된다. 지금도 그렇고 과거에도 그러했다. 모두는 아니겠지만 상당수가 노인이 되었다. 지금까지 지구에서 태어난 인류의 총수를 1천 82억 명이라고 한다. 대략 수백억 명이 노인이 되었다는 말이다. 그들 모두는 자신이 늙어간다는 사실을 인지했을 것이고 그에 대해 고민했을 것임이 틀림없다. 이들의 생각을 모두 알 수는 없다. 그러나 많은 사람이 남겨 놓은 글을 통해 그 일부만큼은 알 수 있다. 대체적으로 크게 두 가지 시각으로 정리된다고 할 수 있다.

하나는 긍정적이고 낙관적 시각이다. 오랜 경험에 근거한 현명함과 함께 인생을 관조하는 여유로움과 관대함으로 그 존재를 설명한다. 이렇게 특징 지워진 노인은 응당 권위를 가지고 존경을 받게 되기 마련이다. 그런가 하면 부정적이고 비관적인 시각이 있다. 신체적 노화로 인한 투병, 그와 함께 정신적으로도 지적인 사고를 하기 어려워지고, 스스로 경제적 존립이 어려운 빈곤에 빠졌기 때문에 누군가에 의존할 수밖에 없으며, 자연히 소외되고 고립되어 가는 자라는 것이다.

이러한 상반된 시각 중 어느 하나가 절대적으로 맞는 것이 아니다. 이 두 가지 상반된 시각이 들어맞는 노인이 모두 현실에 존재하기 때문이다. 신체적 정신적 노화가 일어나 자립이 어려운 자가 있는가 하면, 충분한 재력을 갖고 현명한 판단을 보여주는 노인도 있다. 자신의 노년을 쉽게 그려볼 수 없는 사람들은 이 두 가지 시각이 착종된 이미지로 노인을 인지할 수밖에 없다. 노인이 되면서 '나이듦을 어떻게 받아들여야 할까'라는 문제에 부딪힐 때도 두 가지 상반된 시각이 섞이게 된다. 이 때문에 '나이듦'이란 것은 절망적이기도, 희망적이기도 한 모습이 혼재하여, 하나의 '심난함'으로 다가온다.

본고에서는 우리가 너무도 분명히 구분되는 두 실재를 동시에 인식하게 된 데에 역사적 배경이 있다는 점을 말하고자 한다. 어느 특정한 시점에 극적인 변화가 있었던 것은 아니지만, 비교적 그 변화가 뚜렷하게 보이는 중국 고대의 시기를 대상으로 이 점을 살펴보고자 한다.

고대에도 노인은 많았다

고대 사회에는 노인이 얼마나 많았을까? 대부분 영양 상태가 부실하고 각종 질병을 치료하는 의료 시설도 크게 부족했던 고대 사회에서는 인간의 생존률이 크게 낮았다. 따라서 노인의 비율도 매우 적었을 것이라고 추정하게 된다. 그동안에는 남아 있는 문헌 자료가 크게 부족할 뿐 아니라, 그 안에서 노인과 관련된 기록을 찾는 것은 더더욱 어려운 일이었다. 하지만 최근 당시 호적 혹은 상계 문서와 같은 일차 자료가 출토되면서 어느 정도 이 문제에 접근할 수 있는 단서가 생겼다.

중국 강소성 연운항시에서 발견된 윤만한간(尹灣漢簡)에는 기원전 1세기 말 동해군에서 중앙으로 보내는 상계 문서가 포함되어 있다. 이에 따르면 동해군 총 인구당 70세 이상의 노인이 차지하는 비율이 3.47%(70~79세 2.43%, 80~89세 0.84%, 90세 이상이 0.2%)를 차지하고 있다고 한다.[1] 60~69세 인구가 불분명하지만, 이를 포함하면 그 비율은 훨씬 높아진다. 한편 호북성 형주시에서 출토된 송백한간(松柏漢簡)에는 대략 남성 60세 이상에 해당하는 면로(免老) 비율이 2.1%로 기록되었는데,[2] 여성 인구를 포함하면 역시 4%에 육박한다. 물론 이 문서를 작성한 지방정부의 관리들이 전체 인구에서 노인의 비율을 높여서 중앙에 상납해야 할 세금을 줄이고, 동시에 동해군의 지방관이 양로(養老)의 덕을 폭넓게 실천하고 있다는 것을 드러내기 위해 70세 이상 고령 인구의 비율을 고의적으로 과장했을 가능성도 배제할 수 없다. 노인 인구 이외에 6세 이하 인구의 높은 비율, 이상적 남녀 비율, 토지의 이상적 증가 등이 이러한 태평을 가장하기 위한 조작 가능성을 뒷받침하고 있다.[3] 그러나 호남성 장사시 주마루오간(走馬樓吳簡)에서는 60세 이상이 15.8%나 되고, 정반대로 산동성 당읍(堂邑) 요구부(要具簿)에서는 면로 비율이 0.17%, 60세 이상이 대략 0.4%에 못 미치는 정도로 적게 기록되어 있다.[4] 여기에서는 이상적인 수치 조작이 보이지 않는다. 따라서 일부 지역에서 허상의 태평을 자랑하기 위한 고의적 장부 왜곡이 있었을 가능성도 배제하지는 못하지만, 전체적으로는 기근이나 재난 상황과 같은 시간과 지역에 따른 특수 상황에 따라 노인 비율의 차이로 인한 결과라고 이해하는 것이 자연스럽다. 따라서 평균적으로 60세 이상 노인의 인구를 대략 4%로 보아도 좋을 것 같다. 1940년대 한국과 중국의 60세 이상 인구가 6% 정도였다는 것과 비교해

보아도 적정한 수치라고 판단된다.

요컨대 중국 고대 진한시대의 노인 인구가 예상과 달리 상당히 많다는 사실을 확인할 수 있다는 것인데, 이는 곧 인구 구조에서 노인이 중요한 비중을 차지하고 있다는 것을 말해주기도 한다.

노인을 부양하다

전한 시기 총인구의 4%, 대략 200만 명에 이르는 노인들에 대한 이미지는 과연 긍정적이었을까? 그들은 충분한 경험과 지식에 근거하여 현명한 판단을 보여주며, 가족 내에서 존경과 권위를 갖고 있었을까? 기원전 2세기 전한 초기의 기록은 이와는 사뭇 다른 당시의 상황을 전한다.

진나라 사람은 집안이 부유하면 자식이 장성하자마자 분가하고, 집이 가난하면 자식이 장성하자마자 데릴사위로 나간다. 자식이 부모와 같이 사는 법이 없다. 아들은 아버지에게 농기구를 빌려주면서 장대를 잡고는 생색을 내고, 며느리는 시어머니가 그릇이나 키를 가져가는데 옆에 서서 욕설을 한다. 자식들은 자기 자식만 사랑하고 이익만 좇으면서, 정작 부모에게는 소홀하니 그 죄는 사람이 할 일이 아니며, 짐승과 다를 바가 없다.

『신서(新書)』[5]

장성한 자식은 집을 떠나버리고, 홀로 남은 늙은 부모가 자식에게 존경은커녕 제대로 봉양 받지 못하는 모습이 일반적이라는 지적이다. 부모에 대한 존경이라는 당위와 현실 사이에는 커다란 간극이 있었다.

그뿐만 아니다. 전국시대 후반 진나라를 비롯한 여러 나라에서는 국가 소유의 토지를 백성들에게 나누어주는 수전제가 시행되었는데, 성인이 되어 경작 능력을 갖게 되는 시점에 토지가 분배되고, 노인이 되어 더 이상 경작 능력이 없어지면 그 토지를 다시 환수하는 것이 원칙이었다. 토지 분배는 반대급부로서의 세역 징수가 뒤따라야 하는데, 경작이 어렵다면 수확이 어려울 터이니 세역 징수가 불가능하기 때문이다. 결국 노인이 되면 단순히 노동 능력이 줄어들 뿐만 아니라 노동력을 투입할 기반 자체를 잃게 되는 셈이었다.

나이가 들면서 신체적으로 쇠약해진 데다가 경작할 토지마저 환수당한 상태라면, 이들은 스스로의 노동력에 의해 자립할 수 없다는 말이 된다. 누군가의 도움으로 이들을 부양하지 않

한대 화상석 「양로도(養老圖)」

으면 안 된다는 것이다. 만약 인구 구조상 일정한 비중을 차지
하는 이들이 방치된다면 커다란 사회 문제가 야기될 수밖에 없
다. 그래서 국가 스스로 노인의 자립을 돕는 방책을 강구했다.
이른바 국가 돌봄 서비스라고나 할까. 한대(漢代)에는 노인을
위해 다량의 곡물과 의복을 사여하는 조칙이 반포되곤 했다.

모든 지방정부에서는 80세 이상의 노인에게 매달 쌀 1석과 고
기 20근, 그리고 술 5두를 주도록 하라. 90세 이상의 노인에게

는 여기에 더해서 비단 2필과 솜 3근을 나누어 주도록 하라.[6]

　이처럼 정기적으로 고령자에게 곡식과 의복을 사여했을 뿐 아니라, 황제의 즉위와 같은 기념해야 할 특별한 때마다 이들에 대한 은혜를 빠뜨리지 않았다. 일반 백성에게 나누어주는 술과 고기와 함께 노인에게는 특별히 비단 1필이 사여되었다. 한대 무덤 속 벽을 장식했던 화상석에는 비둘기 모양의 손잡이가 달린 지팡이 구장(鳩杖)을 짚고 있는 노인이 그려져 있다.[7] 구장은 고령자에게 주어지는 물건이었다. 그림에서 노인은 관리가 창고에서 퍼 담아주는 곡물을 받고 있다.

　그런데 이 정도의 물질적 사여를 하기 위해서도 엄청난 비용이 소요되었다. 윤만한간에는 당시 동해군의 1년간 거두어들인 조세의 총량과 필요경비가 적혀 있으므로[8] 이를 근거로 노인에게 지급되는 정기적 사여 비용을 대충 계산해본 결과, 당시 대군(大郡)에 해당하는 동해군이 1년 동안 거두어들인 조세에서 필요경비를 제외한 나머지 금액에 상당한다. 물가 변동이 심하기 때문에 계산 결과에 어느 정도의 오차를 인정해야 하지만 초고령자에게 지급하는 비용만으로도 지방정부에서 사용할 수 있는 가용 금액의 상당 부분을 사용했다는 셈이다. 사실 이러한 경비 부담을 그대로 짊어지기는 상식적으로 어렵다. 그래서 이 규정을 지키지 않은 경우도 많았다.

> 또 월령에 의하면 '중추월(仲秋月)에 쇠약한 노인을 봉양하고
> 궤장(几杖)을 수여하며 미죽(糜粥)을 반행한다'고 한다. 지금 군
> 현에서는 대부분 이것을 시행하지 않고, 비록 미죽을 나누어 준
> 다고 해도 겨와 깍지가 반반이며 장리가 일을 게을리하여 직접
> 미죽을 전하는 일도 없다. 양로 조서의 뜻에 심히 위배되는 일
> 이다.
>
> 『후한서(後漢書)』, 卷5 安帝紀

엄청난 비용을 감당하지 못하는 현실과 그럼에도 불구하고 고령자에게 지속적인 음식을 제공하지 않으면 안 되는 갈등을 느낄 수 있는 대목이다. 그렇다면 60세를 넘긴 노인을 부양할 경비를 국가에서 부담하는 것은 거의 불가능에 가깝다는 말이 된다.

노인을 존중하는 제도적 방법

국가에서 이 경비를 모두 부담할 수 없다면, 그렇다고 이들을

방치할 수도 없다면, 그 부담을 국가가 아닌 공동체에서 해결하도록 하는 방식이 떠오른다. 하지만 앞에서 서술한 바와 같이 부모를 공양하기보다 자신과 자기 자식만을 챙기는 습속이 팽배해 있는 상황이라면 자율적인 노인 봉양은 기대하기 어렵다. 국가는 먼저 마을 공동체 내부에서의 노인의 권위를 높이는 존로(尊老)의 분위기를 만들었다.

우선 고령자 노인에게 기존의 구장에 특권을 추가한 왕장(王杖)을 사여하여 이들이 사회적 존중을 받을 수 있도록 제도를 반포하였다. 감숙성 무위현 및 강소성 연운항에서 발견된 문서에는 왕장 제도를 상세히 기록하고 있다.[9] 이에 따르면, 70세 이상의 노인은 사람들의 존경을 받는 자이므로 살인죄가 아니라면 고발 및 처벌 받지 않고, 왕장의 끝에 비둘기를 장식하여 사람들이 이를 가진 노인을 우러러보라는 뜻을 담았으며, 왕장을 사여받은 자를 관리가 구타할 경우 사형에 처하도록 규정하고 있다. 또 이들이 관청을 출입할 때에 큰길을 사용할 수 있고, 시장에서 상점을 차려 장사를 하더라도 이들에게 세금을 거두지 말라고 되어 있다.

왕장 제도가 노인 개인의 권위를 존중하는 차원이라면, 부로 제도는 사회 전체의 존중을 이끌어내는 방식이었다.[10] 마을에서 나이가 든 노인을 이부로(里父老)로 임명하여 행정을 담당하는 이전(里典)을 보좌하게 하고, 그보다 상급 단위인 향(鄕)에서도 50세 이상의 노인 중에서 덕망이 있어 많은 사람을 잘 이끌어갈 수 있는 자를 향삼로(鄕三老)에 임명하였다. 이 중에서 다시 현삼로(縣三老), 군삼로(郡三老)를 임명하여 교화를 담당하되 지방관과 서로를 존중하며 마주하는 불신지례(不臣之禮)로 대하도록 규정했다. 경험과 지혜를 갖고 있는 노인이 교화를 담당하게 하여, 법률과 실용적 지배를 강요하는 관리를 보완하고자 했다. 노인이 갖는 긍정적 이미지를 극대화한 제도이지만, 정작 향삼로, 군삼로가 되는 자들은 극히 적은 수에 불과했고 이부로가 된 자들은 도리어 업무를 제대로 수행하지 못해 파산하는 경우가 생겼다. 결국 부로 제도는 상징적 의미가 강했다.

다수의 노인이 처한 엄중한 상황을 구제하기 위해서는 조금 더 구체적인 방안이 필요했다. 마을 공동체에서의 존경에 그치는 것이 아니라 가족 공동체 내부에서 노인을 직접 부양하는 방식이 강구되었다. 그런데 그것은 점잖은 권유가 아니라 살벌한 강제였다. 그렇게 하지 않으면 가족 공동체 내에서의 자율적인 노인의 봉양을 기대할 수 없었기 때문이었다. 그 대표적인 것이 불효(不孝)를 처벌하는 법률 규정이다.

율(律)에 이르기를, 불효한 자는 사형에 처한다. 아버지가 살아 있는데, 사흘 동안 먹을 것을 주지 않았다면, 어떻게 논죄해야 하는가? 정위(廷尉)가 말하기를, '사형에 해당한다'.[11]

국가에 의해 불효한 자식을 사형에 처하는 엄한 형벌이 강제되었다는 것이다. 일반적으로 불효는 부모와 조부모 등 존속을 살해하거나 구타, 상해한 자를 일컫는다. 그렇지만 그러한 범위를 훌쩍 넘어 봉양의 의무를 하지 않은 자까지를 사형에 처하는 불효로 구분했다는 것은 불효죄의 설정이 단순히 가부장의 권력을 중시하는 것 이상으로, 자립이 어려운 열악한 처지의 노인에 대한 봉양을 가족 공동체에 강력히 요구했다는 것을 말한다.

이처럼 불효죄는 그 범죄 구성 요건이 명백한 다른 범죄에 비해 상당히 탄력적으로 운영되었다. 무엇보다 부모의 의사가 상당히 반영되었다.

백성 갑(甲)이 자신의 아들을 관청에 고소하였다. "제 친아들 병(丙)은 같은 마을에 거주하고 있는데 불효하니, 사형에 처해 주기를 바랍니다." 병을 즉각 체포했다.[12]

물론 부모가 70세가 넘었을 때에는 3번 이상 나누어 고발할 때에만 접수한다는 규정이 있지만,[13] 이는 정확한 사실을 알기 위함일 뿐 불효에 대한 처벌은 매우 철저했다. 부모가 직접 고발하지 않아도 마을의 다른 노인이 타인의 불효를 고발할 경우에도 즉각 체포하여 사실을 확인한 후 처벌했다. 당시 살상과 같이 치안을 위협하는 범죄가 아닌 이상 가족 사이에서 벌어지는 일에 대해서는 최대한 국가가 간섭하지 않는 것이 원칙이었지만, 불효에 대해서만큼은 즉각 체포하고 극형에 처했던 것이다.

　　불효라고 규정하지 못하는 경우에도 '불효에 버금간다'라는 방식으로 그 범위를 크게 확대하여 자식의 부모 봉양을 강제했다. 자식의 불효가 아니라, 타인이 불효하도록 교사했을 경우에도 이를 '불효에 버금가는' 죄로 판단하여 역시 중죄로 다스렸다. 이러한 불효죄가 지나치게 확대 해석되는 경향 때문에 일부 사법 관리가 이러한 경향에 반대하는 목소리를 내기까지 했다.[14] 물론 그 경우도 '죽은 부모에게 사흘 동안 제사를 드리지 않는다고 이를 불효라고 할 수 없다'라고 주장하는 것이어서, 생존해 있는 부모에 대한 봉양 의무를 제한하는 것은 아니었다.

자율적 돌봄의 탄생

국가에 의한 물질적 노인 봉양, 즉 돌봄은 엄청난 비용을 필요로 했다. 간헐적이나마 지속적으로 시행되기는 했지만 그것은 군주의 은혜를 선전하는 차원에서 이루어졌을 뿐이다. 실질적인 효력을 얻기 위해서는 마을 공동체와 가족 공동체에서 자율적인 돌봄이 이루어져야 했다. 노인을 돌봐야 할 당위성을 확보하기 위해 왕장이나 부로 등과 같은 제도를 통해 노인의 경험과 지식, 현명함을 강조했고, 또 생명을 탄생시키게 해준 근원으로서의 조상 숭배를 통해 존로의 분위기를 현창했다. 그러나 노인 돌봄의 직접적 책임을 져야 할 가족 공동체의 자율적 돌봄을 강제하기에는 부족했다. 그래서 위에서 살펴본 바와 같이 국가가 과도할 정도로 강력한 불효죄 법령에 의해 노인 돌봄을 강제했다.

하지만 이러한 국가의 개입은 직접적인 물질적 돌봄으로 국가 재정의 과도한 지출을 가져오는 것만큼이나 상당한 사회적 행정 비용을 가져오는 것이었다. 점차 사회적 공감의 수준을 넘어서기도 했다. 그뿐만 아니라 한제국이 성립하면서 국가의 성격도 바뀌었다. 부국강병을 추구하며 정치, 사회, 경제 모든 분야에서 국가의 일원적 운영에 집착했던 국가 방침에서

벗어나, 많은 부분을 민간 부문으로 넘김으로써 국가의 개입
과 그로 인한 행정 비용을 현격히 줄이고자 했다. 작은 정부의
등장이라고 할 수 있다.

이런 경우 적지 않은 행정 공백이 예상된다. 이 때문에 한대
에 들어서면서 이러한 행정을 대신할 대체재로서 유교 사상을
선택했다. 사회 공동체와 가족 공동체의 자율적 질서를 중시
했던 유교 사상이 민간에 널리 유포된다면 국가의 강제에 의
한 법령을 집행하지 않고도 체제의 안정을 꾀할 수 있기 때문
이었다.[15] 가령 『효경(孝經)』과 같은 서적을 아동과 무학자에게
우선적으로 학습시킨 것은 이러한 목적에서였다.[16] 물론 당대
법령이나 이후 청대에 이르기까지 불효죄에 대한 법령은 십악
(十惡)의 하나로서 엄하게 다스려졌다. 그러나 진대 법령에서
보이는 것처럼 그 범죄의 구성요건이 자의적이지 않았고 법령
에 정해진 요건을 갖추어야 했고, 그 처벌도 현격히 줄었다.[17]
법령에 의한 강제 이전에 예적 질서에 의한 자발적 행위가 강
조되었다.[18]

전국시대부터 진대까지 노인 봉양은 국가의 주도하에 이루
어졌지만, 한대 이후가 되면서 그 봉양의 근거는 더 이상 강제
적 법령이 아니라 유교 사상에 의한 '당위'에 의해 뒷받침되었
다. 그러면서 노인 돌봄은 국가의 책무가 아닌 가족의 의무가

되었다. 그런가 하면 노인의 이미지도 유교 사상에 의해 절대화되어, 긍정적 이미지가 더 강화되었다. 적어도 현실 속 부정적 이미지를 상당히 상쇄할 만한 정도로 강조되었다.

진정한 노인의 모습 찾기

유교 사상에 의해 노인의 이미지는 긍정적으로 강화되었지만, 그에 이르는 과정에는 그렇게 하지 않으면 안 될 만큼 현실적인 여러 문제를 지닌 노인의 부정적 이미지가 잠재하고 있다. 결국 노인에 대한 상반된 시각은 역사 속에 늘 존재해왔다. 지금 우리가 그 둘 중 어느 것이 진정한 노인의 모습인가를 고민해야 할 정도로 말이다.

하지만 우리가 역사를 통해서 또 한 가지 발견할 수 있는 것은 노인의 부정적인 면을 상쇄하여 긍정적 균형을 이루려는 시도가 꾸준히 있어 왔다는 것이다. 국가가 노인 돌봄 제도를 만들고, 이것이 여의치 않으면 공동체가 나선다. 엄한 형벌이 강제되었다가도 이러한 방식이 부담으로 작용하기 시작하면 자율적인 돌봄에 다시 초점을 맞추었다. 노인에 관한 부정적 이미지가 만연하다면 이들의 경험과 지식, 현명함 등의 긍정적인 이미지를 강조하기 시작하였고, 그러다 시간이 흐르면서 개인들이 노인의 이미지를 다양하게 해석, 창조하는 자율적인 과정이 뒤따랐다. 그리고 이는 또 다른 사회적 제도의 탄생에 영향을 끼쳤다.

　그리고 또 한 가지, 공동체 안에서 노인을 돌보기 위해서는 국가의 강제적 제도만으로는 어렵다는 점, 언젠가 나도 노인이 된다는 생각으로 공동체가 함께해야 한다는 사실도 눈여겨보아야 할 점이다.

04

나이듦, 그 나이다운 삶에 대한
사유와 통찰

김월회 중어중문학과

육신은 시간에 따라 변해가지만, 마음은 늘 홀로 한적하였다.

- 도연명

2022년 9월에 배포된 통계청의 「2022 고령자 통계」에 따르면, 우리나라는 2025년이 되면 65세 이상 인구가 전체 인구 대비 20.6%를 차지하여 초고령화 사회로 진입한다.[1] 사람이 누리는 노년이 보편적으로 늘어난 결과다. 100세 시대가 보편적 현실이 될 가능성이 높아졌음이다. 동시에 인구절벽 현상도 늦지 않은 속도로 진척되고 있다. 통계청 발표에 의하면 2021년 합계출산율이 사상 최저치인 0.81명이었고 2022년에는 0.7명 대 진입이 유력시된다. 이는 전 세계에서 유례를 찾기 힘든 급속한 인구절벽으로,[2] 갈수록 청장년에게 부과되는 노인 부양 부담이 커지는 것이요, 노년의 삶이 사회적 차원에서 한층 유의미해져야 다른 연령대와 동등한 사회 구성원으로서, 나아가 사회적 어른으로서 면이 설 수 있는 시절이 가까워진 셈이다.

한편 4차 산업혁명의 본격적 전개와 함께 '바이오 대전환'이 한창 진행 중이다.[3] 인간 생명을 둘러싸고 과거에는 없던 대전환이 이루어지고 있다. 짧다고 할 수 없는 생명공학의 역사가 말해주듯이 생명을 공학적으로 처리한 지 한참 되었고, 의료기기를 인체 내부에 넣음으로써 생명을 연장한 지도 오래되었다. 인류가 기계적으로 구성된 생명 장치에 의존하는 비중은 갈수록 증대될 것이기에 자연적으로 타고난 생명만큼, 어쩌면 그 이상으로 인공적으로 구현되는 생명이 개체의 삶에 미치는 영향이 커질 것이다. 그 결과 인간 생명은 더욱 연장될 것이다. 죽음이 그만큼 유보된다. 죽음의 유보는 삶, 곧 살아 있음의 연장을 가리키고 이는 젊음, 늙음 등에 대한 기존 인식과 사유를 다시 짚어보는 도화선이 될 수 있다. 삶과 죽음, 인간다움 등을 근원에서부터 다시 성찰하는 현실적 계기도 될 것이다.

또한 노년학(gerontology)처럼 노인, 노령, 노화, 노쇠 등에 대한 학문적 통찰이 갈수록 요긴해질 것이다. 본고는 이러한 문제의식 아래 노년과 연관된 다양한 화두 가운데 '노년다움'[4]과 관련된 고대 중국의 사유와 통찰 등을 몇몇 고전[5]을 토대로 재구성해본 글이다.

노년 담론의 부재

전근대 시기 중국에는 "노년에는 어떠어떠해야 한다."와 같이 노년 자체에 대한 사유가 담긴 노년 담론이라 할 만한 것이 드물다. 사실 노년에 대해서만 그러한 것이 아니라 청년에 대해서도 마찬가지다. 주지하듯이 청년은 '젊음-청춘-봄-생명' 등의 이미지와 연동되면서 노래된다거나 '어림-나이 적음-미숙함'과 연계되어 윤리학적 차원에서 사유되기는 했지만, 청년이라는 연령대 내지 세대 자체를 본격적으로 담론한 것은 근대에 들어서의 일이다. 노년도 유사하다. 주로 '늙음-석양-가을-죽음' 등의 이미지와 연동되어 문학적으로 다루어지거나 '장성함-나이 많음-원숙함'과 연계되어 윤리학적 차원에서 논의되었다.[6] 이를테면 '탄로(歎老)'나 '영로(詠老)'를 제재 삼아, 곧 늙음을 한탄하거나 노래한 내용으로 시문을 짓거나 '양로(養老)'나 '경로(敬老)' 같이 노인을 어떻게 예우하고 봉양해야 하는지에 대한 윤리학을 구축했다. 또한 양생처럼 수양의 차원에서 노인이 거론되었지 노년이라는 연령대나 세대 자체를 본격적으로 담론하지는 않았다.

그렇다고 노년 자체에 대하여 사유하지 않았다고 할 수는 없다. 옛 문헌을 보면 노인의 생활 태도나 마음가짐 등에 대하여, 달리 말해 노년다움이나 노년다운 삶의 모습에 대한 사유를 추론할 수 있는 원천이 적어도 세 가지는 된다. 첫째, 인간에 대한 윤리 일반, 달리 표현하면 예(禮)이다. 노인도 엄연히 인간이기 때문에 예에서 요구하는 인간다움은 노년에도 마찬가지로 적용된다. 이를테면 인간다움 논의의 총화라고 할 수 있는 군자 담론에 기본적으로 노년다움에 대한 사유가 포함되어 있다고 볼 수 있다. 군자다움은 노년에도 동일하게 요구되었기 때문에 군자다움에 대한 논의를 바탕으로 노년다움의 실제를 재구성해볼 수 있다. 또한 "이름값을 바로잡다."라는 정명(正名)에 대한 논의[7]로부터도 노년다움에 대한 사유를 추출해볼 수 있다. 가령 "아버지다움에 대해 묻는다. 답한다. '너그러우면서도 은혜롭고 예의 바라야 한다.' 아들다움에 대해 묻는다. 답한다. '공경하고 사랑하며 예절을 지켜야 한다.'"[8], "윗사람으로서 아랫사람을 아낄 줄 모르고 아랫사람으로서 윗사람 비난하기를 좋아함이 사람들이 곤궁해지고 마는 첫째 이유다."[9], "공자가 말했다. '윗사람은 섬기기 용이하고 아랫사람은 파악하기 쉬우면 형벌은 번다하지 않아도 된다.'"[10] 등의 언급에서 "너그러움", "은혜로움", "예의 바름", "자애로움", "섬기기 용이함" 같은 노인이 지녀야 하는 품덕과 태도 등을 추출해낼 수 있다는 것이다. 아버지다움이나 윗사람다움에 노인다움이 포함될 수 있기에 그러하다. 다만 군자론이나 정명에 대한 윤리학적 논의가 대상으로 하는 연령대가 노년기에만 국한되지 않는다는 점에서 이는 간접적인 노년 담론일 수밖에 없다. 이에 비해 양로, 경로의 예법으로부터 도출해낸 노년다움에 대한 논의는 한층 직접적이라고 할 수 있다. 예컨대 이러하다.

> 사람에게 근본적인 가르침은 효이다. 효를 행함을 일러 봉양이라고 한다. 봉양은 할 수 있어도 공경함은 어렵다. 공경은 할 수 있어도 편안하게 해드림은 어렵다. 편안하게 해드림은 할 수 있어도 끝까지 한결같이 하기는 어렵다.[11]

이는 청장년대의 자녀에게 양로에 대하여 언급한 것이지만, 이를 노인 입장에서 다시 읽으면 "노인으로서 한결같이 공경받고 대접받을 수 있도록 행함"을 노년다움의 품덕으로 도출해낼 수 있다. 이러한 맥락에서 앞서 언급한 "섬기기 용이함"은 한층 직설적인 노년다움에 대한 요구이기도 하다.

둘째는 선배, 노인같이 '어리지 않은 이'에 대한 사회적 요구이다. 이를테면 노인은 지혜나 경륜 등이 풍부한 자라는 전제가, 또 나이 먹은 자는 그렇지 않은 자에 비해 학식, 도덕 등 제반 차원에서 더 나아야 한다는 전제가 빚어낸 사회적 기대로부터 노년다움을 도출해낼 수 있다. 가령 "노인이 되었음은 남보다 오래 살았다는 것이다. 그럼에도 도리와 본말을 장차 올 이들에게 일러주지 못한다면 앞서 산 이가 아니다. 사람이면서 앞서 산 이가 되지 못한다면 그에게는 사람의 도가 없는 것이다. 사람이면서 사람의 도를 지니지 못한 이런 사람을 일러 썩은 사람(陳人)이라고 한다."[12]와 같은 언급에서 노년다움에 대한 사유를 도출해내는 것이다. 여기서 '썩은 사람'을 공자의 용어로 바꾼다면 "그 이름이 칭해지지 않는(無聞)" 사람 정도가 된다. "후배는 두려워할 만하지만, 나이 마흔, 쉰이 되어서도 그 이름이 칭해지지 않으면 그러한 이들은 두려워할 만하지 못하다."[13]라는 공자 말 속의 나이 마흔, 쉰이 된 그 중년, 장년들이다. 또한 순자의 표현으로 바꾸면 "망령된 자(妄人)"가 된다. "공부를 했음에도 자신은 늙고 자식이 다 자라도록 어리석은 자와 다름없거나 도리어 자기 잘못조차 알지 못하면 이런 이를 일러 망령된 자라고 한다."[14]라고 했을 때의 그 망령된 자이다. 이들 나이 든 자답지 못한 모습을 역으로 읽으면 "도리와 사리에 밝음", "이름이 칭해짐", "지혜로움" 같은 노년다움에 대한 사유를 도출해낼 수 있다. 한편 "나이듦+미더움"이 노년의 품덕으로 권장되었음을 직접적으로 추출해낼 수 있는 "노인이 되어 미덥다면 스승이 될 수 있다."[15]와 같은 언급을 통해서도 "미더움"을 노년다움으로 설정한 노년 담론을 재구성해볼 수 있다.

셋째는 장수와 양생에 대한 사유이다. 장수와 양생에 대한 사유는 서로 밀접하게 연동되어 있고, 기본적으로 노년을 전제로 하고 있기에 이들로부터 노년다움에 대한 사유를 도출해낼 수 있다. 가령 "술 마시는 이들이 많으면 술이 금방 소진된다. 고귀한 생명을 마시는 만물이 많으면 고귀한 생명일지라도 금방 소진되고 만다. 단지 만물이 마시는 것만 그러한 것은 아니다. 또한 자신의 생명을 축내면서까지 천하의 사람들을 도와주다 보면 결국 금방 소진됨을 스스로 깨닫지 못하기도 한다. 이는 밖으로는 비록 공을 이루었지만 안으로는 자기 생명이 소모된 것이다. … 그러다 죽음에 이르게 되면 거꾸러지고 벌벌 떨지만 어찌해야 할지를 모른다."[16]라는 언급에서 자신의 양생을 중시하는 "중기(重己)" 같은 노년다움과 관련한 사유를 재구성해볼 수 있다. "양생할 줄 앎"이 노년다움의 한 면모라는 것이다.

쉰, '나이든 삶'의 시작

전근대 시기 한자권에서는 마흔아홉에 줄곧 주목해왔다. 마흔 아홉은 우주 창조와 연관된 숫자 '7'이 거듭 곱해진 수라는 점에서 범상치 않았고, 반백(半百)의 나이를 앞두어서 그런지 무언가 '꺾어지기 직전'이라는, 생애의 전반부가 마감되고 후반부로, 곧 죽음을 향한 단계로 접어든다는 울적함이 부쩍 느껴지는 나이기도 했다.[17] 게다가 하필 공자가 쉰이면 천명을 깨닫는 나이라고 언명하고, 쉰까지 『역경』을 공부할 수만 있다면 여생은 큰 허물없이 지낼 것[18]이라고 고백하는 바람에 쉰은 무언가 완성을 해낸 다음 맞이하는 나이라는 인상이 배겼다.[19]

하여 마흔아홉이 되기까지 이렇다 할 성취가 없을 때 엄습하는 부담감은 결코 작지 않았던 듯하다. 얄궂게도 공자가 나이 쉰을 넘겨서도 명성이 들리지 않는다면 두려워할 만한 존재가 아니라고 잘라 말하기까지 했으니, 마흔아홉은 심적 박탈감 내지 조급함이나 조바심 등도 적잖이 유발될 수 있는 나이이기도 했다. 옛사람들이 마흔아홉까지의 삶은 잘못 살아온 나날이라며 한탄에 젖곤 했던 까닭이다.

보통 사람들은 70세를 사는데 자신의 행동거지에 대하여 날마다 달마다 후회하다가 죽음에 이른다. 그래서 거백옥(蘧伯玉)은 나이 쉰에 지난 49년이 다 틀렸음을 알았다. 왜인가? 앞서 올 것은 알기 어렵고 뒤의 것은 파악하기 쉽기 때문이다.[20]

거백옥은 공자의 찬사를 받기도 한 춘추시대의 현자이다. 그러한 그가 나이 쉰 살에 살아온 지난 49년의 삶이 다 틀렸다고 탄식했다는 고사가 전해짐으로써 이후 적잖은 시인묵객이 나이 마흔아홉에 반응하였다. 이백(李白)은 "지난 49년간의 잘못, 한번 지나가니 돌이킬 수 없다."[21]고 탄식하였고, 백거이는 "내일 아침이면 마흔아홉, 마땅히 그전의 잘못을 반성하리라."[22] 하며 읊조렸다. 소식(蘇軾)도 이백의 시에 화답하며 "내 나이 마흔아홉에 이 북쪽 창가로 돌아와 머문다. … 세상 이치는 바둑과 같아 바뀌면(시간이 흐르면) 되돌릴 수 없다."[23]라고 노래했다.[24]

노쇠함을 인지하는 시기는 개인마다 다름이 분명함에도 마흔아홉에 공통적으로 반응했다는 것은 마흔아홉이 '문화적 나이'로서 널리 공유되고 세대를 거듭하여 유전되었기에 가능했다. 여기서 왜 '마흔아홉'이 한자권의 문화적 나이가 될 수 있었는가, 라는 물음을 던져볼 수 있다. 구성 가능한 답의 하나는 쉰이라는 나이가 마흔아홉에 앞서 문화적 나이로 널리 공유되고 유전되었다는 점이다. 한자권에 비교적 이른 시기부터 쉰이라는 나이를 개체의 삶에 강렬하게 각인하는 전통이 형성되어 있었던 까닭에 쉰을 앞둔 마흔아홉이란 나이가 더불어 주목되었다고 할 수 있다. 여기서 나이 쉰의 문화적 의미는 늙음의 시작이다. 이러한 사회적 관념 덕분에 마흔아홉이 문화적 나이로 공유될 수 있었다. 하여 예법에서는 "쉰 살이 되면 향교(鄕校)에서 양로의 예를 행하고 예순 살이 되면 국학(國學)에서 제후가 양로의 예를 행하며 일흔 살이 되면 대학(大學)에서 천자가 양로의 예를 행한다."[25]라고 규정하였다. 쉰 살부터를 양로의 대상으로, 곧 늙음의 시작으로 규정한 것이다. 이는 다음 언급에도 잘 드러나 있다.

쉰 살이 되면 늙기 시작하고 예순 살이 되면 고기가 아니면 배부르지 않는다. 일흔 살이 되어서는 비단옷이 아니면 따뜻하지 않고 여든 살이 되어서는 사람의 체온이 아니면 따뜻하지 않다. 아흔 살이 되면 사람의 체온을 얻더라도 따뜻함을 못 느낀다. 쉰 살에는 집안에서 지팡이를 짚고 예순 살에는 마을 안에서도 지팡이를 짚는다. 일흔 살에는 자기 나라 안에서도 지팡이를 짚고 여든 살에는 조정에서도 지팡이를 짚는다. 아흔 살이면 천자가 하문하고 싶으면 그의 집에 가서 묻되 진귀한 음식을 갖고

간다.[26]

쉰 살이 노년의 시작으로 명시적으로 기술되었음을 목도할 수 있는 언급이다. 그렇다면 왜 나이 쉰을 노년의 시작으로 보았을까? 근거는 쉰에 이르러 신체의 변화가 확연하게 나타난다는 점이었다. 『예기』에서는 쉰 살을 애(艾)라고 하여[27] 예순 살을 가리키는 기(耆), 일흔 살을 뜻하는 노(老), 여든 살과 아흔 살을 지시하는 모(耄)와 구분하여 칭했는데, 당대 공영달(孔穎達)의 『예기정의(禮記正義)』에 의하면 쉰 살을 애라고 한 이유는 나이 쉰이 되면 메마른 쑥처럼 모발이 창백해지기 때문이었다고 한다.[28] 또한 "노인은 근력이 필요한 예를 행하지 않는다."[29]라는 예법에서처럼 근력의 쇠퇴를 늙음 여부의 기준으로 삼았다.[30] 근력이 쇠하는 나이이기에 쉰 살이 되면 집안에서 지팡이를 짚어도 되고, 노동을 제공하는 부역에 나가지 않아도 되었으며,[31] 수레가 없으면 국경을 넘어 조문하지 않아도 되었다.[32]

한편 쉰을 노년의 시점으로 보는 관념과 관련하여 주희(朱熹)의 "쉰 살에도 사모했으면 곧 종신토록 사모했음을 알 수 있다."[33]라는 언급을 주목해볼 만하다. 이는 "큰 효는 종신토록 부모를 사모하는 것이다. 쉰 살이 되어서도 부모를 사모하는 자를 나는 순에게서 목도하였다."³⁴라는 『맹자』의 구절을 풀이한 대목에 나오는 말로, 이로부터 쉰 살을 그 이후의 노년 삶을 대표하는 나이로 인식했음을 도출해낼 수 있다.

노년다운 삶이란

고대 중국인은 쉰부터 시작되는 노년의 삶에서 취해야 할 노년다움의 제 양상을 어떻게 사유했을까? 『장자』에 보면 그 일단을 엿볼 수 있는 고사가 실려 있다. 공자 또는 거백옥이 주인공으로 나오는 이야기다.

> 장자가 혜자에게 말하였다. "공자는 나이 예순에 예순 번 변하였다. 처음에 옳다고 여긴 바를 나중에는 그르다고 여겼으니, 지금 옳다고 여긴 바는 59년 동안 그르다고 여겼던 바이다."³⁵

『장자』 「칙양(則陽)」 편에는 이 고사가 거백옥의 이야기로도 전해진다. 거백옥 또한 나이 예순이 되기까지 예순 번 변하였고, 지금 옳다고 여기는 바들은 지난 59년 동안 그르다고 여겼던 것이라고 하였다. 나이 쉰에 지난 49년의 삶이 잘못이었다는 거백옥의 고백은 마흔아홉 살까지 살아오면서 지속적으로 변해왔고 마흔아홉의 나이로 마지막으로 변했던 것 또한 잘못되었음을 깨닫고는 또다시 변했음을 말함이었다. 장자는 이렇게 예순에 예순 번 변한 공자 내지 거백옥의 경지를 자신은 도무지 따라갈 수 없다고 찬탄했다. 쉰이 되었어도, 곧 죽음을 향한 내리막길로 접어들었어도 여전히 변할 수 있는, 달리 말하면 고칠 수 있는 나이임을 자각하고 실제로 고쳐나간 점을 크게 긍정했음이다. 이로부터 낮게 고침, 곧 개선이 노년다움의 한 모습임을 도출해낼 수 있다. 곧 노년을 돌이킬 수는 없지만 개선해갈 수 있는 나이로 사유했던 것이다.

도덕적 역량을 바탕으로 장수에 연연하지 않음도 노년다움의 한 모습이었다. 이는 "자신의 도리를 다하고 죽음을 일러 정명(正命)이라고 한다."[36]라는 맹자의 언명으로부터 추론해낸 것이다. 맹자의 언급은 죽음에 임할 때까지 자신의 도리를 다하고 죽음[37]이 주어진 명을 바르게 하는 것, 곧 나에게 주어진 천명을 온전히 다하는 것이라는 뜻이다. 그런데 자신의 도리를 다하며 죽음을 기다리는 과정에서 사람은 늙음이라는 것을 반드시 거치게 된다. 하여 자신의 도리를 다하고 죽음을 맞이한다는 것은 늙음 또한 자신의 도리를 다하면서 맞이했다는 얘기가 된다. 이는 죽음을 도덕적 실천을 기반으로 외면하지 않은 것처럼 늙음도 그렇게 한다는 것이다. "자신의 타고난 마음을 보존하고 자신의 성을 기르는 것이 하늘을 섬기는 것이고 요절과 장수가 다르지 않다고 여기며 수신하여 명을 기다리는 것이 입명(立命), 곧 명을 세우는 것"[38]이라고 한 것처럼 맹자는 내 명의 길고 짧음에 얽매이지 않고 수신하며 명을 기다리는 삶을 노년다움으로 환기했던 셈이다. 말만 이렇게 한 것이 아니었다. 맹자는 나이 마흔에 흔들리지 않는 마음, 곧 부동심(不動心)을 지니게 되었고 이를 평생 지속했음을 시사했다. 노년을 그러한 부동심으로 맞이하고 보냈다는 것이다. 실제로 사마천의 증언에서 확인할 수 있듯이 맹자는 자신의 도리를 다하면서 늙음과 죽음을 맞이했다.[39] 이렇게 보면 맹자는 마흔 살 이후의 삶, 곧 중년이나 노년이나 자신의 도리를 다한다는 한결같은 기초 위에 맞이하고 살아갔다고 보인다. 맹자에게 그 나이다운 삶은 연령대가 언제이든 무관하게 자신의 도리를 다하면서, 그렇게 수신하면서 천명을 기다리는 삶이었다.

양로나 경로가 예법 차원에서 다루어진 『예기』를 통해서도 노년다움의 모습을 도출해낼 수 있다. 그중 하나가 '그만둘 줄 앎'이다. 이는 '멈출 줄 앎', '놓을 줄 앎' 등으로 바꾸어 표현함도 가능한데, 이는 다시 소극적 차원과 적극적 차원으로 나누어 살펴볼 수 있다. 소극적 차원이라 함은 가령 예순은 남에게 지시하며 시키는 나이이고 일흔은 가사를 자손에게 전수하는 나이라는 예법이나[40] 일흔은 정사에서 물러날 나이[41]라는 예법처럼, 노년이 되면 공사 모든 방면에서 해오던 일을 그만둘 줄 앎을 가리킨다.[42] 적극적 차원이란 '그만둘 줄 앎', '멈출 줄 앎', '놓을 줄 앎' 수준에서 머무는 것이 아니라 '쉴 줄 앎'의 단계까지 나아가는 것이다. 쉰다는 것은 지금 아무 일도 안 하고 있다는 것으로, 이렇게 일을 하지 않고서도 일상적 편안함이나 평정을 유지한다는 것은 결코 쉬운 일이 아니다. 송대(宋代) 육유(陸游)가 "집집마다 켜놓은 등불은 밤 더욱 밝히고/곳곳마다 새로 개간한 밭은 비 온 뒤에 갈겠지./늘 늙은 몸 하는 일 없음을 부끄러워하며/난로 곁에 우두커니 앉아 바람소리 들을 뿐"[43]이라며 하는 일 없음으로 인한 불편함을 읊조렸듯이 일상적 편안함이나 평정을 유지하면서 쉴 줄 앎이라는 것은 구현하기에 사뭇 쉽지 않은 일이다. 그러니 진대(晉代) 도연명(陶淵明)이 읊은 "젊은 시절부터 고결함을 지닌 이래/문득 마흔을 넘어섰다./육신은 시간에 따라 변해가지만/마음은 늘 홀로 한적하였다."[44]는 경지를 노년에 일상적으로 유지한다는 것은 더욱더 어려운 일이다. 비록 어렵지만 그럼에도 쉴 줄 앎, 곧 마음의 한적함이 노년다움의 한 모습으로 사유되었음이다.

일상으로서 노년다움

이상과 같은 노년다움은 노년에 대한 윤리적 요구가 사회적 활동을 기반으로 하는 방향보다는 내면적 활동을 기반으로 하는 방향에서 이루어진 것과 관련 있다. 이는 공자의 연령대별 윤리적 요구에 잘 드러나 있다. 널리 알려진 "나이 열다섯에 학문에 뜻을 두고 서른에 바로 섰다. 마흔에는 미혹되지 않았고 쉰에는 천명을 알았으며 예순에는 마음의 평정을 얻었다. 나이 일흔에는 마음대로 행해도 법도에서 벗어나질 않았다."[45] 라는 언급을 보면, 열다섯 살에 배당된 '지향하다(志)', 서른 살에 배당된 '서다(立)', 마흔 살에 배당된 '미혹되지 않다(不惑)'가 사회적 차원과 한층 밀접하게 연동된 데 비해 쉰 살에 배당된 '알다(知)', 예순 살에 배당된 '평정을 얻다(順)', 일흔 살에 배당된 '벗어나지 않다(不踰)'는 내면적 차원과 한층 밀접하게 연동되어 있다.

여기에는 기본적으로 인간의 삶을 앎 내지 깨달음의 완성을 향한 과정으로 본 관점이 전제되어 있다. 사사건건 공자에 딴죽을 걸었던 노자조차도 삶을 도의 체득을 향한 여정으로 보았다는 점에서는 기본적으로 공자와 궤를 같이 했다. 그렇다보니 노년다움이 "아름다운 뜻(美意)"이나 "즐겁고 평이함

(樂易)", "근본을 깨달음(知本)", "지혜로움", "과욕(寡慾)" 같은 내면의 수양과 정신적 활동을 기반으로 구현되는 것으로 제시되곤 했다. 가령 순자는 "인민의 마음을 얻으면 하늘을 움직이게 되고, 아름다운 뜻을 지니면 수명이 늘어난다."[46]라고 함으로써 아름다운 뜻의 구비를 노년다움의 한 면모로 제시했고, "즐겁고 평이하게 사는 사람은 항상 장수하지만 근심하고 험하게 사는 자는 늘 요절한다."[47]라고 함으로써 즐겁고 평이하게 살아감을 노년다움의 한 양상으로 제시했다.『여씨춘추』에서는 "모름지기 양생에는 근본을 깨닫는 것보다 나은 것은 없다."[48], "본성에 순응하면 지혜로워지고 오래 살게 된다."[49], "무릇 죽음, 재앙, 파괴, 멸망은 저절로 찾아오는 것이 아니라 미혹됨이 불러들이는 것이다. 오래 살게 됨도 늘 마찬가지다."[50]라고 함으로써 본성과 같은 근본을 깨닫는 것, 미혹되지 않고 지혜롭게 삶이 노년다움의 모습으로 제시되었다. 또한 "음식은 진기한 것을 많이 먹지 않았고 옷은 덥게 입지 않았다. 더우면 몸의 질서가 작동되지 않고 몸의 질서가 작동되지 않으면 기가 통하지 않게 된다. 진기한 맛을 많이 먹으면 위가 가득 차고 위가 가득 차면 속이 몹시 더부룩해진다. 속이 몹시 더부룩해지면 기가 통하지 않게 된다. 이러한데 어떻게 오래 살 수 있겠는가?"[51], "세상의 군주나 귀족 중 현명하든 어리

석든 간에 장수하며 오래 살기를 바라지 않는 자 없지만 나날이 생명에 역행하니 무슨 도움이 되겠는가? 무릇 오래 살고자 하면 생명을 그대로 따라야 한다. 생명을 그대로 따르지 못하게 하는 것이 욕망이다."[52]라고 함으로써 욕심을 줄임이 노년다움의 한 면모로 제시되기도 했다.

이러한 노년다움의 면모를 도덕의 각도에서만 볼 이유는 없다. 물론 삶을 도덕적 완성을 향한 여정으로 보는 시각에서 노년다움을 사유한 결과로 볼 수도 있고, 아름다운 뜻이나 즐겁고 평이함, 근본을 깨달음, 지혜로움, 욕심이 적음 등이 그 자체로 도덕 덕목이기도 함을 부인할 수는 없다. 특히 늙을수록 외로움, 노여움 등에 쉬이 잠식되는 노년의 일반적 양상을 감안하면 노년다움이 도덕과 결합될 여지가 일상 차원에서 넓다고 할 수밖에 없다. 그럼에도 이를 도덕의 각도에서만 볼 이유는 없다고 한 까닭은 다음과 같다.

노년은 과거로도 또 미래로도 힘겹다. 과거나 미래 모두 상실을 끊임없이 유발하기 때문이다. 사람들은 노년이 되어가면서 이미 겪은 젊음을, 그것이 자신에게 부재함을 절실하게 느낀다. 늙음이 '나' 안에 깃듦으로써 비로소 젊음이 나에게 있었음을, 그러나 지금은 이미 상실하여 나에게는 없음을 절절하게 깨닫는다. 반면에 미래에서 다가오는 죽음은 내가 그것을 겪은 바가 없음에도 그 생명의 끊김을, 그 결과로 내가 소멸됨을 절실하게 느낀다. 닥쳐올 상실이 현실이 되어 노년의 삶을, 일상을 지배한다. 이미 생명의 골수인 젊음의 상실을 경험했기에 아직 일어나지 않은 상실임에도 바야흐로 일어나고 있는 일로 '리얼(real)'하게 느낀다. 이러한 이중의 상실은 남아 있는 삶을, 삶의 의지를 갉아먹는다. 상실로 인해 커져가는 무기력은 비관이나 허무나 허전함 따위를 유발한다. 외로움이나 노여움 등에도 쉬이 휩싸이게 한다. 이중의 상실이 유발한 노년의 부정적 경향성이다.

노년다움의 핵심은 이러한 노년의 부정적 경향성으로부터 남은 삶을, 삶의 의지를 지켜내고 이를 펼쳐내는 것이다. 하여 아름다운 뜻이나 즐겁고 평이함, 근본을 깨달음, 지혜로움, 욕심이 적음 등을 이러한 노년의 부정적 경향성으로부터 남은 삶을 삶답게 보내기 위한 일상적 활동으로 볼 필요가 있다. 굳이 이기심이나 욕망 등에 대한 달관이니 세속이나 삶에 대한 초탈 같은 도덕적 경지를 가리키는 것으로 한정할 이유는 없어 보인다는 뜻이다.

박완서와 오정희의 노년소설 속 '견딤'의 감각[1]

손유경 국어국문학과

보부아르의 말마따나 우리는 노년이 평온함을 가져다준다는 편견에서
벗어날 필요가 있다.

우리는 **늙어가는 자**를 우리 존재 속에 있는 **타자**라고 생각한다.[2] 우리는 우리 나이에 기꺼이 동의하지 못한다.[3]

제아무리 결핍 없는 '완전한' 인간일지라도 언젠가는 그도 노인이 된다. 누구(또는 무엇)와의 관계 속에 내가 놓이느냐에 따라 '나'는 매번 다르게 정의되는데, 젊음/늙음의 대립 구도 속에서 나이 든 사람은 누구나 자연스레 타자(약자, 피해자)의 자리에 놓이게 될 것이다. 성별, 인종, 계급, 지역, 나이 등의 여러 사회적 모순은 서로 얽힌 채 교차하면서 작동되므로 개인과 공동체는 맥락에 따라 다양한 상황에 놓일 수밖에 없고 따라서

'나'의 위치성에 대한 자각과 입장 취하기는 그만큼 어렵고 중
요하다. 이것이 교차성(intersectionality) 이론의 핵심이다.[4] 노
년소설을 다루려는 본고가 교차성 개념에 먼저 주의를 기울여
보는 이유는, 점점 더 많은 사람이 점점 더 오래 살게 된 지금
나이는 그야말로 성별과 인종, 계급, 지역을 '가로지르며' 새로
운 억압과 지배를 주조해내는 중심 문제로 부상하고 있기 때
문이다. 여성에게는 아름다움과 연령이 계급으로 작동한다고
본 케이트 밀렛(Kate Millet)이나[5] 페미니스트 시몬 드 보부아르
가 심혈을 기울여 노인 문제를 탐구해『노년』이라는 역작을 펴
낸 것만 보아도[6] 연령 문제가 오늘날 우리 삶을 인식하고 재현
하는 작업에서 얼마나 큰 비중을 차지하는지를 쉽게 짐작할 수
있다.

　나이듦이라는 인간의 조건에 대한 문학적 탐구도 이런 맥
락에서 이해할 필요가 있다. 인간은 누구나 늙어가지만, 계급
과 젠더, 지역, 인종에 따라 그것을 다르게 경험하기에 누구의
어떤 입장에서 노년의 시간을 경험하는지가 중요하다. 65세
이상의 작가가 쓰는 작품(A 유형)과 65세 이하의 작가가 노인
문제를 다루는 경우(B 유형)를 아울러 '노인성 문학'으로 규정
한 김윤식에 따르면, 노인성 문학은 그 자체로 풍속사적 가치
를 지니거나(염상섭), 작가의 기질적 개성과 관련되기도 하며

(황순원, 박완서, 이청준), 어떤 경우에는 작가가 의식적으로 고령화 사회를 깃발처럼 내세우는 경우(최일남)도 있다.[7] 같은 책에서 김미현은 "존재론적 양상으로서의 노인성"에 초점을 맞추게 되면 노인성은 문학의 단순한 소재가 아니라 "본질로서의 약자나 타자 문제를 호출"하는 문제와 결부된다고 지적한다.[8] 위 책의 구성에 잘 드러나듯 박완서는 노년소설 관련 논의에서 빠지지 않고 등장하는 작가이며[9] 오정희 역시 박완서와 더불어 노인 인물의 형상화에 있어 뛰어난 문학적 성취를 보여준 작가로 평가되어 왔다.[10]

위와 같은 연구사적 맥락에서 본고는 노년기에 대한 등장인물의 자의식이 두드러지는 일련의 소설을 노년소설로 범주화하고, 박완서와 오정희의 노년소설에서 노인 인물, 특히 여성 주인공이 노년의 시간을 견디는 양상에 주목하려 한다. 본고의 주안점은 두 작가의 노년소설에서 '노인 문제'로 통칭되는 사회적 이슈를 끌어내어 고령화 사회에 대한 소박한 진단을 내리는 것이 아니라, 노년기에 접어든 주인공의 자기 인식과 감각을 해부함으로써 노인 문제라는 범주 자체를 의문에 붙이고 늙어감이라는 인간적 조건에 대한 인문학적 성찰을 시도해보는 것이다.

'찾는 자'와 '견디는 자'

근대 소설이 청춘을 특권화해왔고 청년을 주인공 삼은 다양한
형태의 교양소설이 근대 소설사에서 큰 몫을 차지해왔다는 것
은 널리 알려진 사실이다. 젊은 주인공들의 욕망과 좌절, 동경
과 환멸, 성장과 반(反)성장이 근대 소설의 주요 모티프를 구성
한다. 그렇다면 나이 든 인물이 등장하는 노년소설에서도 성
장소설에 상응하는 어떤 특징적 요소를 찾는 것이 가능할까?
이러한 질문에 답하기 위해 본고는 박완서와 오정희의 대표적
노년소설 속 주인공을 '견디는 자'로 명명하고 그 인물이 자신
과 세계를 어떻게 인식하는지를 고찰한다. 노년소설의 주인공
이 자기 자신과 불화하고 자기로부터 멀어지는 고통스러운 과
정을 어떻게 통과하는지를 살펴보려는 것이다. 루카치의 표현
을 빌린다면 성장소설 속 젊은이는 '찾는 자'이다. "내면세계
와 외면세계 사이의 상호 이질감과 적대적 성격이 지양되지
않은 채 단지 필연적인 것으로 인식"되는 근대 사회에서 문제
적 개인은 그럼에도 불구하고 총체성을 지향하고 추구한다.[11]
노년소설의 주인공에게도 이에 값하는 어떤 색채를 입힐 수
있을까? 청년은 세상과 불화하고 노인은 자기와 불화한다.

노년소설 속 노인 인물에 주목하는 본고가 중요하게 고려

하는 점은, 다른 경우와 다르게 노인 문제는 나(우리)와 너(그들) 사이에서가 아니라 나와 나 사이에서 발생하는 문제라는 사실이다. 즉 늙어가는 내가 협상해야 할 상대는 바로 나다. 이 점을 간과하면 우리가 노년과 관련해 다루어야 할 주제의 절반만 건드린 셈이 될지 모른다. 인간은 늙어가면서 다름 아닌 나 자신이 낯설어지는, 다시 말해 나로부터 내가 멀어지는 충격과 공포를 겪게 된다는 점에 유념할 필요가 있다. 젊은 나의 정신이 늙은 나의 몸을 혐오한다. '나와 다른 나' 또는 '나와 불화하는 나'라는 표현에 깃든 모호한 낭만적 베일은 벗겨지고, 거울 앞에 버젓이 서 있는 낯설고 불쾌한 나의 모습을 노년의 인간은 마주할 수밖에 없다. 나이듦이란 결국 나와 내가 어떻게 화해하느냐의 문제로 요약된다.

이러한 관점에 따라 먼저 유년기와 대비되는 노년기의 자아 인식이 왜 그리고 어떻게 인물의 분할된 신체 이미지를 바탕으로 구성(재구성)되는지를 살펴본다. 노화를 겪는 인물이 몸(의 욕망)으로부터 자유로워지기는커녕 육체(의 이미지와 고통)에 종속되고 그럼으로써 비로소 몸을 '발견'하게 되는 장면에 주목해볼 것이다. 다음으로는 노년의 인물을 '죽음에 가까운 자'가 아닌 '죽음을 목격한 자'로 규정하고 그들이 삶에 대해 취하는 독특한 포즈가 다름 아닌 이 목격자 정체성에서 비롯됨을 밝혀본다. 박완서의 노년 인물이 '죽음이라는 역광'으로 삶을 비추어 본다면, 오정희의 주인공은 '생명의 섬광'을 죽음에 비추어 본다는 차이점에 대해서도 아울러 논해보려 한다.

유년의 망각과 노년의 무지

주디스 버틀러(Judith Buter)에게 인간의 유년기가 윤리적으로 중요한 일차적 이유는 '나'는 생각보다 매우 긴 시간 동안의 '나'를 전혀 기억하지 못하기 때문이다. "몸이라는 것(to be a body)은, 어떤 의미에서 자기의 삶을 완전하게 회상할 수 없다는 것"[12]을 뜻한다. 즉 주체는 자기 정초적이지 않으며 탈중심화되고 분열돼 있다. 유아에게 원초적 경험은 유아 특유의 그 무력함 때문에 성인세계에 완전히 '압도당하는' 경험이며, 아이에게 성인세계는 수수께끼 같은 '자국'으로 남는다. '나'는 '나에게 찍힌 타자의 자국'으로 존재한다는 버틀러의 이러한 통찰은 결국 "나는 너와 나의 관계(I'm my relation to you)"[13]라는 명제로 이어진다.

이에 대응되는 노년기의 특징으로 본고가 주목하는 것은 보부아르가 지적한 무지다. 내면의 명백한 영구불변성과 외면의 확실한 변모 사이에서 "그는 이제 자신이 누구인지 모른다."[14] "노년은 그것에 대해 어떤 충만한 경험을 쌓을 수 없는, 나의 삶 밖에 있는 것 중의 하나"[15]라는 사실로 인해 나는 나를 밀어내고 나에게서 멀어지며 나를 혐오하게 된다. 한 마디로 나는 나를 모르게 된다.

유년기의 망각과 노년의 무지가 피할 수 없는 삶의 조건이라면, 버틀러의 말대로 우리는 한없이 겸손해지지 않을 수 없다. '나'는 '나'에게 그다지 투명하지 않고, '나'가 모르거나 계획할 수 없는 '나'의 시간은 생각보다 길기 때문이다. 이를 '굴욕'이라는 감정으로 포착한 버틀러의 사유를 새삼 환기하면서, 본고는 노년에 접어든 인간이 이러한 삶의 시간을 어떻게 경험하는지를 살피되 그것을 '견딤'의 감각과 결부 지으면서 논의를 전개하고자 한다.

노년의 거울 단계와 조각난 신체상

박완서 노년소설에서 등장인물이 상대방이나 자신의 노화를 알아차리는 방법은 다름 아닌 늙음을 '보는' 것이다. "나는 갑작스럽게, 그 여름에 늙음을 보았"[16]다고 한 프랑스 작가 이자

벨 드 쿠르티브롱(Isabelle de Courtvron)의 표현 그대로, 나이 듦은 인물의 내적 변화가 아닌 시각적 발견 또는 충격으로 그려진다.

"아이고 시원하다."
욕실에서 나오는 남편을 돌아보다가 그녀는 에구머니, 소리를 지를 뻔하게 놀라면서 얼굴을 돌렸다. 팬티만 입은 남편의 하체가 **보기 흉했다.** (중략) 징그러운 것하고는 달랐다. 징그럽다는 느낌에는 그래도 약간의 윤기가 있게 마련인데, 이건 군더더기 없는 **혐오** 그 자체였다.[17]

위 소설에서 '나'는 아들 졸업식을 앞두고 별거 중이었던 남편을 다시 만난다. 월급봉투를 가장의 권위와 동일시했던 남편은 성실하지만 보수적이고 좀 갑갑한 인물이다. 원래 살갑게 지내지는 않았지만 은퇴 후 남편이 전원생활을 시작하자 자연스레 둘의 별거는 본격화한다. '나'와 그의 결혼 관계는 "고요한 파탄"에 이른 상황이다. 그러던 중 '나'는 아들 졸업식 축하 행사의 주도권을 사돈에게 빼앗겨 너무 분한 나머지 온갖 심술을 부리다가 사정이 여의치 않자 아쉬운 대로 남편과 함께 '러브호텔'을 가게 된다. 그러나 위의 인용문에 적나라하게 묘사된 대로 '나'는 남편의 보기 흉한 몸을 발견하고는 혐오의 감정조차 느끼며 "그와는 도저히 다시 살을 대고 살 수 있을 것 같지 않은 절망감"만을 확인한다. 보부아르의 정확한 지적대로 "노년은 죽음 자체보다 더 큰 혐오감을 불러일으킨다."[18] 아이를 낳고 기르며 복닥거린 "짐승 같은 시간"을 함께 한 부부 사이에 '정욕'의 필터가 사라지자 이내 혐오스런 상대의 몸이 '발견'된다. 아내가 남편의 몸에서, 자식이 부모의 몸에서 '늙음을 보는 것'이다.

그러나 더 큰 충격은 몸에 대한 혐오가 배우자나 부모가 아닌 자기 자신을 향할 때 발생한다. 노화는 다름 아닌 '몸'이 겪는 사건이다. 반면 정신에는 주름이 잡히거나 하지 않는다. 장 아메리(Jean Améry)에 따르면 기억으로 구성되고 시간으로 보존된 정신적 자아는 늙고 병든 자신의 몸을 낯설게 여기고 심지어 적대시한다. 노년의 인간은 "몸을 통해 늙어가면서도 몸을 적대시"하는데 이는 "몸을 등한시하면서도 몸과 더불어" 살아가는 젊은이와 정반대다.[19] 노년을 '득도'의 조건으로 거론하거나 '아름다운 노년' 운운하는 이들은 나이가 들면 성적 욕구가 사그라듦으로써 육체에서 해방된다고 하지만 이는 사실이 아니다. 노화에 따른 갖은 병치레와 일상을 감당하기 어려운 쇠약함으로 인해 노인은 몸을 비로소 발견하고 거기서

늙음을 본다.[20]

거울 앞에 선 노인을 묘사하는 박완서 소설의 몇몇 대목을 관찰해보면, 흥미롭게도 어떤 의미에서는 라캉의 그 유명한 거울 단계를 패러디하는 듯 보이는 장면을 만나게 된다. 라캉에 따르면 유아가 스스로를 통합된 신체로 감각하게 해주는 것은 거울에 비친 자신의 이미지다. 유아가 거울 속 이미지 속에서 자신을 인식하는 이런 행위는 18개월까지 지속된다. 거울 단계에서의 '나'는 "타자와의 변증법적 동일시에 의해 객관화되기 이전의 주체"이며 따라서 "의식의 자기충족성은 자아 형성 시 필연적으로 개입되는 오인으로부터 생겨난 환상일 뿐"이라는 것이 자크 라캉(Jacques Lacan)이 말한 주체 이론의 핵심이다.[21]

거울 앞에 선 노인은 어떤가?

몸에서 물이 떨어져 발밑에 타월을 깔고 뻣뻣이 서서 전화를 받다 말고 나는 하마터면 아니 저 할망구가 누구야! 하고 소리를 지를 뻔했다. 문갑 옆 경대는 시집올 때 해가지고 온 구식 경대여서 거울이 크지 않았다. 거기에 **하반신**만 적나라하게 비쳤다. (중략) 어제오늘 사이에 그렇게 된 게 아니련만 그 추악함이 충격적이었던 것은 욕실 안의 김 서린 거울에다 **상반신**만 비춰보면 내 몸도 꽤 괜찮았기 때문이다. (중략) 그때 나는 급히 바닥에 깔고 있던 타월로 추한 부분을 가리면서 죽는 날까지 그곳만은, 거울 너에게도 보이나 봐라, 하고 다짐했다.[22]

여기 묘사된 대로, 거울에서 자신의 전체상을 발견한 '나'는 놀라 소리를 칠 만큼 추악한 모습에 충격을 받는다. 소설에서 '나'는 조카의 혼사를 치르러 시골에 내려갔다가 고속버스에서 만난 중년 남성과 소위 '썸을 타게' 됐던 터다. 과부로 곱게 늙어가기를 바라면서도 그와의 관계를 지속하던 중 우려하며 야유하던 자식들이 상대방의 경제적 능력과 사회적 위치를 확인한 후 뒤늦게 결혼을 부추기자 '나'는 그만 심드렁해졌다는 것이 소설 「마른 꽃」의 골자다.

통합된 신체 이미지를 자신과 동일시하고 그로부터 희열을 느끼는 라캉 이론 속 유아와 달리[23] 「마른 꽃」에서 '나'는 상반신과 하반신으로 자기 신체 이미지를 의도적으로 조각냄으로써 가까스로 충격과 공포에서 벗어난다. '나'는 아직 "꽤 괜찮은" 상반신과 추악한 하반신으로 자신의 몸을 나누고는 죽는 날까지 하반신은 거울에 비춰보지 않으리라 결심한다. 아마이 주인공도 유년기에는 통일된 유기체라는 환상(거울 이미지) 덕분에 착각과 오인 속에서나마 자아의식을 획득하고 남과 구별되는 자신을 사랑했을 것이다. 그러나 노년의 '나'는 사랑스러운 부분과 혐오스러운 부분으로 그 이미지를 나누어야 가까스로 자기를 자기로 인정할 수 있다. 자신의 몸을 더 이상 하나의 전체로 상상할 수 없다. 아니, 그런 환상을 거부한다.

박완서의 「마른 꽃」에서 주인공이 자신의 몸을 상하로 나누어 인식했다면, 오정희의 「옛우물」에서 주인공은 목욕탕의 늙은 여성들을 여러 겹짜리 몸으로 상상한다. '나'의 머릿속에서 노파의 몸은 표면의 늘어진 살가죽과 이면의 고운 피부, 또한 겹 아래의 더 어린 살갗으로 켜켜이 층을 이루고 있다. 마치 러시아 전통 인형 마트료시카처럼.

수증기가 가득한 사우나실에는 벽을 따라 좁다란 붙박이 의자가 붙어 있고 벌거벗은 여자들이 수건으로 입을 막고 고통스러운 얼굴로 말없이 앉아 있다. (중략) 남편이 지난해 가을 러시아 여행에서 민속인형을 사 왔다. (중략) 그것은 내게 인생의 중첩된 이미지로 받아들여졌다. 앙상한 **뼈** 위로 남루하고 커다란 덧옷을 걸친 듯 살가죽이 늘어진 **한 늙은 여자 속에 얼마나 많은 여자들이 들어 있는 것일까. 보다 덜 늙은 여자, 늙어가는 여자, 젊은 여자, 파릇기의 소녀, 이윽고 누군가, 무엇인가가 눈 틔워주기를 기다리는 씨앗으로, 열매의 비밀로 조그맣게 존재**

하는 어린 여자아이.[24]

'나'의 이런 인식은 어디서 기인하는가? "내가 더 이상 젊은 여자가 아니"라는 것을 일깨우는 타인(남성)의 시선이 결정적 역할을 한다.

해가 갈수록 나는 낯선 남자의 눈길을 받을 때 그것이 남자가 여자를 바라보는 눈길이 아님을 느끼게 된다. **유리알처럼 무의미하고 건조하게 스쳐 가는**, 혹은 자신의 내부를 들여다보는 눈빛의 투사. 그것은 **내가 더 이상 젊은 여자가 아니라는 의미**이리라.[25]

위의 인용문에 그려진 '나'의 자각은 이자벨 드 쿠르티브롱의 발견, 즉 "늙는다는 건 결국 다른 사람들, 그러니까 남자들이나 젊은 사람들의 눈에는 **보이지 않는 존재**, 투명인간이 되었음을 인정해야 할 뿐 아니라, 스스로를 숨김으로써, 자신의 몸과 주름을 감춤으로써, 이 보이지 않음이라는 특성을 한층 더 완벽하게 만드는 것"[26]이라는 자각과 놀라울 만큼 흡사하다. 유아에게는 자신의 시선만 있고 노인에게는 타인의 시선만 남는다. 일생 내내 자신의 성기에서 자신의 분신을 발견하는 남성과 달리 "성적 대상인(성적 대상으로 길러진–인용자) 여성은 어렸을 때부터 자기 신체의 전체적인 모습과 자기를 동일화"[27]하는 경향이 있다는 보부아르의 지적을 떠올린다면, 왜 박완서와 오정희의 여성 인물들이 자신의 전체 이미지를 위와 아래로 구분하거나 여러 겹으로 나눠버리지 않고는 견딜 수 없어 하는지 짐작할 수 있다.

거울 속 노인의 조각난 신체상에 대한 소설적 상상력은 오정희의 작품에서 장애 문제를 환기하는 데로 나아간다. 오정희 소설 속 노인의 몸에는 틀니나 염색약 같은 '무생물'과 주름진 피부가 상징하는 '생명'이 공존하고 있다.

치약 묻힌 칫솔로 표면에 달라붙은, 칼국수를 먹고 난 뒤의 고춧가루 따위 찌꺼기를 꼼꼼히 닦아내자 틀니는 싱싱하고 정결하게 빛났다. (중략) 거울 속으로, 청년처럼 검은 머리는, 무너진 입과 졸아든 인중, 참혹하게 파인 볼 때문에 더욱 젊어 보였다.[28]

튼튼하고 정결한 틀니와 염색으로 검어진 머리카락은 이곳저곳 무너지고 졸아들고 푹 파인 그의 얼굴과 조화를 이루지 못한다. 틀니는 심지어 "잔혹하게 번득이"는 "차갑고 단단한 무생물"로 그에게 두려움을 몰고 온다.[29] 틀니라는 장치에 대한 인물의 이 같은 의존과 반발은 최근 들어 활발히 조명되고 있는 장애인 사이보그 담론을 환기하는데, 늙고 취약해지고 병들고 의존하게 되는 것은 우리 모두가 마주할 미래라는 점에서 더 주목되는 장면이다. 이를테면 보청기와 휠체어는 노화와 떼려야 뗄 수 없는 장치다. 기술과 취약함, 기술과 의존, 기술과 소외를 살피는 일은 따라서 모든 이들이 관련된 문제다.[30]

썩지 않는 물건에 대한 등장인물의 공포는 박완서의 소설에서도 두드러진다. 폭우로 버스가 끊겨 '나'의 집에 머물게 된 세 여인의 고백과 그들에게도 결코 털어놓지 못한 '나'의 비밀 이야기로 구성된 「빨갱이 바이러스」(2009)에는 매우 의미심장한 구절이 등장한다. "나는 마모도 소멸도 안 되는 것에 대한 병적이고도 비밀스러운 혐오를 갖고 있었지만… (후략)." 「나의 가장 나종 지니인 것」(1993)에서 '나'는 아들 잃은 어미의 심정을 토로하며 형님에게 "생떼 같은 목숨도 하루아침에 간데없는 세상에 물건들의 목숨은 왜 그렇게 질긴지, 물건들이 미운 건 아마 그 질김 때문일 거예요. 생각만 해도 타지도 썩지도 않을 물건들한테 치여 죽을 것처럼 숨이 답답해지네요."라고 탄식한다.[31]

박완서와 오정희의 노년소설이 암시하는 바 젊은이가 세

상과 불화한다면 노인은 자신과 불화한다. 젊은이는 불화 끝에 어떤 화해를 추구하지만 노인은 다만 그것을 견딘다. "자신의 얼굴이 싫을 뿐만 아니라 낯설게만 여겨"져 결국 "자기 자신으로부터 소외"[32]되는 것이 노년의 진실이다. 「너무도 쓸쓸한 당신」에서 너(남편)를 혐오하는 나를 견딜 수 없어 하는 것은 바로 '나'다. "자신으로부터도 밀려난 것 같은 느낌은 여지껏 겪어본 어떤 외로움하고도 닮지 않은 이상한 외로움이었다."[33] 더 이상 젊지 않은 「옛우물」의 여성 주인공은 이렇게도 묻는다. '나'도 '나'를 견디기 힘든데 "당신은 나를 어떻게 견디나."[34]

노인이라는 목격자

인간이 노화를 겪으며 오래 산다는 것은 가깝고 먼 이들의 죽음을 줄곧 목격하고도 계속 살아내야 함을 의미한다. 노인의 기본적 정체성은 '목격자'다. "한 인간이 겪을 수 있는 가장 큰 불행은 자신의 모든 친구가 죽은 뒤에 살아남아 있는 것"이라고 한 카사노바의 말을 인용하면서, 보부아르는 삶이란 "일련의 장례식들의 연속"[35]임을 일깨운다. 이런 관점은, 참척의 고통을 겪고 "살아가는 고문"[36]을 당하는 박완서 소설의 인물들이나, 젊은 자식을 앞세운 후 황폐한 일상을 견디며 사는 오정희 소설의 노부부 캐릭터에 새삼 집중하게 한다.

　죽음의 역광

박완서는 죽음을 노화의 끝자락에 놓인 것이 아니라 도처에 묻힌 지뢰 같은 것으로 파악한 작가다. 한국 전쟁 중 오빠와 숙부를 잃고, 1988년에는 생때같은 아들을 사고로, 같은 해 남편은 병으로 떠나보내야 했던 작가 자신의 생애에서 비롯된 인식일지 모른다. "몇 달을 두고 전선이 일진일퇴를 거듭하는 대로 세상도 손바닥 뒤집듯이 바뀌"는 바람에 "그때마다 부역했다고 고발하고 반동했다고 고발해서 생사람 목숨을 빼앗는 일을 미친 듯이 되풀이"[37]한 한국 전쟁을 박완서는 어이없고 참혹한 때 이른 죽음들로 기억한다. "인공 치하에서 이밥 먹고 산 죄"로 밀고를 당한 '나'의 숙부와, "난리통에도 숨어 있지 않고 학교에도 나가시고 문학가 동맹 사무실에도 나가"는 바람에 부역자로 낙인찍힌 스승 송사묵이, 9.28 수복 이후 서대문형무소에 수감된 후 재판에서 사형 선고를 받게 된 사연을 기록한 단편 「복원되지 못한 것들을 위하여」는 이런 사정을 다음과 같이 요약해놓고 있다. "숙부(와 송사묵)가 그 안(서대문형

무소)에서 짐승처럼 죽어갔다면 우리는 밖에서 짐승처럼 살아 남았던 것이다."[38] "아무에게도 발설하지 못한 골육상잔의 기억"을 떠올리는「빨갱이 바이러스」의 주인공도 그때를 짐승의 시간으로 기억하고 있다.[39]

가까운 이들이 비명횡사하는 것을 목격하거나 참척을 당해 고통받는 등장 인물들에게 박완서는 그래도 죽지 못해 살지 말고 사는 것처럼 살기를 바랐던 것 같다. 『나목』의 젊은 주인공 이경이, 아들을 잃고 나서 죽지 못해 사는 어머니를 원망하며 자신만큼은 생기, 활기, 재미를 얻기 위해 몸부림친 장면을 떠올려보자. 마음에 가두어놓은 망령들을 토해내지 않으면 "온갖 사는 즐거움, 세상 아름다움으로부터 완전히 격리"당할 수밖에 없었기에 "토악질하듯이"[40] 자기 이야기를 소설로 써 내려갔다고 고백하는「부처님 근처」(1973)의 주인공에게서 젊은 이경의 모습을 엿보게 되는 것은 이런 이유에서다.

박완서의 인물들은 '고운 죽음'에 대한 희망도 품고 산다. 빨갱이로 고발당해 억울하게 맞아 죽은 아버지와 좌익 활동을 하다 반동분자로 지목되어 총살당한 오빠의 원혼을 오랜 세월이 지난 후에야 제대로 달랠 수 있게 된「부처님 근처」의 주인공은 곤히 잠든 어머니를 안고 "처음으로 털끝만큼의 혐오감도 없이 한 죽음을 생각"해볼 수 있게 된다.

거칠고도 말랑한 손의 희미한 온기, 손목에서 뛰는 약한 맥박, 그것만 없다면 지금 내 품의 어머니는 꼭 죽어 있는 것 같았다. 오오, 죽은 사람, 참 이렇게 고운 사상(死相)도 있겠구나! (중략) **고운 죽음**이 얼마나 큰 축복이 될 것인지를 나는 알고 있다. **흉한 죽음**이 얼마나 집요한 저주인지를 알기 때문에.[41]

고운 죽음이란 제 수명을 다한 노인의 죽음, 왜 죽는지(죽어야 하는지) 아는 이들의 죽음을 의미한다. 「저문 날의 삽화 5」에도 가족들의 고운 죽음을 희구하는 인물이 등장한다. 흉한 죽음의 저주에서 벗어나기 위해 "비천한 아부"로 보일 만큼 간절히 신께 기도하는 나이 든 아내의 얼굴은 그래서 남편에게는 낯설지만 독자에게는 낯익다. 참척을 두 번이나 겪은 노인과 과부들로 구성된 아내의 가족사를 떠올리며 남편은 비로소 "순서껏 죽지 못한 집안 꼴에 대한 아내의 맺힌 한의 덩어리"[42]를 짐작하게 되는데, 이때 그의 눈을 사로잡은 것이 바로 타다 남은 양초 두 자루다. 아내는 남편 몰래 '기도하는 방'에 앉아 성촉을 밝히고 "우리 식구 순서껏 죽게 해달라"는 소원을 양초가 엄지손가락 길이밖에 남지 않을 정도로 빌었던 것이다.

그러나 노인을 등장시키는 박완서 소설의 가장 특징적인 면모는, 곱게 늙어간다는 인간적 희망의 결정체인 '고운 죽음'

이 기실 환상에 불과하다는 사실을 가차 없이 폭로해버린 데 있다. 순서대로 죽게 해달라는 아내의 소원(「저문 날의 삽화 5」)은 소설 막바지에 이르러 아들 내외의 차 사고 소식으로 처참히 깨어지고, 젊은 딸이 어머니를 향해 꾸었던 '고운 죽음'의 꿈(「부처님 근처」)은 말기 암 환자로 대소변도 못 가리게 된 어머니의 참혹한 말년(「길고 재미없는 영화가 끝날 때」)이 잔인하게 앗아가 버린다. "자기 항문도 못 오므리게 된 치욕적인 마지막"[43]을 보내게 된 어머니는 평생토록 지녀왔던 품위와 위엄을 거짓말처럼 다 잃어버린 채 악취를 풍기며 딸네 집에 누워 있는 것이다. "도대체 누가 무슨 권리로 어머니를 그렇게까지 희롱해도 된단 말인가."[44] 말기 암 환자인 남편의 마지막 시간을 애틋한 마음으로 함께 보내는 아내가 "그의 존재가 시간과 마찰하면서 빛을 내는 것처럼 빛나 보였"[45]다고 말할 수 있었던 것은, 어쩌면 남편이, '길고 지루한 영화'를 찍고 간 위의 어머니와 다르게, 짧고 굵은 투병 생활을 마치고 떠나갔기 때문은 아니었을까?

맞은편에서 오는 역광 속에서 삶을 본다는 것, 즉 삶을 죽음의 관점에서 직시한다는 것은 우리의 세세한 일상을 실용적 관점과는 다른 관점에서 새롭게 발견하는 계기가 된다고 한다.[46] '흉한 죽음'의 목격이라는 역광 속에서 박완서가 발견한 삶의 의미는 '고운 죽음'에 깃든 지독한 아이러니에 있었는지도 모른다. 비명횡사하지 않고 오래도록 시간과 마찰하며 늙고 병들어간다는 것은 축복이다. 다만 노화와 질병은 그 축복받은 당사자에게 종종 "참을 수 없는 치욕"[47]을 안긴다는 것이 함정이다.

생명의 섬광

박완서가 '고운 죽음'에 대한 인간적 동경과, 그 희망을 잔인하게 앗아가는 현실의 적나라한 양상을 동시에 묘파해냈다면, 오정희는 눈부신 어린 생명과 무기력한 노인의 일상을 대위법적으로 배치하는 전략을 취한다. 아이에 대한 노인의 태도는 대체로 사뭇 비정하고, 아이를 곁에 두기 위해 수면제를 타 먹이는 기이한 행동을 해서 독자를 전율케 하기도 한다.[48]

오정희의 대표작 「동경(銅鏡)」에 등장하는 노부부는 옆집 사는 유치원생 여자아이 앞에서 내면의 혼란을 수습하지 못해 전전긍긍한다. 남자는 식전 산책이나 반주 같은 평범한 몇 가지 리듬에 순종하는 기쁨을 맛보다가도[49] 국수에 간장 넣는 일을 깜빡하는 아내나 온통 무기력하게만 느껴지는 몸의 기관들, 또는 차갑고 단단한 틀니 같은 것에 심한 배반감과 노여움을 느끼곤 한다. 이 지루한 일상에 작은 파문을 일으키는 것은 바로 옆집 아이의 장난질이다. 아이는 작은 거울 조각에 햇빛을 반사해 그의 몸 이곳저곳에 함부로 빛을 쏘아댄다. 그때 남자가 느끼는 것은 공포다. "하얗게 번뜩이는 그것이 (중략) 그에게로 되돌아와 얼굴에 오래 머무르자 그는 문득 얼굴이 졸아드는 듯한 공포를 느꼈다. 센 빛살에 눈을 뜨지 못하며 그는 소리쳤다. 누구냐, 거울 장난을 하는 게."[50] 그는 결국 그 거울 조각으로 만든 아이의 만화경을 훔쳐버린다.

그는 "있는 힘을 다해" 아이가 예쁘다고 생각하려 하지만 언제나 실패하고 만다. 햇빛에 비친 아이의 얼굴은 "조금도 예쁘지 않았"고 발가벗고 목욕하는 아이의 모습을 그는 "고통에 가까운 감정으로"[51] 바라보곤 하는데, 아이에게 공포와 노여움을 느끼기는 아내도 마찬가지다. 마당의 꽃을 함부로 꺾어대는 아이를 아내는 항상 성가셔하고 의심한다.

아이를 향한 노부부의 이런 적의는 어디서 비롯되는 것일까? 두 사람은 우선 아이의 활기를 감당하지 못하는 것처럼 보인다. 자전거 타는 아이가 즐기는 현기증 나는 속도감이나 울려대는 날카로운 경적 소리, 거울 놀이를 하며 반사한 눈부신 빛과 같은 것들을 이들은 좀처럼 견뎌내지 못하는 것이다. 그러나 이 노부부가 약동하는 어린 생명을 향해 사심 없이 애정 어린 찬탄의 시선을 보내기란 애초부터 거의 불가능한 일이다. 청대(靑竹)처럼 자라다 스무 살에 죽은 아들 영로가 땅에 묻혀 있기 때문이다.

> 땅속에 갇힌 생명, 땅속에 갇혀 아우성치는 빛들.
> 그가 영로를 땅에 묻은 것은 이십 년 전인가. 스무 살의 영로는 그가 살았던 세월만큼 땅에 갇혀 있다.[52]

영로를 묻고 나서 그는 자신이 묻고 돌아선 것이 영로의 시체가 아니라 "한 조각 거울"[53]이라고 생각한다. 여기서 그가 묻은 거울은 자신의 분신인 동시에 생명의 빛을 상징하는 물건일 것이다.[54] 가수 상태에서 그는 자신이 박물관 전시실에 들어선 듯한 환상에 빠지는데 거기서 그는 토우나 동경(구리거울) 같이 죽은 사람의 부장품을 진열해 놓은 방에 들어선다. 노년에 이르러 곧 죽음을 맞이할 자신을 박물관의 녹슨 구리거울로[55] 젊디젊은 나이에 세상을 등진 아들 영로는 작지만 반짝이는 한 조각 거울로 상상하는 그는, '땅에 갇혀 아우성치는' 생명의 빛(영로)을 차마 마주보지 못한다. 여자아이의 거울 조각에 반사된 빛은 그의 가슴에 칼처럼 박혀 있는 영로의 생명력 그 자체일 것이므로 그는 자신의 얼굴에 번지는 하얀 빛에 공포를 느낄 따름이다.

소설 말미에 이르러 아이는 새로 마련한 거울 조각으로 이번에는 아내의 얼굴에 장난질을 시작한다. 돌연한 공포를 느낀 아내는, 남편과 마찬가지로, 필사적으로 빛을 피하려 하지만, 아이는 아랑곳하지 않고 "악마처럼 깔깔거리며" 거울 장난을 계속한다.

빛은 이제 눈물에 젖은 아내의 조그만 얼굴과 그의 눈시울, 무너진 입가로 쉴 새 없이 번득였다. 그것은 어쩌면 **아득한 땅속에 묻힌 거울 빛의 반사**일 듯도 싶었다. (중략) 아이에게 늙은 이를 무력한 공포에 몰아넣는 것보다 더 재미있는 놀이가 있을까.[56]

'작은 악마' 같은 여자아이가 노부부를 괴롭히는 반복되는 장면에서 감지되는 것은, 적어도 이들의 공포는 자신들에게 다가올 죽음에서 비롯된 것은 아니라는 사실이다. 아내는 말한다. "그 애가 죽었어도 우린 여전히 이렇게 살고 있잖아요."[57] 죽음이 두려운 것이 아니라 삶이 저주스러운 노부부에게 생명의 빛은 너무 강렬해서 바라볼 수조차 없는 것이다.

성숙? 그저 견딜 뿐

지금까지 본고는 박완서와 오정희의 노년소설에 등장하는 노인들이 자신과 세계를 어떻게 인식하고 감각하는지를 살펴보았다. 이들에게 노년은 내면의 변화가 아닌 시각적 충격으로 체험되며, 통합된 신체 이미지의 환상을 거부하고 위아래 또는 여러 겹으로 조각난 신체상에 의지함으로써 이들은 가까스로 '나'를 '나'로 받아들인다. 이 노년의 주인공들이 입증하는 바 죽음에 가까워져서가 아니라 죽음을 너무 많이 목격하고도 살아내야 하는 것이 노년의 삶이라면, 보부아르의 말마따나 우리는 노년이 평온함을 가져다준다는 편견에서 벗어날 필요가 있다. 불안이 노인의 마음을 갉아먹는다. 왜 우리는 자신이 지니지 못한 미덕을 아이와 노인에게 전가시키는가? 아이에게는 순수함을, 노인에게는 평온함을 말이다.[58]

박완서와 오정희의 노년소설에서 나이 든 인물은 나와의 불화를 견뎌야 한다. 그들은 또 죽음의 역광이나 생명의 섬광에 의한 일시적 눈멂 혹은 눈부심을 참아야 한다. 건강한 사람은 공간을 살고 아픈(늙은) 사람은 시간을 살게 되는데[59] 미래가 줄어드니 과거가 부풀어 올라 자신들이 일생 목격한 (흉한) 죽음이 남은 삶을 비추거나 한때 내 것이었던 약동하는 생명력이 일상을 정지시킨다.

노년에 대한 보부아르와 장 아메리의 철학적 고찰, 그리고 박완서와 오정희의 주요 노년소설을 이리저리 겹쳐 읽음으로써 본고가 도달하게 된 결론의 하나는, 역설적으로 '노인 문제란 없다'는 것이다. 우리 사회에서 노인은 충분히 행복하다는 말이 아니라, 노인이라는 타자는 이미 항상 지금의 '나'와 통합되어 있다는 것이다. 살다 보니 피부색이 자연스레 바뀌어 다른 인종이 되었다는 경우를 우리는 보지 못했다. 반면에 우리는 누구나 (요절하지 않는 한) 다 노인이 '된다'. 노년은 '나와 내가 점점 더 멀어져' 노인이 되어 가는 시간이며 이 낯선 나를 받아들이지 않을 도리가 없다, 죽을 때까지.

보부아르는 노년이 "인생의 합이 아니"[60]라고 했다. 질병과 장애 문제에 있어 "상태가 호전되거나 병이 완전히 낫지 않아도 삶을 살아갈 수 있는 조건을 만드는 것이 중요"[61]하다는 김은정의 지적은 노인 문제에도 정확히 들어맞는다. 장애와 질병을 가진 사람, 나이 든 사람은 "바뀌어야 한다는 압박 없이 머무를"[62] 권리가 있다. 오로지 겪어낼 뿐, 반추하거나 계획할 수 없는 노년의 시간은 '견딤'에 대한 우리의 감수성을 시험한다.

2부

노년, 가장 전위적인 시간

06

노년의 거대한 예술적 실험

: 정선의 〈인왕제색도〉

장진성 고고미술사학과

<인왕제색도>는 정선이 그린 그림들 중 가장 창의적이고 혁신적인
작품이다. 그는 이 그림을 통해 위대한 예술가로 자신을 세상에 다시 알렸다.
당시 그는 76세의 노인이었다.

정선, 〈인왕제색도(仁王霽色圖)〉, 1751년, 종이에 수묵, 79.2×138.2cm, 국립중앙박물관.

1751년 여름

1751년 여름 인왕산(仁王山)에 비가 내렸다. 굵은 장맛비가 세차게 내리고 그치자 날이 맑게 개기 시작했다. 인왕산의 밑 부분에 머물러 있던 짙은 안개는 급히 이동하면서 사라지고 있었다. 안개가 걷히기 시작하자 비에 젖은 인왕산의 거대한 암봉(岩峯)이 그 모습을 드러냈다. 76세의 노인 화가였던 정선(鄭敾, 1676-1759)은 이 장면을 북악산 아래의 육상궁(毓祥宮) 근처에서 지켜보았다. 그는 비가 갠 인왕산의 장관을 여러 장의 스케치로 남겼다. 그는 이 스케치들을 바탕으로 그림을 그렸다.

이 그림이 〈인왕제색도(仁王霽色圖)〉이다.[1] 안개가 걷힌 인왕산이 눈앞에 성큼 다가와 있다. 화강암 덩어리인 인왕산의 암벽들을 정선은 짙은 먹으로 묘사하였다. 인왕산 아래를 감싸고 있던 안개는 급히 왼쪽을 향해 몰려가고 있다. 인왕산 밑의 둥근 언덕에 자라고 있는 소나무와 활엽수들은 방금 내린 비를 머금어 활기를 띠고 있다. 둥근 언덕 아래에는 건물 세 채가 보인다. 건물들 주위로 나무들이 병풍처럼 둘러쳐 있다. 정선은 옆으로 긴 점을 사용해 신속하게 소나무 잎을 그렸다. 방금 비가 갠 풍경을 그려서인지 화면에는 습윤한 분위기가 가득하다.

〈인왕제색도〉는 몇 가지 점에서 볼 때 미스터리 그림이다. 첫째 정선 이전에 인왕산을 단독 주제로 그린 그림은 존재하지 않는다. 인왕산은 한양의 4대 진산(鎭山) 중 하나이다. 나머지 산들은 백악산(북악산), 목멱산(남산), 낙산(駱山)이다. 백악산이 주산(主山)이었으며 서쪽에 위치한 인왕산은 우백호(右白虎) 역할을 하였다. 인왕산이 한양의 명산이기는 했지만 1751년 이전에 그 자체가 독립된 주제의 그림으로 그려진 적은 없었다. 따라서 정선의 〈인왕제색도〉는 조선시대 최초의 인왕산 그림이라고 할 수 있다. 정선은 청풍계, 백운동, 필운대 등 인왕산 지역의 명승지를 그림으로 그렸지만 인왕산 자체를 그리

흑백 필름으로 촬영한 인왕산의 모습. 일제강점기, 유리 건판, 30.3×125.2cm, 국립중앙
박물관.

지는 않았다.[2] 1751년에 정선은 왜 갑자기 인왕산을 그린 것일까? 어떤 계기로 그는 인왕산에 갑자기 관심을 가지게 된 것일까? 그는 52세(1727)경 북악산 지역에 살다가 인왕산 아랫마을로 이사를 왔다. 20년 이상을 인왕곡(仁王谷)에서 살면서도 그는 인왕산 전체를 그림으로 그리지 않았다.

둘째 정선은 인왕산의 모습을 횡피(橫披) 형식의 화폭에 담았다. 횡피는 족자형 횡폭(橫幅)이다. 족자이지만 가로와 세로의 비율에 있어 가로가 더 긴 형식이 횡피이다. 즉 횡피는 가로가 긴 축(軸) 그림 형식이다. 중국과 일본에서는 횡피 형식의 그림이 거의 발견되지 않는다. 한국에서는 16세기 후반경에 횡피 형식으로 그려진 〈18학사도(學士圖)〉가 알려져 있다. 따라서 조선 전기부터 횡피 형식의 그림이 그려진 것으로 생각된다.[3] 그러나 횡피 형식이 조선에서 사용되기는 했지만 매우 특수한 경우에만 한정되어 쓰인 것 같다. 정선 이전에 그려진 횡피 형식의 그림은 〈18학사도〉(개인 소장)를 제외하고는 현재 남아 있지 않다. 〈18학사도〉와 〈인왕제색도〉 외에 정선의 〈사직송(社稷松)〉(고려대학교박물관 소장)이 횡피 형식으로 그려진 그림이다.[4] 이 세 점이 현존하는 조선시대의 횡피 그림들이다. 이중 〈18학사도〉는 가로 124.0cm, 세로 75.5 cm이며 〈사직송〉은 가로 112.2cm, 세로 61.8cm이다. 〈인왕제색도〉는 가로

138.2cm, 세로 79.2cm이다. 따라서 〈인왕제색도〉는 현존하는 조선시대의 횡피 그림들 중 가장 큰 작품이다. 〈18학사도〉는 인물화이다. 인물들의 여러 활동을 집중적으로 보여주기 위해 이 그림은 횡피 형식으로 그려졌다. 〈사직송〉은 사직단(社稷壇)에 자라는 소나무를 그린 그림이다. 횡피 형식으로 그려진 조선시대의 산수화는 〈인왕제색도〉가 유일하다. 정선은 1751년에 왜 매우 이례적인 그림 형식으로 이 그림을 그린 것일까?

셋째 〈인왕제색도〉는 인왕산의 전경(全景)을 그린 그림이다. 정선은 금강산의 전체적인 경관을 그릴 때 축, 부채, 화첩 형식을 사용했다. 그가 그린 금강전도는 대부분 내금강(內金剛)의 전체 모습을 그린 것이다.[5] 이 점에서 횡피 형식으로 그려진 〈인왕제색도〉는 그가 그린 전도류(全圖類) 그림 중 매우 예외적인 작품이다. 그는 왜 인왕산의 웅장한 모습을 축 그림으로 그리지 않았을까? 그는 왜 당시까지 거의 사용되지 않았던 횡피 형식으로 인왕산을 그린 것일까?

넷째 〈인왕제색도〉의 제목인 '인왕제색' 중 '제색(霽色)'은 동아시아 산수화에서도 유사한 예를 찾을 수 없는 매우 독특한 용어이다. 일반적으로 비와 눈이 그친 후의 풍경을 그린 그림들의 제목은 '계산우제도(溪山雨霽圖),' '강산설제도(江山雪霽圖)' 등이다. '우제(雨霽),' '설제(雪霽)'는 비 또는 눈이 온 후 날

왕휘, 〈계산우제도(溪山雨霽圖)〉, 1662년, 종이에 수묵,
114.0×45.4cm, 메트로폴리탄박물관(The Metropolitan
Museum of Art).

씨가 맑아진 상태를 지칭하는 용어이다. 청나라의 화가인 왕
휘(王翬, 1636-1717)가 그린 〈계산우제도〉를 보면 전경에 나무
들이 서 있고 그 뒤로 작은 언덕들이 먼 산까지 중첩되어 나타
나 있다. 화면에 습윤한 느낌은 없다. 나무들은 젖어 있지 않
고 마른 상태이다. 비가 갠 후 맑은 날씨 속에 강물은 고요히
흐르고 있다. 〈계산우제도〉는 '정적(靜的)'인 산수화이다. 반면
에 〈인왕제색도〉는 '동적(動的)'인 산수화이다. 이 그림을 보면
비가 그치고 날이 개자 안개가 움직이기 시작하고 산에는 여
러 날 동안 내린 비로 빗물이 작은 폭포들을 이루며 흘러내리
고 있다. 비에 젖은 바위들은 습윤한 느낌을 전하고 있다. 왼쪽
으로 급히 이동하는 안개로 인해 화면에는 생동감이 넘친다.
'우제'가 비가 그친 후의 정적인 장면을 지칭한다면 '제색'은
현재진행형으로 '비가 개어가는 모습'을 뜻한다.

정선은 1751년 이전에 기상(氣象, weather conditions)의 변
화를 지칭하는 '제색'과 같은 용어를 그림 제목으로 사용한 적
이 없다. 그는 장안사(長安寺), 정양사(正陽寺), 옹천(甕遷), 총
석정(叢石亭), 대은암(大隱岩), 필운대(弼雲臺), 송파진(松坡津),
압구정(鴨鷗亭) 등 금강산, 한양 및 한양 일대의 명승지를 그
린 후 그 이름을 제목으로 삼았다. 이 그림들에는 비가 갠 후
의 모습과 같은 기상의 변화를 보여주는 장면은 전혀 나타나

정선, 〈인왕제색도〉의 세부.

있지 않다. 그가 양천(陽川) 현령(縣令)으로 재직하던 시기인 1740~1741년에 그린 《경교명승첩(京郊名勝帖)》에 들어 있는 〈목멱조돈(木覓朝暾)〉과 〈안현석봉(鞍峴夕烽)〉은 해가 뜬 아침의 남산과 해가 질 무렵의 안산(鞍山)의 모습을 그린 그림들이다.[6] 〈목멱조돈〉과 〈안현석봉〉에는 구름, 안개 등 기상과 관련된 요소가 나타나 있지 않다. 이 그림들에는 해가 뜨고 진 후의 정적인 풍경이 그려져 있다. 따라서 비가 그친 후 습기를 가득 머금은 안개가 급한 물살처럼 빠르게 움직이는 모습을 보여주는 〈인왕제색도〉의 '제색' 장면은 정선의 다른 어떤 그림에도 나타나 있지 않은 매우 독특한 모습이라고 할 수 있다.

이와 같이 〈인왕제색도〉는 그림의 주제, 형식, 제목에 있어 전례가 없는 창의적이고 혁신적인 작품이다. 이 그림을 그릴 때 정선은 76세였다. 〈인왕제색도〉를 그린 후 8년 뒤에 그는 사망했다. 〈인왕제색도〉를 그린 후 연로(年老)해서 인지 그는 수준 높은 그림을 그리지 못했다. 〈인왕제색도〉는 '조선 산수화의 개벽'을 이룬 정선의 최고 작품이자 한국의 미를 대표하는 그림으로 평가되고 있다.[7] 또한 이 그림은 "우리 옛 그림 가운데 가장 웅혼하고 장엄한 감동을 주는 작품"으로 상찬(賞讚)되기도 한다.[8] 정선은 41세 이후 낮은 직급의 관료로 살았지만 그는 근본적으로 화가였다. 그에게는 화업(畵業)이 본업이

정선, 〈금강전도(金剛全圖)〉, 종이에 담채, 130.7×94.1cm, 리움미술관.

었으며 하급직 관료 생활은 부업이었다. 그는 오랜 시간 동안 그림을 그렸지만 명작을 많이 남기지 못했다. 〈인왕제색도〉와 함께 〈금강전도(金剛全圖)〉 정도가 그의 명작으로 평가되고 있다. 〈금강전도〉는 창의적인 주제와 파격적인 화면 구성에 있어 〈인왕제색도〉에 미치지 못한다. 〈금강전도〉는 내금강을 전체적으로 조망해서 그린 지도적 성격의 그림이다. 결국 〈인왕제색도〉는 정선의 최고 명작이라고 할 수 있다. 그런데 정선은 이 그림을 76세 때 그렸다. 인생의 말년에 그가 가장 창의적이고 혁신적인 그림을 그렸다는 것 자체가 미스터리이다. 마치 젊은 아방가르드 작가처럼 정선은 76세에 자신이 이전에 전혀 그리지 않았던 인왕산을 독창적이고 실험적인 방식으로 그렸다. 그는 왜 〈인왕제색도〉를 그린 것일까?

동네 화가

정선은 84세에 사망했다. 그는 오랜 시간 동안 화가로 활동했다. 그러나 그는 〈인왕제색도〉와 같은 명작을 많이 그리지 못했다. 그는 왜 다수의 명작을 남기지 못한 것일까? 그 이유를 알기 위해서는 정선의 삶을 살펴볼 필요가 있다. 정선은 1676

년 음력 1월 3일에 백악산(현재의 북악산) 서쪽 기슭 아래에 있는 마을인 순화방(順化坊) 유란동(幽蘭洞)에서 정시익(鄭時翊, 1638-1689)의 장남으로 태어났다.⁹ 정선이 태어났을 때 정선의 아버지인 정시익은 39세였다. 어머니인 밀양 박씨(1644-1735)의 나이도 33세였다. 정시익에게 정선은 손자 같은 아들이었다. 정선의 집안은 대대로 명망 있는 사족(士族)이었으나 증조부 이래로 벼슬에 오르지 못해 한미한 집안으로 전락했다. 그 결과 정선은 몰락 양반의 후예로 살아가게 되었다. 정선이 직면했던 고난은 혹독한 가난이었다. 정선이 14세 되던 해(1689년)에 부친 정시익이 사망하면서 그는 홀어머니, 여덟 살이었던 남동생과 이제 막 두 살이 된 여동생을 돌보아야 하는 소년 가장이 되었다. 비록 집안이 누대로 벼슬을 못해 한미하게 되었어도 재산이 있으면 그래도 나았다. 이런 환경이었다면 집안의 명예를 회복하기 위해 정선은 열심히 과거 공부에 진력하여 급제할 수 있었을 것이다. 그러나 사정은 그렇지 못했다. 정선의 집안은 증조부 이래 벼슬을 못한 것은 물론 재산도 사라져 아버지 정시익은 곤궁한 유생(儒生)으로 한평생을 보냈다. 그의 궁핍함은 정선에게 대물림되었다. 조영석(趙榮祏, 1686-1761)은 「겸재정동추애사(謙齋鄭同樞哀辭)」에서 정선의 극심한 가난에 대해 언급한 바 있다. 조영석에 따르면 정선은

"몹시 가난하여 밥과 찬이 없는 끼니조차 자주 걸렀다(家甚貧, 菽水屢闕)"고 한다.[10] 제대로 된 밥을 먹기 힘들 정도로 정선은 경제적으로 곤궁했다. 14세 소년이 짊어지기에는 너무도 버거운 가난이었다.

소년 가장이 된 정선이 과거 공부를 한다는 것은 꿈과 같은 이야기였다. 입에 풀칠하기도 힘든, 이른바 '호구지책(糊口之策)'이 묘연한 그에게 과거시험 공부는 백일몽에 불과했다. 결국 그는 가난을 극복하기 위하여 자신의 그림에 대한 재능을 살려 화가가 되었다. 정선이 소년과 청년 시절에 누구에게 그림을 배웠으며 어떻게 화가가 되었는지는 현재 기록이 남아 있지 않아 전혀 알 수가 없다. 아마도 그는 독학으로 그림 공부를 한 것 같다. 24세(1699)경에 결혼한 정선은 먼저 딸 둘을 낳았다. 이후 두 아들인 정만교(鄭萬僑, 1704-?), 정만수(鄭萬遂, 1710-1795)가 태어났다. 둘째 아들을 얻은 1710년, 정선은 어머니, 부인, 두 아들, 두 딸을 돌보아야 하는 7인 가족의 가장이었다. 1711년 정선은 신태동(辛泰東, 1659-1729)의 도움을 받아 꿈에도 생각하지 못했던 금강산 여행을 떠나게 되었다. 그는 금강산의 유명한 명승지를 두루 돌아보며 많은 스케치를 남겼다. 그는 금강산 여행을 마치고 온 후《신묘년풍악도첩(辛卯年楓岳圖帖)》을 제작하였다. 이후 그의 금강산 그림은 인왕산과 북악산 일대에 살던 사람들에게 인기를 끌었던 것으로 보인다. 그러나 그의 명성은 이 지역에 제한되어 있었다. 정선이 전국적인 명성을 지닌 화가가 되기까지는 오랜 세월이 걸렸다. 1716년경까지 정선은 인왕산과 북악산 근처에 살았던 세도가들인 경화세족(京華世族)들의 모임과 행사 장면을 그리는 일을 주로 맡았던 것 같다. 이 점은 그가 1716년 가을에 제작한 〈북원수회도(北園壽會圖)〉(또는 〈북원기로회도(北園耆老會圖)〉)에서 살펴볼 수 있다. 〈북원수회도〉는 공조참판을 지낸 이광적(李光迪, 1628-1717)이 자신의 회방년(回榜年)을 기념하기 위해 그의 집이 있는 장의동(藏義洞) 일대에 사는 70세 이상의 노인들을 자신의 집으로 초청해 베푼 잔치 장면을 그린 그림이다. 이 그림은 《북원수회첩(北園壽會帖)》(또는 《북원수회도첩(北園壽會圖帖)》, 《북원기로회첩(北園耆老會帖)》) 속에 들어 있다. 회방은 과거에 급제한 지 60년이 된 것을 말한다. 1716년 3월에 정선은 주변의 추천으로 관상감(觀象監) 소속의 천문학겸교수(天文學兼教授)가 되었다. 이광적의 회방연이 열린 것은 이해 가을이었다. 정선은 천문학겸교수(종6품)라는 관직을 받아 관상감에서 일하는 관료였지만 동네 화가로도 활동했던 것이다. 〈북원수회도〉에 보이는 관지(款識)에는 "북장동인 정선 원백이 공경하는 마음으로 그리다(北壯洞人 鄭敾元伯 敬寫)"라고 적혀 있다.

정선, 〈단발령망금강산(斷髮嶺望金剛山)〉, 《신묘년풍악도첩(辛卯年楓岳圖帖)》, 1711년, 비단에 담채, 34.4×39.0cm, 국립중앙박물관.

정선, 〈북원수회도(北園壽會圖)〉, 《북원수회첩(北園壽會帖)》, 1716년, 비단에 담채, 39.3×54.4cm, 국립중앙박물관.

이와 같이 정선은 40대 초까지 동네 화가로 활동했다. 그러나 이후 점차 명성이 높아지면서 그는 국중(國中) 최고의 인기 화가로 성장하였다.

수응화 작가

정선은 관상감 천문학겸교수로 처음 벼슬을 시작한 이후에도 늘 가난했다. 정선은 46세 때인 1721년에 하양현감(河陽縣監)으로 부임했다. 하양은 경상도 대구(大邱) 근처의 고을이다. 당시 그는 쌀 항아리가 늘 제대로 찬 적이 없을 정도로 가난에서 벗어나지 못한 상태였다.[11] 5년 동안 벼슬을 하고 그림을 그려 생활했지만 그는 여전히 경제적으로 곤궁했다. 그가 화가로서 명성을 얻기 시작한 것은 50세(1725) 전후였던 것으로 여겨진다. 정선은 52세(1727) 무렵에 백악산의 순화방에서 인왕곡(仁王谷)으로 이사를 했다. 그의 인왕산 시대가 시작된 것이다. 정선의 〈인곡유거(仁谷幽居)〉와 〈인곡정사(仁谷精舍)〉를 보면 그의 인왕곡 집은 기와집이었다.[12] 따라서 정선은 52세 이전까지 그림을 그려 모은 재산으로 인왕곡으로 이사했으며 50대에 상업적으로 성공한 화가가 되었다. 그는 58세였던 1733년에 문생(文生)에게《소문첩(昭文帖)》을 그려주고 30냥을 받았다. 이 돈은 몇 마지기의 논밭을 살 수 있는 금액이었다. 30냥으로 논밭을 사면 두 식구가 반년은 먹고살 수 있었다고 한다.[13] 화첩 하나에 30냥을 호가할 정도로 50대 후반에 정선은 인기 화가로 성장하였다. 이후 위로는 공경(公卿) 재상으로부터 아래로는 가마꾼에 이르기까지 정선의 이름을 모르는 사람이 없을 정도로 그의 명성은 전국적으로 널리 퍼졌다. 사람들은 그의 작은 그림 하나라도 얻으면 마치 큰 옥(玉)을 얻은 듯 귀하게 여겼으며 집안에 전해줄 보배로 삼았다고 한다.[14]

정선이 동네 화가에서 점차 명성이 높아져 최고의 인기 화가로 입신(立身)했음은 이규상(李奎象, 1727-1799)의 다음 기록을 통해 알 수 있다.

정선은 자가 원백(元伯)이며 호가 겸재(謙齋)로 벼슬은 양천(陽川) 현감을 지냈다. 그림으로 '정겸재(鄭謙齋)'라고 일컫거나 혹은 '정양천(鄭陽川) 그림'이라고 일컬었으니, 그림의 거장이었기 때문이다 … 일국(一國)의 그림 요구에 응하여 종이나 비단이 얼마나 되는지 알지 못할 정도다. 당시 시로는 이사천, 그림으로는 정겸재가 아니면 치지도 않았다. 겸재는 그림이 당시에 으뜸이었으니 원기(元氣)뿐만 아니라 그 원숙함도 당할 수 없었다. 그림을 구하는 사람들에게 부응하는 일을 이루 다 감당할 수 없으면 간혹 아들에게 그림을 대신 그리게도 하였는데, 아들의 그림은 언뜻 보아 아버지의 솜씨와 구별할 수 없을 정도였으나 원기와 원숙함은 겸재의 그림에 미치지 못하였다. 그는 어떤 물(物)이든지 잘 그렸다. 당시 어떤 사람이 살이 50개나 되는 합죽선(合竹扇)에다가 겸재의 〈금강산도(金剛山圖)〉를 그려 받고는 손에 쥐는 기품(奇品)으로 지니고 있었다.[15]

이규상에 따르면 정선은 일국의 그림 요구에 응했던 국중 최고의 화가였다. 그런데 정선은 끊임없이 밀려드는 그림 주문을 해결하기 위해 쉼 없이 일했으며 그가 사용한 종이나 비단이 얼마나 되는지 알지 못할 정도로 다작을 하였다. 어떤 인물은 부채 그림인 〈금강산도〉 한 점을 얻은 후 기이한 보배로 여길 정도로 정선 그림의 가치는 당시 최고였다. 부채는 동아시아에서 가장 싼 그림 형식이었다. 부채 그림, 화첩, 축 그림, 두루마리 그림, 병풍 순으로 그림 값은 올라갔다. 화첩은 장수(張數), 축 그림은 크기, 두루마리 그림은 길이에 따라 값이 결정되었다.[16] 정선의 작품들 중 부채 그림은 가장 낮은 가격이었지만 이것을 얻은 인물은 기이한 보배로 여겼다. 당시 누구나 그의 그림을 가지고 싶어 했다. 따라서 당연히 정선의 그림을 구하려는 사람들은 그의 집 앞으로 몰려들었다. 이와 같이 그의 그림을 구하기 위해 찾아온 수많은 사람들을 한정된 시간 내에 응대하느라 정선은 지치고 피곤해져서 결국은 아들(둘째 아들인 정만수로 추정됨)에게 대필(代筆)을 시키는 상황에까지 이르렀다. 그가 일할 수 있는 시간은 짧았던 반면 주문은 너무도 많았던 것이다. 결국 정선은 수응화(酬應畵)를 제작해 그림 수요에 대응하였다.

수응화는 특정한 개인으로부터 그림 주문을 받고 제작한 그림이다. 그러나 성의 있게 열심히 그린 그림인 주문화(注文畵)는 수응화 중 일부에 불과했다. 대부분의 수응화는 화가가 그의 그림을 원하는 사람들의 그림 요청에 부응해 마지못해 형식적으로 대충 그린 그림들이었다. 정선은 수응화 제작으로 늘 분주했다.[17] 대부분의 수응화는 매우 단순하고 심지어는 조악한 구성을 보여준다. 시간에 쫓긴 나머지 붓을 마구 휘둘러 급히 그림을 그린 까닭에 수응화는 구성과 세부에 있어 거의 유사한 성격을 띠게 되었다. 그의 〈구룡폭(九龍瀑)〉은 이러한 수응화 중 하나이다. 외금강(外金剛)에 있는 구룡폭은 큰 바위 절벽 사이로 곧게 떨어지는 물줄기로 유명한 폭포이다. 폭포가 떨어져 둥근 연못을 이룬 것이 구룡연(九龍淵)이다. 정선은 매우 빠른 붓질로 구룡폭과 구룡연 주변의 바위와 나무들

정선, 〈구룡폭(九龍瀑)〉,《겸재정선화첩(謙齋鄭敾畵帖)》, 비단에 담채, 29.4×23.4cm,
왜관수도원.

을 그렸다. 급하게 그려진 〈구룡폭〉에는 그의 정성과 공력(功力)이 보이지 않는다. 〈구룡폭〉은 정선이 그림 수요에 대응하기 위해 마지못해 형식적으로 그린 그림이다. 정선은 이러한 그림을 수도 없이 그렸다. 그가 수응화 제작에 사용한 필묵법(筆墨法)은 '마음대로 쓸어내리듯 휘두른 붓질(恣意揮灑),' '권태로운 필법(倦筆),' '급히 응대하여 그린 기법(應猝之法)'이었다. 심지어 정선은 시간이 없어 붓을 두 자루 쥐고 그림을 그릴 정도로 수응화 제작으로 인해 바쁘고 힘든 나날을 보냈다. 그는 80세가 넘어서도 두터운 안경을 끼고 밤에 촛불 아래에서 작업을 계속했다고 한다.[18] 정선의 일상은 이와 같이 늘 바쁜 날들의 연속이었다. 79세(1754)까지 낮에는 관료로서 일하고 퇴근 후에는 집에서 밤늦게까지 쉴 새 없이 그림을 그렸던 사람이 바로 정선이다.

〈인왕제색도〉

정선은 50대에 명성이 높은 화가가 되었으며 그의 그림이 크게 인기를 끌자 수많은 그림 수요에 대응하여 다량의 수응화를 제작하였다. 그는 60대에 수응화를 많이 그렸다. 그런데 그가 수응화를 가장 많이 그린 시기는 70대였다. 정선은 그림 수요를 감당하지 못하게 되자 아들과 함께 제자인 마성린(馬聖麟, 1727-1798)을 대필화가로 활용해 수응화를 제작하였다. 마성린은 정선을 위해 수응화를 그리며 고단한 나날을 보냈다. 결국 피곤에 지친 마성린은 1754년에 절필하고 정선의 곁을 떠났다. 마성린은 경아전(京衙前) 서리(書吏) 집안 출신으로 여항문인이었다.[19] 마성린은 1744년에 정선에게 그림을 배웠으며 이후 그의 대필화가로 일했다. 마성린에 따르면 수응이 너무 심하여, 즉 정선 그림에 대한 주문을 도저히 감당할 수가 없어 그는 대필화가 일을 그만두게 되었다고 한다.[20] 마성린이 과로로 인해 대필을 포기할 정도로 당시 정선 그림에 대한 수요는 과다했다. 정선은 아들과 제자인 마성린까지 대필화가로 동원했지만 그림 주문을 해결하기에는 역부족이었다.

〈인왕제색도〉는 이러한 상황 속에서 탄생했다. 정선이 수응화 제작으로 바쁜 나날을 보내고 있던 시절에 그의 회심의 역작인 〈인왕제색도〉가 그려졌다는 것은 매우 역설적이다. 이 그림은 누군가가 정선에게 의뢰해 제작된 그림이 아니다.[21] 즉 〈인왕제색도〉는 주문화가 아니다. 〈인왕제색도〉는 정선이 자신을 위해 그린 그림이다. 이 그림은 정선 집안에 보관되어 있다가 그의 손자인 정황(鄭榥, 1735-1800)에 의해 심환지(沈煥之,

1730-1802)에게 양도되었다.[22] 〈인왕제색도〉는 현재 남아있는 정선의 그림들 중 유일하게 그가 스스로를 위해 그린 작품이라고 할 수 있다. 정선은 평생 다른 사람들을 위해 그림을 그렸다. 그는 직업화가처럼 화면에 간단히 그림 제목을 쓰고 겸재(謙齋)라고 서명한 후 '정(鄭),' '선(敾)'과 같은 인장을 찍었다. 따라서 현전하는 그의 그림들 중에는 제작 연대가 표기된 작품이 매우 적다. 그런데 정선은 〈인왕제색도〉의 관지에서 이 그림을 1751년 윤오월 하순에 그렸다고 밝히고 있다. 따라서 이 그림은 그에게 매우 특별한 의미를 지닌 그림이었다. 그는 왜 수응화 제작으로 경황이 없던 시기에 이 그림을 그린 것일까? 그에게 〈인왕제색도〉는 어떤 특별한 의미를 지닌 그림이었을까?

60세 이후 수응화 제작에 전념했던 정선은 1751년, 그의 나이 76세 때 〈인왕제색도〉를 그려 화가로서의 긍지와 자존심을 되찾고자 하였다. 그는 이 그림을 그리면서 이전에 사용했던 모든 화풍을 과감하게 버렸다. 그는 화가로서 새 출발을 하였다. 주제, 화면 구성 및 형식에서 있어 〈인왕제색도〉는 그의 생애에 전례가 없는 완전히 새로운 그림이었다. 그는 〈인왕제색도〉를 그린 이후에 이 그림과 유사한 그림을 그리지 않았다. 따라서 〈인왕제색도〉는 정선이 자기 자신을 위해 그린 가장 창의적인 작품이었으며 이 그림에 시도된 그의 회화적 실험은 처음이자 마지막이었다. 〈인왕제색도〉에서 정선은 비가 내린 후 날이 개기 시작한 인왕산의 웅장한 모습을 먹의 농담(濃淡)을 활용해 순식간에 그려냈다. 그는 물기가 남아 있는 인왕산의 거대한 암벽을 진한 먹을 사용해 빠르게 묘사하였다. 그는 산등성이 표현에는 미점(米點)을 사용하였다. 미점은 북송시대의 문인화가인 미불(米芾, 1051-1107)이 창안한 붓을 옆으로 뉘어 횡으로 찍은 점을 지칭한다. 한편 화면 오른쪽 아래에 보이는 소나무들 역시 그는 매우 빠르게 그렸다. 소나무의 잎을 묘사하는데 사용된 긴 점들은 미점이 응용된 것이다. 정선은 언덕과 소나무의 잎을 그리는 데 창의적으로 미점을 활용하였다. 〈인왕제색도〉 속의 경물(景物)들은 비와 안개라는 기상 효과로 인해 동적(動的)인 모습을 띠고 있다. 정선은 자신이 목도한 날씨의 변화 양상을 표현하기 위하여 진한 먹과 옅은 먹을 번갈아 써서 화면에 활력과 생동감을 부여하였다. 마치 '살아 있는 그림(活畵)'처럼 〈인왕제색도〉에 생기를 불어넣고 있는 것은 왼쪽으로 급히 움직이고 있는 안개이다. 비가 올 때 산밑에 걸려 있던 안개는 날이 개자 빠르게 옆으로 이동하며 사라지고 있다. 정선은 놀랍게도 안개를 그리지 않았다. 그는 화면의 여백을 활용하여 움직이는 안개를 표현하였다. 유동(流

動)하는 안개는 비 온 후의 습윤한 느낌을 생생하게 전해주고
있다.

정선은 기상 조건에 따라 끊임없이 변화하는 경물의 모습,
즉 경물의 '순간적 면모(the fleeting moment)'를 포착하여 그
렸다는 점에서 19세기 프랑스의 인상주의(印象主義) 화가들
(the Impressionists)과 작화(作畵) 태도에 있어 유사하다. 모네
(Claude Monet, 1840-1926)와 같은 인상주의 화가들은 '시간의
흐름(the passing of time)'에 따라 빛이 변화하는 것에 주목하
였다. 변화된 빛에 따라 경물의 모습, 특히 경물의 색채는 끊임
없이 달라진다. 인상주의 화가들은 기상의 변화에 따라 바뀌
는 경물의 '순간적인 인상(the transient effect)'을 포착하여 그
림으로 그렸다.[23] 이 점에서 〈인왕제색도〉의 제목 중 '제색(霽
色)'은 매우 중요하다. '제색'은 비가 개면서 빛에 따라 점차 바
뀌는 색을 지칭한다. 제색은 지속적으로 바뀌는 빛으로 인해
이루어진 경물의 변화된 모습을 뜻한다. 그는 1751년 이전에
기상의 변화가 반영된 그림을 그린 적이 없다. 따라서 〈인왕제
색도〉에서 그가 빛에 따라 변화된 경물의 '즉각적인 시각적 인
상(the immediate visual impression)'을 그리려고 했던 것은 엄
청나게 파격적인 시도였다. 이 점에서 정선이 그린 〈인왕제색
도〉는 그의 가장 창의적이고 혁신적인 그림이라고 할 수 있다.

정선, 〈인왕제색도〉의 세부.

먹의 농담만으로 정선은 비가 갠 후 시시각각으로 변화하는 인왕산의 모습을 클로즈업(close-up)해서 그렸는데 이것은 조선시대 산수화의 역사에 있어 개벽(開闢)과 같은 일이었다. 정선 이전에 또는 그와 동시대의 화가들 중 이러한 클로즈업 기법을 사용해 산수화를 그린 인물은 없었다. 정선은 1751년 이전에 클로즈업 기법을 그의 산수화에 적용해본 적이 없다. 그는 늘 경물을 일정한 거리를 두고 그렸다. 따라서 〈인왕제색도〉에 사용된 클로즈업 기법은 그의 새롭고 대담한 시도였다. 클로즈업되어 묘사된 경물로 인해 〈인왕제색도〉를 보는 사람은 바로 눈앞에 펼쳐진 안개가 걷히는 인왕산의 장대한 모습에 시각적으로 압도당한다. 정선은 이 그림을 통해 더 이상 수응화 작가가 아닌 위대한 예술가로 자신을 세상에 다시 알렸다. 대가(大家)의 귀환을 알려주는 〈인왕제색도〉는 현존하는 정선의 작품 중 가장 뛰어난 그림이라고 할 수 있다. 〈인왕제색도〉는 당시 76세의 노인이었던 정선이 이룩한 거대한 예술적 실험의 결과였다. 그는 노인이었지만 아방가르드였다.

고야의 〈결혼〉과 나이듦의 알레고리

박정호 고고미술사학과

고야는 평생 자신의 많은 작품에서 사회적 통념에 도전했다. 〈결혼〉에서
고야는 당시 결혼 풍조를 빌려 젊음과 나이듦에 대한 일반적인 생각을
뒤집었다.

고야, 〈결혼〉, 1791-92. 캔버스에 유채, 269×396cm. 마드리드 프라도미술관 소장.

프란시스코 데 고야(Francisco de Goya y Lucientes)의 〈결혼(*La boda*)〉은 1791년부터 1792년까지 엘 에스코리알에 있는 스페인 국왕 카를로스 4세의 집무실을 꾸미기 위해 제작한 태피스트리 카툰(cartoon) 연작 중 한 점이다. 이 작품은 시골의 결혼식 행렬을 그린 그림으로, 밝고 화려한 색채와 유쾌한 풍자가 특징인 고야의 초기 대표작 가운데 하나로 꼽힌다.

어린아이들이 이끄는 행렬의 중앙에는 화려한 차림의 신부와 추한 용모의 신랑이 있고 그 뒤를 신부의 아버지와 결혼식의 주례 사제가 따르고 있다. 행렬의 끄트머리에는 지팡이를 짚은 노인이 무리와는 조금 떨어진 채 발걸음을 떼고 있다.

일반적으로 이 작품은 신랑의 재산만을 보고 딸을 시집보내는 행태에 대한 비판을 담고 있다고 해석된다. 가난한 가정에서 아름다운 딸을 부잣집의 어딘가 모자라는 아들과 결혼시키는 세태는 당대 문학에서도 풍자의 대상이었다. 가령 18세기 스페인의 극작가이자 시인인 레안드로 페르난데스 데 모라틴(Leandro Fernández de Moratín)은 이러한 세태를 비판하는 『노인과 소녀』(1790) 등의 희곡을 세 편이나 쓴 바 있다. 고야 역시 몇 년 뒤에 출판한 판화집 『카프리초스(*Los caprichos*)』(1799)에서 〈대단한 희생!(*Que sacrificio!*)〉과 〈그들은 "예"라고 말하고 가장 먼저 온 사람에게 손을 넘긴다(*El si pronuncian y la mano alargan al primero que llega*)〉 등의 작품을 통해 경제적 이익이 결혼의 주된 동기가 되는 세태를 해학적으로 묘사하기도 했다. 이러한 배경은 〈결혼〉이 당시 결혼 풍속에 대한 회화적인 풍자라는 해석에 설득력을 더한다.

고야 연구의 권위자인 재니스 톰린슨(Janis Tomlinson)은 〈결혼〉의 구도가 18세기 스페인과 유럽 각지에서 유행하던 대중적 판화 〈인생의 다리〉를 차용한 것이라고 지적했다. 1770년경의 주세페 레몬디니(Giuseppe Remondini)가 선보인 판화 〈인생의 다리〉는 인생을 십 년 단위로 구분하여 다리 위에 인물로 표현하고 다리 아래에는 최후의 심판 장면을 넣어 인생무상

주세페 레몬디니, 〈인생의 다리〉, c.1770. 동판화, 52.5×76.5cm. 출처: Tomlinson, Janis. *Francisco Goya y Lucientes, 1746-1828*. Phaidon, 1994, p. 88.

(vanitas)을 나타낸다. 톰린슨은 고야 역시 〈결혼〉에서 다리를 배치하고 인물들을 나이에 따라 배열하여 인생의 덧없음과 당시 결혼 풍속에 대한 비판적 시선을 결합했다고 해석했다.[1] 그러나 톰린슨의 주장은 인생무상과 결혼 풍속이 구체적으로 어떻게 연결되는지 명확하게 밝히지 않았다는 점에서 한계를 지닌다.

본고는 고야의 〈결혼〉에서 당시 혼인 세태에 대한 풍자와 인생의 단계에 대한 고야의 관심이 어떻게 결합되어 나타나는지 살핀다. 18세기 말 스페인 사회에 만연한 부조리를 촌철살인의 재치로 그려낸『카프리초스』속 판화들과는 다른 복잡한 구성, 그리고 연작 내 다른 작품과의 관계는 〈결혼〉의 내러티브를 보다 다층적으로 이해할 실마리를 준다.

전원적이고 익살맞은 주제

고야가 처음 이 작품을 주문받은 것은 1790년이었다. 국왕 카를로스 4세는 마드리드 북쪽 스페인 왕실의 묘소이자 수도원, 왕궁을 겸한 엘 에스코리알(Monasterio de El Escorial)에 있는 국왕의 집무실을 새로 단장했는데 이때 고야에게 "전원적이고 익살맞은 주제"로 태피스트리 도안을 맡겼다.[2] 고야는 처음에 이 제의를 거절했다. 바로 한 해 전 궁정화가로 승진한 자신에게는 더 이상 어울리지 않는 일이라고 생각했기 때문이었다.[3] 오늘날 고야의 태피스트리 카툰은 그의 기량과 독창성을 보여주는 중요한 초기작들로 여겨지지만, 고야 자신은 카툰을 본격적인 작품으로 생각하지 않았다. 오히려 그는 이러한 공식적인 작업이 화가로서 자신의 창작을 제한한다고 여겼다. 태피스트리는 값비싼 매체였기 때문에 주문자의 성향, 작품이 배치될 공간 등의 조건에 따라 주제와 표현상의 제약이 클 수밖에 없었다. 또한 카툰은 그 자체로 완성품이 아니라 태피스트리를 직조할 때 모델로 삼는 실물 크기의 도안일 뿐이었으므로 완성된 태피스트리에 화가가 의도한 대로 이미지가 나오지 않는 경우도 많았다. 고야는 처음부터 궁정화가가 되고자 노력했으나 여의치 않자 화가였던 손위 처남 프란시스코 바예우(Francisco Bayeu y Subías)의 소개로 1774년부터 산타 바르바라 왕립 태피스트리 공장에서 카툰을 그리는 일을 했다. 1780년 왕립 미술 아카데미의 회원으로 선출된 뒤 마드리드 엘리트 사이에서 초상화가로 이름을 날리던 그는 1786년 왕실화가, 1789년 궁정화가로 임명되어 도안이 아닌 본격적인 회화 작품 제작에 몰두할 여건이 마련되었다. 이제 궁정화가의 지위에 오른 고야는 여러 제약이 있는 태피스트리 카툰 제작 작업으로부터 벗어나고자 했던 것이다.

국왕의 제의가 있은 지 약 1년 뒤 고야는 작품 제작을 수락했다. 프란시스코 바예우를 비롯한 주변 사람들의 조언, 그리고 보다 결정적으로는 왕실의 협박이 있었기 때문이다. 왕실은 고야가 이 일을 맡지 않을 경우 궁정화가의 봉급을 주지 않겠다고 엄포를 놓았다. 이에 고야는 1791년 5월 9일에 태피스트리의 크기가 어느 정도 되어야 하는지 문의하는 편지를 보냄으로써 자신이 일에 착수했음을 전했다. 같은 해 6월 3일에 바예우에게 보낸 편지에서 그는 연작 중 가장 큰 그림, 즉 〈결혼〉의 스케치를 거의 완성했다고 썼다.[4] 이 편지들을 보낸 때와 내용으로 볼 때 고야의 기획에서 〈결혼〉이 가장 중심적인 작품이며 가장 먼저 구상되었음을 추정할 수 있다.

원래 고야의 태피스트리 연작은 열두 점으로 기획되었으나 결국 일곱 점만이 제작되었다. 작품의 크기로 미루어 볼 때 〈결혼〉, 〈죽마 놀이(*Los zancos*)〉, 〈물동이를 인 여인들(*Las mozas del cántaro*)〉, 〈짚 인형(*El pelele*)〉은 집무실 벽면의 높이를 거의 채우는 태피스트리로, 이들보다 작은 〈나무 타는 소년들(*Muchachos trepando a un árbol*)〉, 〈목말 타는 소년들(*Las gigantillas*)〉, 〈시소(*El balancín*)〉는 문 위쪽의 벽면을 장식하는 것으로 의도되었음을 알 수 있다. 엘 에스코리알 태피스트리 카툰 작업은 1792년 11월 고야가 원인 모를 병에 걸려 중단되었고 재개되지 않았다.[5]

　고야가 태피스트리의 도안으로 그린 장면들은 전통적으로 왕궁과 귀족의 저택을 장식하던 종교나 신화, 역사가 아닌 평범한 민중의 삶이었다. 이러한 주제는 당시 스페인 왕실에서 낯선 것이 아니었다. 계몽군주로 "조국의 아버지"라고까지 불린 카를로스 3세의 아들인 카를로스 4세는 선왕의 관심을 이어받아 왕세자 시절부터 서민들의 평범한 일상을 묘사한 작품들을 주문했다. 엘 파르도(El Pardo) 궁전에 있는 왕세자의 방들을 꾸미기 위해 제작된 태피스트리에는 이러한 면모가 잘 드러난다. 가령 궁전에 있는 왕세자의 식당에 걸릴 태피스트리의 카툰으로 그려진 〈벤타 누에바에서 벌어진 싸움(La riña en la Venta Nueva)〉(1777)은 주막에서 마부, 군인, 도박꾼 들이 카드놀이를 벌이다 일어난 몸싸움을 해학적으로 그린 작품이다. 고야가 민중의 모습을 우스꽝스럽게만 묘사한 것은 아니었다. 같은 공간에 설치할 다른 태피스트리의 도안에는 이들의 애환을 그린 작품도 있다. 〈다친 석공(El albañil herido)〉(1786-1787)에는 건축 현장에서 추락 사고를 당한 노동자를 동료들이 들어 옮기는 모습이 묘사되어 있다. 이는 계몽주의 시대를 산 화가와 후원자인 국왕이 일반 백성의 삶에 대해 가지고 있던 관심을 보여준다.

고야는 국왕 집무실 태피스트리 카툰에서 독창적인 내용을 담기 위해 서민들의 풍속을 다룬 18세기 스페인 왕실 태피스트리의 전통을 참고했다. 가령 일반적으로 고야의 창작이라고 여겨지는, 다리를 배경으로 인물들을 배치한 〈결혼〉의 구성은 프란시스코 바예우와 그의 동생 라몬 바예우(Ramón Bayeu y Subías)가 1784년에 그린 태피스트리 도안에서 착안한 것으로 보인다. 프란시스코의 스케치를 바탕으로 라몬이 카툰을 그린 〈마드리드 운하의 다리(El puente del Canal de Madrid)〉에는 소 달구지가 지나가는 다리 앞으로 마호(majo)들과 마하(maja)들이 춤을 추고 노래하기도 하고 카드놀이를 하기도 하며 담배를 물고 낚싯대를 드리우기도 하는 등 한가로운 시간을 보내는 모습이 그려져 있다. 마하와 마호는 마드리드의 서민층 멋쟁이 젊은이들로, 이들은 휴일이면 잘 차려입고 교외로 나가 시간을 보내곤 했다. 〈마드리드 운하의 다리〉에서 다리는 시골이라는 공간적 배경을 나타내는 한편 그림의 주요 장면을 강조하는 프레임의 역할을 한다. 고야는 인물들을 강조하는 데 다리의 아치를 활용하는 한편 농촌이라는 배경을 보여주기 위해 바예우의 작품에서 다리 위를 지나는 모습으로 그려진 달

프란시스코 바예우, 〈마드리드 운하의 다리〉, 1784. 캔버스에 유채, 36×95cm. 마드리드 프라도미술관 소장.

구지를 다리 아래에 배치했다. 고야는 프란시스코와 라몬 바예우의 매부로, 어떠한 작업을 하는지 서로 잘 알고 있었으며 때때로 협업을 하기도 했다. 또한 완성된 태피스트리는 엘 파르도 궁전에서 왕세자가 사용하는 방에 걸렸으므로 궁정화가였던 고야가 자신의 태피스트리 도안에서 참고했을 가능성이 높다.

고야는 바예우 형제의 구성을 차용했으나 내용에는 변화를 주었다. 바예우 형제의 그림이 마호와 마하가 즐겁게 여가를 보내는 순간의 재현에 그칠 뿐 특정한 메시지를 담고 있지 않다면, 고야는 〈결혼〉에 내러티브를 부여함으로써 태피스트리 카툰에 대한 독창적인 접근을 보여주었다. 그리고 이 내러티 브는 〈결혼〉과 나머지 카툰들을 연관시켜 볼 때 비로소 그 다 층적인 의미가 드러난다.

〈결혼〉을 이루는 의미망

앤서니 캐스카디(Anthony Cascardi)가 지적하듯 고야의 태피스 트리 카툰은 대부분 더 큰 이야기의 일부로서 '독해'를 요구한 다.[6] 등장인물들의 행동과 여러 사회적 코드를 시각화한 요소 들은 고야의 그림들 속에서 당시에 잘 알려져 있던 이야기를 연상시킴으로써 전후맥락을 생각하게 한다. 캐스카디를 비롯 한 기존의 연구자들은 개별 작품 속의 내러티브에만 주목했을 뿐 연작 내 작품 간의 관계가 만들어내는 의미에 대해서는 주 목하지 않았다.[7] 그러나 〈결혼〉이 연작의 일부라는 사실은 이 작품을 맥락 속에서 이해해야 함을 시사한다. 즉 〈결혼〉의 의 미는 같은 공간에 걸리기 위해 제작된 다른 태피스트리들과의 관계 속에서 정교하게 파악할 수 있는 것이다. 앞서 언급했듯 이 〈결혼〉은 고야가 연작을 이루는 그림 가운데 가장 먼저 구 상했을 뿐만 아니라 가장 규모가 크다. 실제로 제작된 카툰 일곱 점 중에서 〈시소〉, 〈나무 타는 소년들〉, 〈목말 탄 소년들〉은 어린이들의 모습을 담고 있고 〈죽마 놀이〉, 〈짚 인형〉, 〈물동이를 인 여인들〉은 청년들을 주인공으로 삼고 있다. 〈결혼〉은 연작 가운데 가장 큰 작품으로 어린이부터 노인까지 다양한 연령대의 사람들의 모습이 묘사되어 있다.[8]

어린이부터 노인까지 연령에 따라 일렬로 배치한 〈결혼〉의 구성은 인생의 단계 속에서 결혼이라는 사건을 파악하게 한다. 따라서 〈결혼〉은 당시에 만연한 속물적 결혼 풍속의 전후 맥락을 인생의 단계 속에서 비판적으로 드러낸 이미지라고 보는 편이 타당하다. 그리고 그 구체적인 내용을 파악하기 위해서는 다른 그림들과 〈결혼〉이 이루는 의미망을 분석하는 일이 필요하다.

〈결혼〉을 다른 작품들과 적극적으로 연결시켜 해석할 수 있는 시각적 단서는 등장인물들의 다양한 연령대뿐만 아니라 각각의 그림에 사용된 배경의 건축적 구조에서도 찾을 수 있다. 배경의 건축적 구조는 장면들을 연결해서 읽도록 한다. 가령 〈죽마 놀이〉에서 청년들과 군중은 탑과 같은 건물과 맞닿아 있는 다리 위에 있는데 이는 〈결혼〉의 배경을 이루는 다리와 유사하다. 〈물동이를 인 여인들〉에서 인물들의 뒤에 있는 난간과 계단형의 구조물은 〈결혼〉의 화면 속 다리를 연상시킨다.

1

2

3

1 고야, 〈죽마 놀이〉, 1791-92. 캔버스에 유채, 268×320cm. 마드리드 프라도미술관 소장. 2 고야, 〈물동이를 인 여인들〉, 1791-92. 캔버스에 유채, 262×160cm. 마드리드 프라도미술관 소장. 3 고야, 〈짚 인형〉, 1791-92. 캔버스에 유채, 267×160cm. 마드리드 프라도미술관 소장.

〈짚 인형〉의 전경에 있는 넓은 판석 역시 〈결혼〉의 전경 왼쪽에 등장하는 돌과 비슷하다.

〈결혼〉에서 중심을 이루는 남녀가 어떤 유형의 사람이며 결혼의 속성이 어떤 것인가에 대한 고야의 해학적 통찰은 연작 내 젊은 여성과 남성들을 그린 작품들을 통해 엿볼 수 있다. 〈죽마 놀이〉는 〈결혼〉 속 신혼부부에 대한 이해를 돕는다. 화면에는 청년 두 명이 다리 위의 구경꾼들 사이에서 아슬아슬하게 죽마를 타고 걷는 모습이 그려져 있다. 스페인에서 죽마 놀이는 교만함의 상징으로 받아들여졌다. 스페인의 속담 "죽마를 타고 뛰는 사람은 첫걸음에 넘어진다(Quien corre en zancos cae a los primeros trancos)."는 분수를 모르고 욕심을 부리지 말라는 뜻을 담고 있다.[9] 1726~39년에 왕립스페인어학회(Real Academia Española)에서 발간한 사전에 수록된 "죽마를 타다(subirse en zancos)"라는 표현은 운이 좋아 가난과 비참한 상태에서 벗어나 쉽게 부유해져 교만해진 상태를 일컫는 은유적 표현이라고 정의되어 있다.[10] 이 점에서 밝은 색의 옷을 차려입은 청년들이 보란 듯이 죽마를 타고 있는 모습은 결혼을 통해 재산을 얻고 화려하게 차려입은 신부와 유비관계를 이룬다.

신랑과 신부의 만남이 어떻게 이루어졌는지에 대한 단서는

〈물동이를 인 여인들〉에서 읽을 수 있다. 이 작품에는 물을 길으러 간 세 여인과 남자아이의 모습이 묘사되어 있다. 젊은 여인들이 머리에 위태롭게 이고 있는 물동이는 여성의 정숙함을 상징하는 모티프로, 이 그림에서는 여인들이 언제든 항아리를 떨어뜨릴 수 있는 상태에 있음을 보여준다. 전통적으로 우물가는 젊은 남녀의 만남이 이루어지는 장소로 여겨졌다. 벽에서 물줄기를 뿜어내는 수도관과 여인들이 이고 있는 항아리는 성적인 함의를 담고 있다. 왼쪽의 여인과 귓속말을 나누고 있는 듯한 중년의 여인은 고야가 여러 작품에서 즐겨 다룬 뚜쟁이를 연상시킨다. 기운 치마를 입고 물을 길으러 나와 관람자를 향해 미소를 짓는 여인은 〈결혼〉 속 가난한 신부의 과거이기도 한 것이다.

〈물동이를 인 여인들〉에서 암시된 젊은 남녀의 만남은 〈짚인형〉의 내용으로 이어진다. 젊은 마하 네 명이 짚으로 만든 인형을 공중으로 튕겨 올리는 이 놀이는 카니발에서 기원한 것으로, 결혼식 전 신부와 친구들이 주로 하던 것이었다. 여성에게 남성이 휘둘리는, 당시의 사회 관념으로 보았을 때 뒤집힌 세상을 보여주는 이 놀이의 장면은 남녀의 결합 이후에 대한 고야의 생각을 보여준다. 혼인으로 아내가 주도권을 쥔다는 은유는 〈결혼〉에서도 찾아볼 수 있다. 〈결혼〉에서 새침한 표정의 신부를 쫓아가듯 허둥대며 신부의 옷깃을 잡는 신랑의 모습은 이 둘의 관계에서 주도권이 이미 여성에게 넘어갔음을 시사한다.

엘 에스코리알 태피스트리 연작에서 놀고 있는 어린아이들의 모습은 청년들이 보이는 모습의 축소판이다. 〈나무 타는 소년들〉과 〈목말 타는 소년들〉은 한편으로 성장을 상징하는 올라가는 행동이 놀이의 본질을 이루기도 하지만, 다른 한편으로는 자신의 키를 넘어서는, 즉 분수에 맞지 않는 행동을 하고 있는 〈죽마 놀이〉의 청년들을 연상케 한다. 〈나무 타는 소년들〉에서 위를 바라보고 있는 소년들의 시선은 이들이 나무 위에 있는 무엇인가를 얻고자 함을 시사한다. 이는 고야가 이전에 제작한 작품에서도 보이는 주제이다. 1778년 엘 파르도 궁전에 있는 왕세자의 식당 벽을 장식한 태피스트리 카툰 〈과일 따는 소년들(*Muchachos cogiendo fruta*)〉과 매우 유사하다. 다른 점이라면 〈나무 타는 소년들〉에서는 얻고자 하는 대상이 드러나 있지 않다는 것이다. 이것은 여러 해석을 가능하게 하는 고야의 의도가 반영되어 있다고 할 수 있다. 여기서 중요한 것은 소년들이 원하는 대상이 아니라 그들이 가지고 있는 맹목적인 욕망과 태도이다. 이에 대한 화가의 관점은 고야가 1786~87년에 제작한 태피스트리 카툰 〈기름칠한 장대(*La cu-*

caña)〉를 통해 짐작할 수 있다.[11] 〈기름칠한 장대〉에는 상품인 닭을 얻기 위해 미끄러운 장대 꼭대기까지 올라가는 소년들의 모습이 그려져 있다. 높은 데서 떨어지는 위험을 감수하면서까지 상품을 얻으려는 무모함은 풍자의 대상이 되고 있다.

소년들의 무모한 태도에 대한 고야의 시선은 비판적이다. 이 과정이 종종 약자를 딛고 오르는 일을 수반하기 때문이다. 〈나무 타는 소년들〉에서 무릎을 꿇고 엎드려 있는 소년은 〈과일 따는 소년들〉에서 비슷한 자세를 취한 소년과 뚜렷이 구별된다. 노예를 연상시키는 박박 깎은 머리와 누더기 차림의 소년은 관람자에게 뒷모습을 보이고 있어 나머지 두 소년보다 낮은 지위를 시사한다. 이는 〈과일 따는 소년들〉에 등장하는 엎드린 소년의 당당한 태도와는 구별된다. 약자의 수고와 희생을 아래에 두고 즐거움을 누리는 모습은 〈목말 타는 소년들〉에서도 보인다. 화면 중앙에 그려진, 붉은 재킷과 노란 바지를 입은 천진한 소년의 아래에는 고개를 숙인 채 그를 떠받치고 있는 누더기 차림의 소년이 서 있다. 어린이들 사이의 차이는 〈시소〉에서도 보인다. 시소의 왼편에 앉아 팔을 벌리고 즐거워하는 소년은 금색 옷에 버클 달린 구두를 신고 있는 반면 맞은편의 소년은 스타킹도 제대로 갖추지 못하고 발에는 구멍 난 신발을 신고 있다. 놀이에 끼지 못해 옆에서 울고 있는 소년 역시

1

2

3

194

4

1 고야, 〈나무 타는 소년들〉, 1791-92. 캔버스에 유채, 141×111cm. 마드리드 프라도미술 관 소장. (출처: 위키피디아 공용). 2 고야, 〈목말 타는 소년들〉, 1791-92. 캔버스에 유채, 137×104cm. 마드리드 프라도미술관 소장. 3 고야, 〈과일 따는 소년들〉, 1778. 캔버스에 유채, 119×122cm. 마드리드 프라도미술관 소장. 4 고야, 〈시소〉, 1791-92. 캔버스에 유채, 82.4×163.2cm. 필라델피아미술관 소장.

남루한 차림이다. 그러나 〈시소〉는 처지가 언제든 바뀔 수 있음을 보여주는 그림이기도 하다. 위로 올라갔다가 아래로 내려가기를 반복하는 놀이는 그 자체로 처지의 뒤바뀜을 상징하기 때문이다. 인생에서 겪는 운의 부침을 아이들의 시소 놀이에 비유한 예는 이미 17세기의 판화에서도 발견된다. 자크 스텔라(Jacques Stella)의 드로잉을 클로딘 부조네(Claudine Bou-zonnet)가 모사한 1657년의 동판화에는 시소를 타며 놀고 있는 아이들의 이미지 아래에 다음과 같은 시가 적혀 있다.[12]

꼭대기에 있는 사람들은
자기들이 모든 것 위에 있다고 생각하지
하지만 그들은 금세 추락할 거야

운은 바뀌게 마련이고, 그래서
이 세상의 모든 것은 돈다
한 사람이 내려가면 다른 사람이 올라간다[13]

시소 타기를 비롯한 아이들의 놀이는 18세기 프랑스와 영국 등지의 미술에서 크게 유행한 주제였다. 고야는 판화와 선배 화가들의 작품을 참고하여 같은 주제를 표현하면서도 아이들의 놀이를 천진하고 귀여운 모습으로만 볼 수 없게 하는 시각적 모티프들을 넣었다. 즉 고야는 18세기 궁정에 어울릴 만한 화사하고 가벼운 주제를 비틀어 당시 사회상에 대한 풍자적인 코멘트를 남긴 것이다.

인생의 다리와 관조하는 노인

〈결혼〉의 전체 구성은 인생의 단계를 순서대로 나타낸다. 수레 위에 선 아이를 선두로 어린이들이 따르고 그 뒤에는 젊은 신부와 그 친구들, 신랑이 있다. 그 뒤로는 검은 옷을 입은 중년의 사제와 초로의 신부 아버지가 신랑, 신부를 따라간다. 행렬의 끝에서는 지팡이를 짚은 노인이 무리와 거리를 둔 채 발걸음을 떼고 있다. 다리 앞에 줄지어 늘어선 인물들이 유년기에서 노년기까지 삶의 각 단계를 보여준다는 점에서 〈결혼〉은 앞서 언급한 18세기 판화 〈인생의 다리〉와 유사하다. 그러나 여기서 주목해야 할 점은 인물들의 배치이다. 〈인생의 다리〉에 묘사된 삶의 단계가 장년기에서 정점에 도달했다가 점차 내려가는 것과는 반대로, 〈결혼〉의 인물들이 표상하는 인생의 단계는 유년기에서 청장년기로 갈수록 낮아졌다가 노년기로 가면서 다시 올라가는 모습이다. 이는 성장과 노쇠에 대한 일반적인 관념을 뒤집은 것이라고 해석될 수 있다. 이 그림에서 인생의 저점은 청장년기인데 이 시기를 대표하는 인물은 화면의 중심에 묘사된 신랑과 신부이다. 돈으로 맺어진 신혼부부가 앞으로 경험할 후회는 뒤를 따르는 신부 아버지의 자세와 표정이 이미 예견하고 있다. 그는 마지못해 딸을 보내는 듯한 얼굴로 행렬을 따라가고 있다.

보통 사람의 일생에서 중대한 사건인 결혼에 대한 화가의 냉소적인 관점은 〈대단한 희생!〉과 〈그들은 "예"라고 말하고 가장 먼저 온 사람에게 손을 넘긴다〉뿐만 아니라 『카프리초스』에 함께 수록된 〈우리를 풀어줄 사람 없나요?(*No hay quien nos desate?*)〉에서도 드러난다. 고목에 밧줄로 함께 묶인 남녀가 거대한 올빼미의 공격을 피하려 애쓰는 이 장면은 혼인이라는 제도에 묶여 괴로워하는 부부의 모습을 비유적으로 표현한 것이다. 여기서 결혼은 어리석음과 헛된 욕망의 결과물일 뿐이다. 고야가 거의 삼십 년 뒤에 그린 〈다시 결혼한다면 실수하는 거야(*Lo yerras, si te buelbes á casar*)〉(1816-1820)는 이런 결혼 생활에 대한 회의적인 생각이 만년에까지 이어졌음을 드러낸다.

그림의 중심인 신랑, 신부와 대조를 이루는 인물은 〈결혼〉

¿No hay quien nos desate?

고야, 〈우리를 풀어줄 사람 없나요?〉, 1799. 동판화, 21.6×15.2cm.

에서 가장 높은 곳에 배치된 사람, 즉 화면 오른쪽 끝의 노인이다. 그는 화면 왼쪽 끝 유년기의 시작을 보여주는 어린 소년과 시각적인 대구를 이루며 인생의 끝자락을 상징한다. 이는 〈인생의 다리〉에서 '90세'를 설명하는 명문 "나는 유년기로 돌아갔다. 보라 내가 얼마나 곱게 늙었는지. 다시 아이가 된 노인(Ala edad pueril he buelto. Mirad que gentil aliño. Vn viejo dos vezes niño)"에 시각적으로 상응한다고 할 수 있다. 어깨는 굽었고 지팡이는 짚었으나 꼿꼿한 자세로 서 있는 백발의 노인은 정면을 향하고 있어 관람자의 시선을 끈다. 행렬에 참가한 다른 이들과 거리를 둔 채 모자를 눌러쓰고 조용히 홀로 서 있는 그의 모습은 관조적이다. 노인은 수동적으로 죽음을 기다리는 병약한 존재가 아니라 지혜와 평정심을 얻어 세상에 휘둘리지 않는, 인생의 정점에 서 있는 존재이다. 그림 속에서는 땅이 말라 있으나 다리 아래로는 언제든 물이 흐를 수 있다. 다리 아래에 있는 젊은이들은 언제든 인생의 물살에 휩쓸릴 수 있다. 어리석음과 헛된 욕망으로 인생의 가장 낮은 단계에 있는 신혼부부의 반대편, 가장 높은 곳에 노인이 있는 것이다.

고야가 활동하던 18세기 말 스페인에서는 대략 나이 오십이 넘으면 노인으로 간주되었다. 당시 스페인의 문학 작품에서 노년은 대개 피로, 슬픔, 불행의 시기로 다루어졌다.[14] 노인의 이미지는 고야의 풍자적인 작품들에서도 주로 부정적으로 그려진 것이 사실이다. 외모에 집착하는 허영심 많은 노파, 탐욕스러운 마녀, 음란한 욕망에 사로잡힌 노인이 대부분이다. 그러나 그의 몇몇 작품들은 그렇지 않은 경우를 보여준다. 노인을 긍정적으로 묘사한 경우가 남성에 국한된다는 점은 물론 젠더에 대한 고야와 당시의 시대적 관념을 따른다. 고야의 작품에서 긍정적으로 묘사된 노인은 〈당신은 이미 많이 알고 있으면서도 여전히 배운다(Mucho sabes, y aun aprendes)〉(1816-20)에서 발견된다. 그는 "모든 것이 일이다(Tuto he mestier)"라는 제목을 커다란 책 표지에 적고 있다. 자서전의 저술을 마치고 마지막으로 제목을 붙이고 있는 듯한 노인의 모습에 고야는 자신의 인생에 대한 철학을 투영한 것으로 보인다. 화가가 말년에 그린 〈나는 아직도 배우고 있다(Aun aprendo)〉(1826)에도 노인이 등장한다. 머리와 수염은 덥수룩하고 몸은 쪼그라들었으나 눈빛만큼은 형형한 그는 두 개의 지팡이를 짚고 어둠에서 빛을 향해 발을 앞으로 내딛고 있다.

그네 타는 노인을 표현한 고야의 드로잉(1824-28)과 판화(1825-27)는 죽음을 앞둔 생애 말년에 화가가 경험한, 어리석음과 헛된 욕망에서 벗어난 노년의 자유를 보여준다. 두 작품에서 맨발의 노인은 누추한 복장임에도 즐거움에 겨운 얼굴로

1 고야, 〈나는 아직도 배우고 있다〉, c. 1826. 종이에 연필, 19.2×14.5cm. 마드리드 프라도미술관 소장. 2 고야, 〈그네 타는 노인〉, 1823-28. 종이에 연필, 19×15.1cm. 뉴욕 히스패닉소사이어티 소장.

그네를 타고 있다. 드로잉에서는 이러한 자유가 한층 강조되었다. 화면의 대부분을 차지하는 여백은 마치 노인이 빈 공간에 떠 있는 것처럼 보이게 한다. 노인은 곧 그네에서 튕겨져 나가 허공을 가르며 날아오를 것만 같다.

고야는 40대에 들어섰을 때 이미 자신이 늙었다고 생각했다. 1787년 11월 28일 고야는 친구 마르틴 사파테르에게 보낸 편지에서 "나는 늙었어. 주름살이 너무 많아져서 너는 내 들창코와 움푹 들어간 눈 말고는 알아보지 못할 거야."라고 했다.[15] 고야는 평생 자신의 많은 작품에서 사회적 통념에 도전했다. 〈결혼〉에서 고야는 당시 결혼 풍조를 빌려 젊음과 나이듦에 대한 일반적인 생각을 뒤집었다. 카를로스 4세 국왕에게 익살로 여겨졌을 이 그림은 40대 중반의 지혜로운 '노인' 고야가 인생과 사회에 대해 전복적인 통찰을 예고하는 작품이다.

08

늙음을 받아들이는 지혜[1]

이종묵 국어국문학과

담박한 음식을 먹고 조용히 정신을 편하게 가지고 스스로를 돌아보면서
입을 다물어 허물을 줄여나갈 때.

늙는다는 것은 무엇인가? 18세기 문인 조태채(趙泰采)는 「노쇠함을 탄식하며(歎衰)」라는 한 편의 시에서 늙음을 거의 다 말해놓았다.

지난날은 아득하여 전생과 같은데
훌훌 흘러간 세월에 나그네 심정.
병든 치아 있은들 몇 개나 되겠는가?
시든 백발 나날이 빠지니 몇 가닥 남았나?
앉으면 늘 졸음이 쏟아져 잠 생각만 간절하고
일어날 때 허리 짚고 아이쿠 소리를 지른다.

정력이 딸려 정말 책에 집중할 수 없으니

강건했던 유원성과 다르다 탄식하네.

悠悠往事若前生 忽忽流光軫旅情

病齒時存凡幾箇 衰毛日落許多莖

坐常垂首惟眠意 起輒扶腰自痛聲

定力未專誠字上 獨慚勁悍異元城[2]

나이가 들면 쏜살처럼 지나간 세월이 꼭 전생의 일과 같게 느껴진다. 이백(李白)이 이른 대로 백 년을 살다가는 나그네, 백대지과객(百代之過客)이다. 늙으면 이가 빠지고 머리가 세거나 듬성듬성해진다. 앉으면 꾸벅꾸벅 졸고, 일어나자면 끙끙 앓는 소리를 낸다. 책을 보더라도 집중하지 못하는 것은 당연하다. 광동(廣東)에서 광서(廣西)까지 만 리 길을 걸어서 다녔지만 건강하기만 하였던 송나라 유원성(劉元城)에게 창피한 일이 아닌가.

이런 노쇠함을 두고 조선의 문인들은 공부거리로 삼았다. 늙음을 격물치지(格物致知)의 방편으로 삼은 것이다. 일상에서 만나는 늙음과 관련한 낙치(落齒), 백발(白髮)과 대머리, 환갑(還甲) 등을 두고 조선의 문인들이 어떤 성찰의 공부를 하였는지를 보고자 한다.

빠진 이를 통한 격물의 공부

나이듦의 표상은 이가 빠지는 일이다. 조선 후기 최고의 시인 김창흡(金昌翕)은 1718년 66세의 노년에 이가 빠졌다. 거울을 살펴보니 놀랍게도 딴 사람 같아 눈물을 펑펑 쏟았다. 이를 생각하면서 삶과 죽음을 네 단계로 나누었다. 이가 나지 않은 채 죽은 이, 젖니를 갈기 전에 죽은 이, 여덟 살 무렵 간니를 가진 후 죽은 이, 노년이 되어 다시 이가 돋아난 이후에 죽은 사람 등으로 나누었다. 자신은 환갑을 훨씬 넘긴 나이인지라 다시 이가 돋아나는 시기까지는 이르지 못하였지만 요절한 사람에 비하면 장수한 것이라 여겼다. 게다가 마침 심한 흉년이 들어 이가 빠질 만큼 살지도 못하고 일찍 죽은 사람이 많은 것을 생각하면 자신은 놀랄 것이 없다. 하지만 살 만큼 살았다고 이가 빠진 것이 아무렇지도 않은 것은 아니니 위안이 되지 않는다.

이가 빠지면 우선 섭생에 문제가 생긴다. 잘 먹지 못하면 체력이 약해진다. 억지로 음식을 먹고자 하더라도 이가 없으면 자꾸 흘리게 된다. 고기를 씹는다는 것은 오히려 쓴 독을 마시는 고통이 따른다. 먹지 못하면 매미의 창자처럼 텅 비고 거북이의 창자처럼 쪼그라들어 죽게 될 것이니 이 일을 어쩌랴? 그래도 선비가 먹는 것 때문에 고민한다고 해서 체면이 서지 않는다. 다른 논리를 찾아본다. 스스로 어릴 적부터 책을 즐겨 읽는다고 하였지만 산천 유람이 더욱 체질에 맞았다. 한가하게 책을 읽는 것은 노년의 소일거리로 남겨두었다. 그러나 이제 하루아침에 이가 빠지고 보니 책을 읽노라면 발음이 되지 않는다. 한때 책 읽는 소리를 자부하였는데 이렇게 되고 보니 참으로 슬프다.

이에 김창흡은 위안의 논리를 찾았다. 그것은 늙음을 받아들이는 것이다. 김창흡은 참으로 건강한 체질이었다. 김창흡은 장동 김씨로 일컬어지는 17세기 최고의 명가에서 태어났지만, 그의 형제들과는 달리 벼슬길에 들어서지 않았다. 백운(白雲)의 길을 좋아하여 평생 여행을 다녔다. 스스로 한 번 여행을 떠나면 천리를 넘기기도 하였다는 것이 빈말이 아니었다. 함께 길을 나선 다른 동년배들이 발이 부르트고 허리가 구부정해졌지만, 자신은 전혀 그렇지 않아 뻐기는 마음도 있었다. 늙어서조차 천리를 떠나는 건 무리라는 생각도 들었지만, 도성 안에 가만히 있지 못하여 먼 길을 나섰다가 어쩔 수 없는 노년의 한계로 지친 몸을 끌고 돌아오기도 하였다. 그럴 때면 후회가 되었다. 그러나 산수의 벽으로 다시 길을 떠나곤 하였다.

이러한 김창흡이었기에, 다소 힘이 부치기는 하지만 건강을 자부하다가 어느 날 갑작스럽게 이가 빠졌으니 그 충격이 대단하였을 것이다. 그러나 김창흡은 이가 빠짐으로써 오히려 스스로 노인이 되었음을 자각하고 노인답게 행동하여야 함을 깨닫게 되었다. 『예기(禮記)』에 예순이 되면 지팡이를 짚고 억지로 새로운 것을 배우려 들지 않는다는 구절을 무심코 대하다가 노인으로 사는 것이 순리임을 알게 된 것이다. 주희(朱熹)는 노년에 눈이 어두워지자 오히려 이 때문에 독서보다 마음의 수양을 통하여 진리를 터득할 수 있게 되었다. 주희가 좀 더 일찍 눈이 어두워졌더라면 진정한 공부가 더욱 빨리 이루어질 수 있었음을 안타까워한 것처럼 김창흡도 66세가 되어 이가 빠지고 나서야 노인으로서 살아야 한다는 사실을 깨달았으니, 이가 너무 늦게 빠졌다, 하고 생각하였다.

깨달음을 얻은 김창흡은 이런 명언을 남겼다. "육체가 상해야 조용함을 찾을 수 있고, 말이 어눌해져야 침묵을 지킬 수 있다." 몸이 건강하면 가만히 있지 못하니 마음의 평정을 얻을 수 없다. 말이 절로 나오니 실수가 그에 따라 나온다. 이러한 오류는 늙음을 가지고 막을 수 있다. 굳이 고기를 먹지 않으면 어떠랴, 책 읽는 소리가 유창하지 않으면 어떠랴? 담박한 음식을 먹고 조용히 정신을 편하게 가지고 스스로를 돌아보면서 입을 다물어 허물을 줄여나갈 때이다. 그러면 복이 오고 진리를 깨닫게 된다. 김창흡은 더욱 멋진 말을 하였다. "늙음을 잊으면 노망이 든 것이요, 늙음을 탄식하면 추한 것이다." 이런 깨달음에 이르면 바로 달관의 경지라 하겠다. 「이가 빠진 일에 대하여(落齒說)」라는 글에서 이런 공부를 하였다.[3]

조선시대 사람 중에 이가 빠지지 않은 사람이 없었을 것이고, 빠진 이를 보며 공부를 한 사람이 김창흡뿐만은 아니었다. 16세기 문인 소세양(蘇世讓) 역시 치통의 고통을 겪고 깨달음이 있어 「이가 아파서(齒病)」를 남겼다.

내 늙어 온갖 병치레 다하였지만
치통만한 것이 세상에 없다네.
이 뽑으면 뺨까지 얼얼하여
고통이 잠시라도 그칠 때 없다네.
무른 밥도 오히려 버석버석하니
어찌해야 맛난 맛을 알 수 있겠나?
그저 희멀건 죽만 먹어야 하니
차거나 뜨거운 물도 다 시리다네.
한유는 마흔 살이 되기도 전에
늙어 바로 죽을까 오히려 걱정했으니
나 같은 일흔 가까운 사람은
늠름한 모습 어찌 믿을 수 있나?

먹고 마시는 데 방해가 되지만

시 읊조리는 데는 또한 기쁘다네.

이제부터 부드러운 혀를 사모하여

늘그막에 후회하며 머리를 숙여야지.

我老經百病 病莫如病齒 發時連煩痛 痛輒無少已

爛飯尙槎牙 何由識甘旨 只喂稀淡粥 俱傷冷熱水

退之未四十 尙憂衰卽死 況我近稀年 凜凜何足恃

雖妨食與飮 吟嘯亦可喜 從今慕舌柔 悔晩徒垂耳[4]

가장 고통스러운 치통을 겪다가 이를 뺐지만, 온 볼이 부어 얼얼하다. 푹 삶아 무른 밥을 먹어도 씹기 어려워 모래를 씹는 듯하다. 음식의 맛은 알 겨를이 없다. 그저 희멀건 죽을 마실 뿐이다. 찬물과 뜨거운 물도 잇몸이 시려 먹기 어렵다. 당의 문인 한유(韓愈)는 "두세 개 이가 빠지게 되자, 비로소 늙어 바로 죽겠구나 걱정이라네."라 하였는데, 소세양은 일흔이 가까운 나이라 자신의 이가 빠진 것을 두고 죽을까 겁이 났던 모양이다. 옛사람은 눈앞의 불행을 두고도 생각을 바꾸어 행복을 찾는 지혜를 가졌다. 이가 빠져 먹고 마시는 데 불편하지만 이가 없어 우물우물 글을 읽기는 좋다고 위안한 것이다. 여기에서 한 걸음 더 나아가 소세양은 한유의 시 "이가 모두 빠지자, 비로소 혀 부드러운 것 사모하게 되었네."라는 구절을 떠올렸다. 『공총자(孔叢子)』에는 노래자(老萊子)가 "치아는 강함으로 인하여 끝내 다 닳아지게 되고, 혀는 부드러움으로 인하여 끝까지 상하지 않는다."라고 한 고사도 있다. 치통을 통하여 부드러움이 강함을 이긴다는 진리를 깨닫고 모나지 않은 삶을 살겠노라, 소세양은 그렇게 다짐한 것이다.

백발과 대머리를 통한 공부

사람은 나이를 먹는 줄도 모르고 살다가 문득 거울에 비친 자신의 늙어버린 모습을 보고 깜짝 놀란다. 늙어감을 안타까워하며 흰머리를 뽑으려 들고, 뽑을 수 없을 정도가 되면 아예 검게 물들인다. 그런데 18세기의 문인 이하곤(李夏坤)은 그렇게 하지 않았다. 「흰 머리카락이 늘어나기를 바라는 글(饒白髮文)」에서 이렇게 말하였다.

나는 일찍 노쇠하여 서른대여섯부터 머리에 한 가닥 두 가닥 흰 머리가 생기기 시작하였다. 딸아이가 이것을 볼 때마다 싫어하면서 족집게로 뽑았는데, 나는 막지 않았다. 이제 흰 머리가 거의 절반이 되었는데도 족집게로 뽑는 일을 아직도 멈추지 않는다.

나는 어느덧 내 나이가 마흔다섯이 되었다는 사실을 깨닫고 20~30년 전을 돌아보았다. 내 모습은 나이와 함께 바뀌어 전혀 다른 사람이 된 것이나 마찬가지였다. 그러나 내가 나의 심신과 언행을 살펴보니 유독 바뀐 것이 없었다. 그러니 사람이 쉽게 바뀌는 것은 그저 외모뿐이요, 바뀌지 않는 것은 마음인가 보다. 아니면 남들은 외모와 마음이 모두 바뀌는데 나만 마음이 바뀌지 않은 것일까?

아, 옛적에 거백옥(蘧伯玉)은 예순이 될 때까지 예순 번 바뀌었다. 이는 외모와 마음이 모두 바뀐 예라 하겠다. 거백옥이 거백옥 같은 훌륭한 사람이 될 수 있었던 까닭은 바로 이것이었다. 나 같은 사람의 경우, 외모는 예전의 내가 아니로되 마음만은 예전의 나 그대로다. 외모는 바뀌었지만, 마음은 바뀌지 않은 것이다. 마음이 바뀌지 않았는데 예전의 나를 벗어나고자 한들 가능한 일이겠는가?

내 머리카락은 허옇게 될 때마다 족집게로 뽑힌다. 이 때문에 내가 볼 수 있는 것은 오직 검은 머리카락뿐이다. 나는 한 번도 내가 늙었다는 생각을 하지 못하고 아직까지 어릴 때의 마음을 지니고 있다. 그러니 내 마음이 바뀔 법한데도 바뀌지 않은 것은 누가 한 일인가? 나는 이제부터 머리카락이 허옇게 변하지 않는 것이 두려울 뿐이다. 앞으로는 너 흰 머리카락이 늘어나도록 하리라. 아침저녁으로 너 흰 머리카락을 바라보며 바뀌지 않는 나의 마음이 너를 따라 바뀌도록 하리라.[5]

젊은 나이에 흰머리가 돋으면 마음이 편할 리 없다. 옛사람들도 늙은 모습을 감추려고 거울을 보면서 흰머리를 뽑았다. 그때의 감회를 담은 시도 적지 않다. 이하곤은 서른대여섯에 처음 흰머리가 생겼다. 아내가 아침 창가에서 그의 머리카락을 뽑아보이자 이하곤은 경악하였다. 그로부터 10여 년이 지났다. 젊은 날에는 흰머리가 나기 시작하였다는 사실에 충격을 받았지만, 불혹의 나이를 넘기자 조선의 학자답게 내면을 돌아보았다. 나이가 들면서 외모는 바뀌는데 자신의 마음은 바뀌지 않아 원숙한 경지에 이르지 못함을 개탄하였다. 거백옥이 마흔아홉이 되어서야 그간의 삶이 잘못된 것이었음을 깨달았다는 고사가 있거니와, 예순의 나이까지 예순 번 잘못을 고쳤다는 이야기도 전한다. 이하곤은 거백옥을 본받고자 하였다. 그리하여 열심히 흰머리를 뽑던 일을 그만두겠노라 하였다. 게다가 한 걸음 더 나아가 흰머리가 많아질수록 그에 맞추어 마음을 바꾸어 바르게 만들겠다고 다짐하였다.

흰머리는 사람이 죽음에 이를 징조임에 분명하다. 그렇다고 무작정 뽑다 보면 무엇이 남겠는가? 흰머리는 공평하다. 당의 시인 두목(杜牧)이 「은자를 보내며(送隱者)」에서 "세상의 공평한 도리는 백발뿐이라, 귀인의 머리라도 봐준 적이 없으니"라고 한 이래, '백발공도(白髮公道)'는 유명한 고사성어가 되었다. 나이가 들면 어김없이 찾아오는 흰머리를 너그럽게 받아들이고, 아울러 마음도 올바르게 바뀌어 표변(豹變)하는 군자가 되기를 바라는 것, 이것이 옛사람의 마음이었다.

머리가 흰 것이야 그래도 낫다. 나이가 들어 머리카락이 사라지면 그 충격은 더욱 크다. 조선 중기의 문장가 최립(崔岦)은 「늙음을 탄식하다(歎老)」라는 시에서 "중처럼 빗질할 일 점점 사라지니, 여인네 거울 옆에 서기도 부끄러워라. 어느덧 반짝반짝 대머리가 되었으니, 곱던 예전 모습은 다시 볼 길 없어라. 곧바로 귀신의 형상에 가까우니, 인간 세상 오래 머물 수 있으랴! 돌아본들 무슨 일 할 수 있겠나, 태평성세 영락한 유민과 같은 것을(漸覺僧梳穴 羞臨妓鏡傍 居然成白禿 無復有韶光 卽與鬼形近 得於人世長 回頭何事業 盛際等遺亡)."이라 하였다.[6]

이런 대머리의 충격을 두고도 조선의 선비들은 마음의 공부거리로 삼았다. 고려 말 김진양(金震陽)이라는 학자는 대머리였기에 자신의 호를 동두자(童頭子)라 했다. 누가 물으면 "나는 얼굴에 윤기가 있지만 머리숱이 적지요. 나는 술을 잘 마시지 못하지만 술이 있으면 좋은 것이건 나쁜 것이건 사양하지 않아서, 취하면 모자를 벗어 이마를 드러내지요. 그러면 보는 사람들이 모두 나더러 대머리라고 합니다. 그래서 내가 이렇게 호를 지었지요. 호라는 것은 나를 부르기 위한 것, 내가 대머리니 나를 대머리라 부르는 것이 옳지 않겠소? 사람들이 내 모습대로 불러주니 내가 그대로 받아들이는 것이 마땅하지 않겠소?"라고 대답했다. 그리고 '대머리는 빌어먹지 않는다.'라는 속담을 인용하면서 이렇게 말했다.[7]

어찌 이것이 내가 복을 누릴 징조가 아닌 줄 알겠소? 사람이 늙으면 반드시 머리가 벗겨지는 법, 이것이 장수할 징조가 어찌 아니라 하겠소? 내가 가난하더라도 빌어먹는 지경에 이르지 않고, 또 제 명대로 살다가 편안히 죽는다면 내가 내 대머리의 덕을 참으로 많이 보는 것이라 하겠소. 부귀와 장수는 누군들 바라지 않겠소만, 하늘이 만물을 낼 때 이빨을 주면 뿔을 주지 않고, 날개를 주면 손은 없고 발만 둘 주지요. 사람도 마찬가지라서 부귀와 장수를 겸한 자는 거의 없다오. 부귀를 누렸지만 오래 살지 못한 사람은 나도 많이 보았으니 내가 무엇하러 부귀를 바라겠소. 내 몸을 가릴 초가집이 있고, 내 배를 채울 거친 음식이 있으니, 이렇게 살면서 타고난 수명대로 살면 그뿐이지요.

사람들이 나를 대머리라고 부르고 나도 대머리로 자칭하니, 이
것은 내 대머리를 즐겁게 여기기 때문이오.

이 말을 들은 벗 권근(權近)은 그를 위하여 「동두설(童頭說)」
이라는 글을 지었다. 그 글에서 권근은 얼굴이 검고 몸집이 작
아서 사람들이 자신을 작은 까마귀라는 뜻의 소오(小烏)라고
부른다고 하고, 이 별명을 기꺼이 받아들인다고 했다. 그리고
대머리와 검은 얼굴은 겉으로 드러난 외모요 바꾸지 못하는
것이지만, 그 속에 있는 마음의 덕과 능력은 스스로 어떻게 배
양하는가에 그 성취가 달려 있다고 했다. 늙어 외모가 추해진
것을 두고 오히려 마음의 공부거리로 삼은 것이다.

환갑의 의미

늙어가는 것을 두고 격물의 공부도 중요하지만, 따스한 위로
도 받고 싶으리라. 이때 조선 후기 포의의 문형(文衡)으로 칭
송받은 이용휴(李用休)가 환갑을 맞는 이에게 축하를 하는 글
이 도움이 된다. 「헌납 홍문백의 환갑을 축하하며(洪獻納文伯壽
序)」라는 글이다.

내가 예전 글을 지어 축수를 해준 사람들은 모두 선배들이요, 그 가운데 비슷한 연배도 있었는데 지금은 나와 나란히 걷거나 따라다니면서 나를 형으로 섬기고 있다. 다만 홍문백 군은 나보다 열 살 아래다. 그럽다, 문백이 우리 집에 장가왔을 때는 아름다운 미소년이더니, 지금 백발을 드리운 늙은이라 칭한다. 이는 사람이 배를 타고서 물을 따라 내려가면 자기 자신이 멀어지는 것은 깨닫지 못하고 보이는 풍경이 달라지는 것만을 기억하는 것과 같다.

사람의 수명은 조물주가 가장 소중히 여기는 것이다. 그런 소중한 것을 나무나 바위에게도 주고 물고기와 거북이에게도 주면서 유독 인간에게는 가볍게 주지 않는 이유가 대체 무엇일까? 나무나 바위는 그저 오래 살기나 할 뿐이라 하늘이 행사하는 일에 아무런 참견을 하지 않고, 물고기는 오래 살면 살수록 신령한 힘을 갖는다. 인간은 그와는 달라서 나이 들어 혈기가 쇠잔하면 지각이 혼미해지기 일쑤고, 어떤 자는 그동안 해온 일을 망치고 그동안 쌓아온 덕을 덜기까지 하니 그 때문에 하늘이 수명을 주는 것을 아끼는 것이 아닐까? 그러므로 사람이 만약 요행히 하늘이 아끼는 수명을 얻었다면 부지런하고 열성적으로 덕을 닦아 발전을 도모하여야 마땅하다. 그러므로 그런 자는 힘써 일하여 시시각각 나날이 하늘이 준 진귀한 보물을 헛되이 버

림으로써 시간을 낭비해서는 안 된다.[8]

이용휴는 환갑을 맞은 매제에게 축수의 글을 지었다. 생명이 없는 바위나 움직이지 못하는 식물이 수백 년 이상을 지탱하고, 일부의 물고기나 조개처럼 수백 년을 사는 것에 비하면 인간의 백 년 수명은 길다고 하기 어렵다. 조물주가 우주의 가장 빼어난 기운을 모아 인간을 창조하였기에 인간을 만물의 영장이라 하는데, 그런 인간에게 수명을 너무 짧게 준 것이 아닌가! 이를 두고 이용휴는 다소 엉뚱한 답을 내렸다. 나무나 바위는 아무리 오래 있어도 다른 존재를 해치지 않는다. 수백 년 사는 잉어나 거북이는 신령한 힘을 갖는다고 믿었다. 그런데 사람은 오래 살면 지각이 혼미해져서 젊은 시절 잘해놓은 것까지 다 망가뜨리고 만다. 그래서 조물주가 인간의 수명을 제한하였다는 것이다.

잔치 자리에서 할 말로는 가히 파격적이라 할 만하다. 물론 매제가 노망들기 전에 빨리 죽으라고 한 말은 아니다. 젊은 시절에 올바른 뜻을 가지고 큰 성과를 내었지만, 노년에 사회와 국가의 어른으로서 처신을 잘못하여 지탄의 대상이 된 인물을 고금에 자주 본다. 이용휴가 이상한 축수의 말을 한 것은 이러한 우려 때문이었다. 그래서 매제가 제대로 된 어른이 되기 위해서 각고의 노력을 하여야 한다고 했다. 당시 이용휴의 매제는 감찰의 업무를 맡은 사헌부의 헌납이라는 벼슬을 하고 있었다. 그에게 자신이 맡을 일을 성실하게 하여 세상의 풍속을 아름답게 하고 국가의 수명을 길게 할 때 환갑을 넘긴 노인의 수명도 더욱 길어질 것이라고 하여 축수의 뜻을 밝혔다.

잘 알다시피 화갑은 한 갑자를 바꾼다는 뜻의 환갑을 고상하게 이르는 말이다. 그런데 중국에서는 화갑은 물론 환갑, 회갑이라는 말도 잘 쓰지 않는다. 중국의 대표적인 검색 사이트인 바이두에는 화갑례를 소개하면서 조선족 고래의 풍속이라 하였다. 혼인의 환갑인 회혼례(回婚禮) 혹은 중뢰연(重牢宴)도 중국에 없는 조선의 풍속이다. 또 환갑이라는 말이 고려시대에도 보이지만, 환갑잔치라는 뜻의 회갑연 혹은 회갑회에 대한 기록은 16세기 무렵에야 조선의 문헌에 나타난다. 환갑이나 환갑잔치는 16세기에 등장하여 17세기 이후 민간의 풍속으로 널리 퍼진 조선의 독특한 문화라 하겠다.

이렇게 하여 17세기 무렵부터 조선에서는 화갑이나 혹은 생일연, 중뢰연 등을 축하는 글을 왕성하게 쓰기 시작하였다. 이때 특히 화갑의 의미를 어떻게 설명하고 있는지 살필 필요가 있다. 화갑을 두고 이용휴는 개인의 장수를 국가의 장수로 확장하는 혁신의 계기로 삼으라고 하였지만, 조선시대 화갑의 수서(壽序)는 장수에 대한 경하의 뜻이 일반적이다. 19세기의 학자 신좌모(申佐模)는 「수부낭중 정업원의 61세 잔치에서 장수를 기리는 글(水部郎中鄭璞園六十一壽序)」에서 "노인을 숭상하는 일이야 중국에서 요순시절부터 있었지만, 화갑이라는 명칭은 없다."고 하면서 먼저 환갑의 의미를 풀이했다.

태어난 시각과 날과 달, 해의 수로 헤아려 본다면 시각은 2억 6만 3,520시간이요, 날짜로는 2만 3,060일이며, 달수로는 732달이며 햇수로는 61년이 된다. 다시 태어난 해와 달과 날과 시에 돌아온 것이 또한 드물다. 이것이 화갑이라는 명칭이 유래한 까닭이다. 근세 장수하는 사람이 많아지자 나이가 화갑이 되어도 남들이 장수라 일컫지 않고 또 화갑이 된 사람도 스스로 나이가 많다고 여기지 않는다. 그러나 효자라면 부모님의 햇수를 아는 즐거움으로 이해 이달 이날을 만나게 되면 어찌 술잔을 들고 축수를 올리지 않을 수 있겠는가? 자식은 술과 음식의 즐거운 자리를 만들어 효성을 드러내고, 손님과 벗들도 이 모임에 참석하여 어찌 노래와 시를 지어 장수를 송축하여 아름다움을 드날리지 않을 수 있겠는가?[9]

신좌모는 자신의 당대에 이미 환갑이 장수의 상징으로 여기지 않을 만큼 오래 사는 사람이 많아졌다고 하였거니와 물론 지금은 더욱 그러하다. 그러나 신좌모가 이른 것처럼 환갑 때까지 살아온 날짜를 생각하면 어떠한가? 더욱이 시간으로 계산하면 어떠한가? 신좌모가 이른 1년이 350일이요, 1시간은 지금의 두 시간이며, 그가 억이라 한 것은 십만이니, 60년의 세월을 지금 시간으로 환산하면 52만 5,600시간임을 기억할 필요가 있다. 통계청의 집계에 따르면 2022년 2월 기준 우리나라 백 세 이상의 인구가 5,581명으로 집계되었다(보건복지부 자료에는 2022년 8월 기준으로 8,469명으로 되어 있다). 끔찍하지만 혹 120세까지 산다면 환갑을 맞은 사람은 앞으로 산 날과 살 날이 같아지게 된다. 환갑은 인생의 반이다. 인생의 반이 남았는지 아닌지는 인력으로 될 일이 아니니 고민이 없지만, 혹여 정말 반이 남아서 그 인생을 채워야 한다면 어찌해야 하는가?

이민보(李敏輔)는 18세기 산림의 큰 학자 김원행(金元行)의 「수연을 축하하는 글(渼湖金公六十一歲壽序)」에서 "선비는 배움에 있어서 장수를 귀하게 여긴다. 장수가 없다면 배움은 완성할 수 없기 때문이다."라 하였다.[10] 학문을 직업으로 삼은 학자로서야 공부가 나이 들수록 깊어진다는 이 말을 믿고 장수의 대가로 열심히 공부해야겠지만, 보통 사람은 굳이 그럴 필요가 없으리라. 19세기 문인 박영원(朴永元)이 이종형의 회갑을 맞아 '부부쌍수(夫婦雙壽)'라는 해로의 축원과 함께 붙인 다음과 같은 글이 마음을 끈다.

형은 이제 벼슬을 그만두었고 나 또한 물러나 쉴 것이니, 집에 있을 때는 골목에서 마주 보고 밖에 나가서는 지팡이 짚고 따라다니며, 시와 술과 거문고와 바둑을 차와 밥으로 삼고 임원의 물과 바위를 옷과 두건으로 삼아서, 젊은 시절처럼 어울려 놀아 보세나. 즐거움과 기쁨만 있고 근심과 슬픔은 없으며 함께 모이는 일은 있지만 흩어져 헤어지는 일은 없을 것 같으면, 한가한 세월이 바야흐로 나의 소유가 될 것이라. 백거이(白居易)가 "이로부터 죽을 때까지, 다 한가한 나날이 되리라."라 한 것이 바로 이것이라네. 우리 약조하여 상수(上壽)인 여든이 될 수 있다면 남은 햇수가 20년이 될 것이요, 우리가 합치면 40년이 될 것이니, 이렇게 하면 얼마나 수명이 길어질지 모두 유추할 수 있을 것일세. 소동파(蘇東坡)는 시에서 "일 없이 조용히 앉아 있으면, 하루가 이틀처럼 될 것이요, 70년 산다면, 문득 140년 산 것이라네."라 하였다네. 이제부터 한가한 나날들을 가지고서 물이 급히 흘러가고 번개가 친 것처럼 훌쩍 지나간 성상(星霜)과 비교해본다면, 어느 것이 짧고 긴지 과연 어떠하겠나?[11]

멋진 말이다. 박영원은 상수라는 여든까지 20년을 더 살되 뜻이 맞는 사람과 함께한다면 40년의 세월을 얻을 수 있다고 하였다. 게다가 그간 남을 위해 산 나날은 자신의 것이 아니었다. 환갑 이후 남은 세월을 자신을 위해 쓴다면 그 세월이야말로 진정한 장수라 하겠다. 환갑 이후에도 기왕에 하고 있던 바에 따라 더 많이 공부하거나 더 열심히 일해야겠지만 그간 바쁘게 뛰었다면 백거이의 시나 소동파의 시구에서 이른 삶을 사는 것도 좋겠다. 그렇게 한다면 육십갑자를 더 살 수 있을 것이요, 혹 그렇게 되지 않는다 하더라도 스스로 누리는 마음의 세월은 더욱 길어질 것이다. 이것이 환갑이라는 늙음을 즐겁게 받아들이는 자세다.

늙음을 받아들이는 지혜

조선의 문인들은 일상에서 자연스럽게 만나게 되는 노화 현상을 두고 성찰의 기회로 삼았다. 노화는 이가 빠지고, 머리가 세거나 빠지는 현상이 가장 대표적이다. 조선의 문인들은 이러한 노화 현상을 자연스럽게 받아들이고자 하였다. 노화로 인하여 오히려 더 나은 점이 생긴다는 새로운 인식을 하였다. 김창흡은 육체가 상해야 조용함을 찾을 수 있고, 말이 어눌해져야 침묵을 지킬 수 있다고 했다. 몸이 건강하면 가만히 있지 못하니 마음의 평정을 얻을 수 없고, 말이 절로 나오니 실수가 그에 따라 나오는데 이러한 오류는 늙음이 막아줄 수 있다고 여겼다. 담박한 음식을 먹고 조용히 정신을 편하게 다스리고 스스로를 돌아보면서 입을 다물어 허물을 줄여나갈 때로 삼은 것이다. 또 김진양은 자신이 대머리인 것을 오히려 자랑스러워하였으며 그의 벗 권근은 자신의 검어진 얼굴 때문에 까마귀로 놀림 받는 것을 대수롭지 않게 여겼다. 대머리와 검은 얼굴은 겉으로 드러난 외모요 바꾸지 못하는 것이지만, 그 속에 있는 마음의 덕과 능력은 스스로 어떻게 배양하는가에 그 성취가 달려 있다고 했다. 늙어 외모가 추해진 것을 두고 오히려 마음의 공부거리로 삼은 것이다.

불과 얼마 전까지 노인의 기준을 환갑에서 찾았다. 조선 후기 문인들은 환갑을 맞는 사람을 위한 글을 지었다. 이러한 수서의 글에서는 장수와 부귀영화를 누리는 것을 축하하는 것이 일반적인데 이를 넘어 자기 혁신의 계기로 삼도록 한 예가 있어 환갑의 나이를 공부거리로 삼기도 하였다. 이하곤은 육체의 노화를 보고 정신이 노숙해지도록 하는 계기로 삼으라 했고, 이용휴는 개인의 장수를 넘어 국가의 장수를 이룰 수 있는 혁신을 도모하라고 했다. 그리고 박영원은 얼마 남지 않은 환갑 이후의 세월을 자신만을 위한 시간으로 만드는 것이 더욱 중요하다고 했다. 이러한 것이 조선시대 문인이 늙음을 두고 깨달음을 얻은 격물의 공부였다.

하나 더 말하자면. 18세기 문인 신경준(申景濬)이 영산홍(映山紅)을 두고 늙음을 받아들이는 성찰에 이른 것도 기억할 만하다. 산을 붉게 비춘다 하여 이른 영산홍은 연산군(燕山君)이 특히 좋아하여 일본에서 대규모로 수입하려 하였기에 연산홍(燕山紅)이라는 별칭이 생겼다. 그런데 영산홍은 꽃이 필 때는 그 화려함이 다른 꽃과 비교할 수 없지만 꽃이 시들 때는 가지에서 떨어지지 않고 말라붙은 채 오래간다. 그래서 시든 후에는 영산홍보다 더 추한 꽃이 없다. 신경준은 "천지의 번화함은 봄과 여름에 달려 있는데 천지는 또한 봄과 여름을 늘 그대로 놔둘 수 없어 가을과 겨울에 시들고 쪼그라들게 한다. 하물며 사람은 어떠하고 사물은 어떠하겠는가? 이 때문에 때가 이르러 번화함과 무성함이 생겨나면 이를 받아들이고, 때가 달라져서 번화함과 무성함이 가버리면 결연하게 보내주는 것이 옳다."라 하였다.[12] 가야 할 때 가는 것, 그것이 늙음을 받아들이는 공부의 결론이다.

09

늙어가는 파우스트

: 20대 괴테와 80대 괴테의 투영

오순희 독어독문학과

처음에는 위풍당당했지만

이제는 현명하고 신중하게 해나간다.

이 지상의 일은 알고도 남는다.

허나 천상에 오를 전망은 하나도 없다.

눈을 껌벅이며 저 하늘을 쳐다보고

구름 위에 우리 같은 존재가 있지나 않을까 꿈꾸는 자는 어리석다.

그보다는 이 땅에 확고부동하게 발을 붙이고 주변을 둘러보란 말이다.

부지런한 자에게 이 세상은 침묵하지 않는 법.

뭣 때문에 영원 속으로 헤매고 다녀야 한단 말인가.

자기가 인식한 것은 손아귀에 넣을 수가 있는 법.

이렇게 해서 이 땅 위의 나날을 보내면 된다.

- 괴테

'전통사회의 노인은 대접받는 존재였다. 그러나 현대 사회로 넘어오면서 상황이 달라졌다.' 흔히들 이렇게 생각하는 경향이 있지만 노년의 역사를 연구해 온 역사학자들에 의하면 실상은 그와 다른 것 같다. 오히려 노인에 대한 사회 통념은 근대 사회로 넘어오면서 좋아졌다는 것이다. 본고가 관심을 가지는 시기는 괴테(Goethe)가 살았던 18세기 및 19세기 초이다. 데이비드 G. 트로얀스키(David G. Trozansky)에 따르면 이 시기의 노년 이미지는 다음과 같이 드러난다.

18세기의 노년은 놀랄 만큼 다양한 전기를 통해 파악될 수 있다. 그것은 인구학과 사회문제에서 종교와 과학, 미술과 문학을 포괄한다. 우리는 특정 장르와 생활상 내에서 어느 정도의 패턴, 즉 종교적인 것에서 세속적인 것으로, 은둔에서 은퇴로, 조롱의 문학에서 공경의 문학으로의 이행을 찾아낼 수 있다. 그러나 상당한 정도의 다양성 역시 존재했기에 일반화하기란 상당히 어렵다. … 그럼에도 연장된 삶은 노인과 결부된 역할을 수행할 기회의 증대를 의미했다. 노인의 이미지는 부드러워졌던 듯싶다. 단지 죽음을 준비하는 것 이상으로 삶의 경험이 존중되었다. 정치적·경제적 변화가 사람들이 한 시대와 하나의 또래집단을 자신과 동일시할 수 있는 세상의 도래를 알렸다. 소비문화의 성장 역시 사람들이 특정 의복이나 경제 행위를 특정 세대와 결부시키기 시작함을 의미했다. 추측컨대 정치에 종사한 사람들은 다른 사람들보다 시대적 변화를 더 의식했을 것이다. 19세기로 접어듦에 따라 유럽에서는 1790년대와 뒤이은 나폴레옹 전쟁의 경험이 시간의 흐름에 대한 인식을 자극했다. 혁명가들은 앙시앵 레짐(ancien régime) … 이라는 말을 썼고, 그 시대에 나이가 든 이들이 19세기에는 노인이 될 운명이었다.[1]

위의 인용문처럼 18세기에는 젊은 세대로서 살았고, 1790년대와 나폴레옹 전쟁 시기가 각별한 기억으로 남아 있으며,

19세기에 들어서는 노인으로 살았던 작가가 괴테다. 청년기였던 18세기에는 기성세대에 대한 반항과 동일시되는 질풍노도운동을 이끌었고, 19세기에는 해방전쟁에 참여했던 젊은 세대로부터 기성세대라고 비난받았던 작가이기도 하다. 트로얀스키의 지적대로 노인으로서의 삶의 경험이 존중되고, 코호트와 같은 세대별 동류의식이 두드러지고, 생애주기의 흐름이 시대사적 경험과 연동됨으로써 노인들이 노인 세대로서의 자의식을 보다 적극적으로 의식하게 된 시대가 괴테 시대라고 할 수 있다면, 이러한 시대사적 특성을 『파우스트(Faust)』에도 적용해 볼 수 있지 않을까? 이러한 문제의식이 본고의 출발점이다. 『파우스트』는 괴테가 20대이던 1770년대에 시작해서, 괴테가 80대이던 1830년대까지 집필된 작품이므로, 청년기에서 노년기에 걸친 생애주기의 변화가 창작 과정에 어떤 식으로 반영되는지를 비교 검토해볼 수가 있기 때문이다. 본고는 '늙음'의 이미지가 이 작품의 집필 시기에 따라 어떤 양상으로 달라지는지를 중심으로 살펴보고자 한다.

'늙어가는 몸'에 대한 고민

『파우스트』제1부는 대학에서 열과 성을 다해 연구와 교육에 종사해왔으나 이제는 그러한 노력의 한계를 느낀다고 좌절하는 파우스트의 모습으로 시작된다. 이때 파우스트는 몇 살쯤일까? 악마와 계약을 맺으면서 '마녀의 주방'에서 회춘까지 하는 것을 보면 육체적으로 젊은 것 같지는 않다. 한편으로는 마녀의 영약을 '지저분한 잡탕'으로 경멸하면서도, 다른 한편으로는 나체의 미녀를 그린 그림에 넋을 잃는 존재가 '젊지 않은 파우스트'의 모습이다. 파우스트는 마녀가 끓여주는 영약을 보며 이렇게 묻는다.

> 저런 잡탕을 먹어야만
> 내 몸이 한 삼십 년쯤 젊어지는 모양이지? (2341-2342행)[2]

젊다는 것을 대표하는 연령은 괴테 시대에도 20대였다. 파우스트가 30년쯤 젊어져서 20대처럼 된다면 현재의 파우스트는 50대인 셈이다. 이 때문에 대부분의 『파우스트』 공연이나 영화는 늙은 교수의 모습으로 시작한다. 그러나 파우스트가 처음부터 늙은 교수로 설정된 것은 아니다. 20대의 괴테가 집필하다가 멈춘, 이른바 『초고 파우스트(Urfaust)』에는 파우스트의 회춘을 다루는 '마녀의 주방' 장면이 없다. 청년 괴테가 그리고 있는 파우스트는 '노학자'가 아니다. 실제로 『초고 파우스트』에 쓰였던 내용만으로 파우스트의 모습을 재구성해보면 50대의 중후한 교수라기보다는 30대의 젊은 교수 이미지에 가깝다. 대학교수가 된 지 10년쯤 되었고, 열심히 연구하고 강의해 왔으며, 학문적 능력에서도 자부심이 상당한 존재였으나 이제는 학자로서 의욕 상실에 시달리고 있는 모습이다. 케케묵은 옛날 책들로 가득한 비좁은 연구실에 갇혀 지내는 것을 갑갑해하지만, 딱히 노학자 고유의 풍모라고 보아야 할 대목은 없다. 교수로서 일탈할 때도 적극적이다. 대학생들이 주로 가는 술집에서도 분위기를 주도하고, 술꾼들을 데리고 놀며, 술꾼들이 자기들만 아는 은어를 써가며 파우스트를 시험하자 똑같이 은어를 써가며 맞받아칠 정도다. 어린 그레트헨을 유혹하는 데 거리낌이 없고, 육체적 욕망도 노골적으로 드러냄으로써 악마인 메피스토조차 놀랄 지경이 된다. 한때는 학문에 몰두하고 유능한 학자로서 두각을 날렸으나 어쩐 일인지 회의에 빠져 헤매는 젊은 교수의 이미지에 가까운 것이 『초고 파우스트』의 파우스트다. 20대의 청년 괴테가 보기에는 '30대의 교수'라는 것만으로도 충분히 기성세대였을 수 있다. 독자들에게 친숙한 노교수의 이미지는 괴테 자신이 나이가 듦에 따라 그의 주인공도 함께 늙어간 결과다.

인간은 매해 나이를 먹는다. 그러나 나이에 대한 이미지들은 십 년 주기의 나이대를 중심으로 구성된다. 더 이상 젊지 않다는 의미에서 '늙는다'라는 개념이 분명해지는 시기는 마흔 무렵이다. 바이마르 궁정의 관료로서 열심히 일하다가 삶의 근본적인 방향 설정을 고민하면서 이탈리아로 떠났을 때, 괴테의 나이도 마흔을 향해 가고 있었다. 마흔이 된다는 것은 자신의 상태를 객관적으로 보게 되는 것이라고 괴테는 『이탈리아 여행기(*Italienische Reise*)』에서 쓰고 있다.[3] 자기의 삶에 대해서 다방면에서 재검토해보는 나이에 들어선 것이다. '나이를 먹는 것'은 '몸'이 늙어가는 것을 일컫기 때문에, 재검토의 대상은 일차적으로 괴테가 '하는 일'이었지만, 괴테의 '몸'도, 그리고 그 몸이 요구하는 '욕망'도 중요한 대상이었다. 이러한 변화는 괴테의 집필 방향에서도 나타난다. 『초고 파우스트』에는 없었던 '마녀의 주방' 장면도 이탈리아 여행 시절에 썼다.

'몸 관리'의 근대의학적 담론화가 학문의 영역에서 뚜렷해진 것은 괴테 시대, 즉 18세기 중엽에서 19세기 초엽에 이르는 시기이다. 괴테의 주치의였던 크리스토프 빌헬름 후펠란트

(Christoph Wilhelm Hufeland)도 이러한 흐름의 선구자로 간주되는 의사였다. 그가 제안했던 자연요법은 환자의 생활 방식을 바꾸고 더 나아가 생활 환경 및 인생관 자체를 자연 친화적으로 바꾸어야 진정한 치유가 가능해진다는, 오늘날에는 익숙하고 당대에는 새로웠던 발상의 전환을 보여준 것이다. 특정 환부를 집중적으로 치유하는 임상의학과 대척점에 서 있는 것으로, 사이비 의학으로 폄하되기도 했으나, 현대에는 광의의 대체의학으로 간주되며 후펠란트는 이른바 '매크로바이오틱스(macrodiotis)'의 선구자로 간주되고 있다.[4] 마녀의 영약에 대해 마뜩찮은 표정으로 바라보는 파우스트에게 메피스토는 새로운 대안을 제시하는데, 후펠란트식 처방과 흡사하다.[5] 그 원리는 간단하다. 부지런히 움직이고, 건강하게 먹고, 자연처럼 소박하게 살아가는 것이 특별한 '약'의 도움에 의지하는 것보다 더 근본적인 치료법이라는 것이다.

> 당장 밭으로 나가서
> 곡괭이질을 하고 땅을 갈기 시작하게.
> 자네의 몸과 모든 감각이
> 매우 제한된 영역 안에 머물도록 하고,
> 순수한 음식만 먹도록 하게.

가축의 입장이 되어 가축과 함께 살고,

논밭에 직접 거름을 주는 것도 좋아서 해야 하네.

그렇게만 한다면, 장담컨대, 그것이야말로

자네가 여든이 될 때까지 젊게 만들어줄 최선의 요법이라네.

(2353-2361)

'몸'에 대한 이야기가 나올 때 파우스트는 주로 이중적 태도를 보인다. 의식적으로 중요시하지는 않지만, 무의식적으로는 고민하는 상태가 파우스트의 상태다. 이러한 이중성을 간파하고 그를 비웃거나, 비웃음 속에서도 합리적 대안을 제시하는 것은 악마인 메피스토의 몫이다. 파우스트가 정신과 육체의 이분법적 전통에 서 있는 서구적 주체라면, 메피스토는 그러한 주체의 모순성을 해학적으로 해체하는 작가의 숨은 얼굴이다.

젊은 학사 대 늙은 교수

시대적 맥락에서 늙는다는 것은 '늙은 세대에 속하는 것'처럼 사회학적 위치 변동을 의미한다. 괴테가 살았던 시대처럼 중요한 정치 사회적 사건들이 연이어 발생하게 되면 시대를 바라보는 관점이 동화되는 코호트(cohort)화 현상을 겪는다. 굵직한 시대 경험이 공유되는 세대일수록 같은 연배의 코호트화가 강화되고, 기성세대와의 거리감도 커지기 마련이다. 괴테 시대도 이러한 세대 형성의 사건들이 연이어 벌어진 시대다.

괴테 스스로 자신을 '세계사의 산증인'이라고 칭했을 정도로 18세기 중엽에 태어나 19세기 초엽까지 살았던 서유럽인들은 생애주기의 변화에 따라 시대사의 굴절이 연동되는 경험을 지닌다. 괴테도 20대 청년기는 미국의 독립전쟁을 화두로 삼는 유럽의 청년세대로 보냈고, 40대 장년기에는 프랑스 혁명에 반대하는 대프랑스 동맹국의 관료로서 '발미 전투'에 참여해야 했다. 60대 노년기에는 프랑스 나폴레옹으로부터의 해방을 내세우며 전쟁터로 몰려가는 20대 청년들을 우려의 시선으로 바라봐야 했다.

괴테 세대는 '조국을 위해 싸운다'라는 의미의 '독일(Deutschland)' 개념이 없었다. '독일'이라는 개념을 쓸 때는 그때그때 맥락에 따라 특정 국가를 의미하는 것이었지, 지리학적인 의미에서의 독일어권을 아우르는 국가 개념은 '해방전쟁 시기'에 발생했다. 프로이센이 선전포고하고, 프리드리히 빌헬름 3세가 「나의 국민에게(An mein Volk)」라는 글을 신문에 발표하여 독일 국민의 동참을 요구하면서 독일인들 전체를 하나로 묶는 '독일' 개념이 퍼지기 시작했다.[6] 예전 같으면 북부 독일어권인 프로이센 황제의 부름에 호응하여 남부 독일 청년이 자발적으로 올라오는 일은 드물었을 것이다. 이제는 각지에서 '독일'이라는 기치하에 전쟁터로 몰려들었다. 작가들도 마찬가지였다. 해방전쟁 시기의 독일 문단을 주도하던 청년 중에서 특히 낭만주의 작가들이 '애국심'을 호소하는 역할을 많이 했다. 이러한 청년 작가들이 보기에 참전을 격려하지는 못할망정 만류하는 괴테와 같은 세대는 비판의 대상이 될 수밖에 없었다. 괴테에 대해 실망했다는 글과 분위기가 팽배했다. 어투도 도발적이거나 공격적인 경우가 많았다. 괴테는 이러한 시대 분위기를 제2부 제2막에 나오는 등장인물인 '학사(Baccalaureus)'의 이미지에 담고 있다. 이 학사는 제1부에서 메피스토가 파우스트를 대신하여 교수 흉내를 낼 때 영문도 모르고 고개를 끄덕이던 신입생이었으나, 제2부에서는 어느덧 대학을 졸업한 '학사'가 되어 있다. 교수에 대한 그의 자세는 '존경'에서 '경멸'로 뒤바뀐 상태다. 자신은 그동안 완전히 새로워졌지만, 자신을 가르친 교수는 예나 지금이나 똑같다고 생각되기 때문이다.

노인장, 당신의 벗겨진 머리가
이미 망각의 강 레테의 탁한 물결에 잠겨버린 상태가 아니라면
여기 있는 제가 과거에 학생으로 찾아왔던 것을 기억하시겠지요.
당신은 예전이나 똑같네요.
저는 다른 사람이 되어 돌아왔습니다만. (6722-6726)

그때는 어려서 교수가 헛소리한다는 사실을 몰랐으나 그동
안 자신도 성장했으며 세상도 바뀌어 새로운 학문을 많이 배
웠다는 것이다.

저기요! 우리가 있는 이 장소는 옛날과 똑같지만
지금은 새로운 시대가 시작되었다는 것을 명심하시고
애매모호한 이야기들은 그만하시죠. (6737-6739)

노교수처럼 앉아 있는 메피스토를 향해 과도한 표현을 써
가며 비난을 퍼붓던 이 청년의 혈기는 다음과 같은 구절에서
정점에 이른다.

서른 살이 넘으면
이미 죽은 목숨과 다를 바 없어요.

당신 같은 사람들은 제때 때려죽이는 것이 최선이죠. (6787-
6789)

이처럼 과격한 주장을 펼치는 학사의 모습은 어디에서 유
래하는 것일까? 다음에 이 '학사'가 하는 말을 들어보면, 이 세
계의 모든 것은 객관적으로 존재하는 것이 아니라 주체의 의
식 작용에 따른 산물이라는 주관 관념론이 극단화된 형태로
표현되고 있음을 알 수 있다.

이 세상은 내가 창조하기 전에는 존재하지 않았습니다.
태양은 내가 바다에서 끌어올린 것이고
달이 차고 기우는 것도 나와 더불어 비로소 시작된 것이죠.
(6793-6795)

이러한 맥락에서 괴테와 관련된 당대의 인물 중에서 유력
한 후보로 꼽히는 인물은 주관 관념론으로 유명한 철학자 요
한 고틀리프 피히테(Johann Gottlieb Fichte)다.[7] 해방전쟁 당시
피히테가 젊은이들에게 전쟁에 참여할 것을 요구하며 젊음의
혈기가 금방 식어버리는 세태를 비판했던 사실에서 피히테가
모델로 거론되기도 하지만, 피히테는 해방전쟁 당시에도 젊은

세대가 아니었다. 요한 페터 에커만(Johann Peter Eckermann)
도 이 대목이 관념론 철학자들을 비판하는 것으로 짐작한다.
그러나 괴테 자신은 피히테가 아니라 해방전쟁 시기의 청년들
이 보여주었던 성향을 그리고 싶었다고 회고한다.

> 그 인물에는 무엇보다도 젊은이 특유의 당돌한 모습이 담겨 있
> 네. 우리는 해방전쟁 이후 몇 년 동안 그런 부류의 뚜렷한 예를
> 여럿 볼 수 있었지. 젊었을 때는 누구나 세계가 자기와 더불어
> 시작되고, 모든 것이 애초부터 자기를 위해 존재한다고 믿는 법
> 이네.[8]

흥미로운 것은 학사를 대하는 메피스토의 태도가 너그러운
아량에 가깝다는 것이다. 학사로부터 지독한 공격을 당하면서
간간이 비웃기도 하지만 전체적으로 학사의 공격성에 대해 심
각하게 생각하지는 않는다. 이는 해방전쟁 당시 테오도어 쾨
르너(Theodor Körner), 에른스트 모리츠 아른트(Ernst Moritz
Arndt) 등의 낭만주의 세대에 의해 공격적인 비판을 받았음에
도 이들에 대해서 분노하기보다는 너그럽게 대하는 괴테의 태
도를 연상시킨다. 이는 괴테가 이 사건을 경험했던 60대에서
다시 20년이 지난 시점에 이 대목을 집필하고 있었기 때문이

다. 괴테 본인의 말처럼 이제는 세상을 더 넓게 보게 된 시점에서 글을 쓰게 된 것이다. 이러한 시야의 확대를 통해 젊은 세대와의 갈등을 개인적인 사건으로 기억하지 않고, 세대 간에 늘 있었고 앞으로도 있을 자연스러운 갈등이라고 해석하고 있다. 괴테는 세대의 차이를 극복하고 통일된 관점이나 자세를 가지려고 할 것이 아니라 세대 간의 차이를 인정해야 한다는 입장이다.

> 만일 그런 사건이 내 나이 20대에 일어났다면, 나는 분명히 남의 뒷전에만 서지는 않았을 거네. 하지만 나는 그때 이미 예순 고개를 넘어선 나이였어. 게다가 우리가 모두 똑같은 방식으로 조국에 봉사할 수 있는 것도 아니잖나. 각자 하느님이 주신 능력대로 최선을 다하면 되는 것이지. 나는 반세기 동안 고생도 어지간히 해왔네. 나는 하느님이 나의 일로 정해주신 일들을 하느라고 밤낮없이 쉬지도 않고 내 힘이 닿는 대로 능력껏 애쓰고 연구하고 활동해 왔어. 누구든 나처럼 말할 수 있다면 다들 잘 될 거야.[9]

괴테가 에커만과 이런 대화를 나누던 날은 1830년 3월 14일로, 괴테가 죽기 2년 전이다. 이 남은 2년 동안 괴테가 가장 열심히 매달린 일은 『파우스트 제2부』를 완성하는 일이었다. 괴테의 나이가 여든에 이르면서 주인공도 나이를 먹는다. 파우스트는 이제 '초고령'으로 괴테 자신의 표현에 따르면 100세가 되었다.

100세의 파우스트: '근심'에 저항하다

괴테는 『파우스트 제2부』를 1막부터 차례차례 써 내려가지 않았다. 3막과 5막을 먼저 완성해놓고, 1막, 2막, 그리고 4막을 썼다. 3막과 5막을 먼저 쓴 이유는 크게 두 가지다. 첫째, 이 두 개의 막이 내용상 가장 중요한 부분이기 때문이고, 둘째, 괴테 스스로도 여든을 바라보는 나이라 언제 다가올지 모르는 죽음을 의식할 수밖에 없었기 때문이다. 이제는 '죽음이 임박한 파우스트'가 문제 되는 것이다.

메피스토는 이미 파우스트의 묘지까지 준비하고 있는데, 파우스트 자신은 운하 사업을 마무리하느라 정신이 없다가 현장에서 쓰러져 죽는다. 이러한 파우스트의 이미지는 죽는 순간까지 자기 일에 매진하는 파우스트적 특성을 강화하고, 이는 다시 파우스트가 유의미한 삶을 살았다는 해석으로 이어진다. 죽은 파우스트의 영혼을 이끌고 하늘로 올라가는 천사들의 노래도 이러한 해석의 올바름을 말해주는 담보물처럼 보인다.

> 천사들: (더 높은 창공에서 떠돌며, 파우스트의 불멸체를 옮겨간다.)
>> 이제 영의 세계에 속해 있는 한 고귀한 존재가
>> 악으로부터 구출되었습니다.
>> 항상 애쓰면서 노력하는 사람,
>> 그런 사람을 우리는 구원할 수 있습니다.
>> 그런 사람에게
>> 천상으로부터의 사랑까지 주어져 있다면
>> 복된 존재들이 나와 그를 맞이하면서
>> 진심으로 환영해 줄 것입니다. (11934-11941)

파우스트의 죽음이 문제가 되는 시점에서 독자들의 관심이 '구원'의 문제로 이동하게 되면, 파우스트가 100세의 고령자라는 사실은 부차적인 문제처럼 된다. 파우스트의 '구원'이 강조되고, 파우스트의 '늙음'이 묻혀버림으로써 간과되기 쉬운 또 다른 문제가 있다. 제5막의 주요 인물들이 주로 '노인들'이라는 사실이다. 파우스트는 물론이고, 5막의 도입부에 등장하는 필레몬과 바우키스 부부, 그리고 뒤이어 등장하는 '근심'의 알레고리와 그녀의 자매들도 모두 '백발노인'의 모습을 하고 있다. 이런 맥락에서 파우스트를 초고령의 나이로 등장시킨 괴테의 의도를 살펴야 한다.

먼저 필레몬과 바우키스를 보자. 가진 것이라곤 '작은 오두막'이 전부인 노인들이다. 이들의 거처로 들어가는 입구는 오래된 보리수가 지키고 있고, 그 근처에는 작은 예배당이 있다. 이 부부가 사는 언덕에서 더 나가면 파우스트의 '거대한 궁전'이 서 있고, 그 앞에는 직선으로 길게 뻗은 대운하가 파우스트의 중요 업적처럼 위용을 자랑하고 있다. '오두막'과 '궁전'의 차이를 주목하게 되면, 5막의 구조는 거대한 권력자의 세계가 조용히 살아가는 노부부를 밀어내는 구조처럼 보인다. 시대사적인 맥락에서 보면, 원주민들을 몰아내고 식민지 영토를 만들어가는 서구 제국주의의 알레고리처럼 읽히기도 한다. 어떻게 보건, 필레몬 부부와 파우스트의 관계는 '힘의 관계'라는 프리즘을 통해 해석되어 온 것이 일반적인 경향이었다. 설령 필레몬 부부를 직접 몰아내는 것은 파우스트의 의도가 아니었고 메피스토 일행에 의한 것임을 강조하는, 이른바 '결백의 수사학'[10]을 동원하더라도, 힘에 의한 역학관계가 변화하는 것은 아니다. 파우스트는 절대 강자이고, 필레몬과 바우키스는 그에 의해 희생되는 약자이기 때문이다. 그러나 본고는 기존의 해석들이 '역학관계'에 주목하느라 정작 '늙음'의 존재론에 대해서는 등한시해왔음을 지적하고자 한다. '늙음'에 주목해서 본다면, 이 장면은 '고령'의 괴테가 그려내는 '죽음이 임박한 고령의 노인들' 이야기이다. 말하자면 늙은 괴테가 '파우스트적 늙음'과 '필레몬-바우키스적 늙음'을 대조적으로 보여주고 있다는 것이다.

'늙음'의 관점에서 필레몬 부부가 사는 공간과 파우스트가 사는 공간을 비교해보자. 필레몬 부부의 오두막은 파우스트의 궁전보다 뒤쪽에 있고, 파우스트의 궁전을 내려다보는 위치에 있다. 필레몬의 세계는 파우스트보다 왜소하게 보이지만 이 세계를 더 높은 데서, 더 멀리 볼 수 있는 세계다. 필레몬과 바우키스는 파우스트적 세계와 대척점을 이루면서 파우스트에게 본질적으로 부족한 것이 무엇인지 다각도에서 상기시킨다. 필레몬 부부가 다니는 작은 예배당에서 종소리가 울려올 때마다 파우스트가 격하게 짜증을 내는 것도 이 때문이다. 필레몬 부부는 파우스트가 잊어온 신의 존재를 상기시키고, 파우스트적 삶의 문제를 상기시키며, 파우스트가 인정하려 들지 않는 '늙음의 의미'를 상기시킨다. 늙은 필레몬 부부는 늙은 파우스트의 '타아'인 것이다. 이러한 타아의 존재는 파우스트에게

"눈엣가시(Dorn den Augen)"(11161)처럼 느껴지면서 결국 이 부부는 메피스토 일행에 의해 제거된다.

　파우스트가 외면해 온 문제는 필레몬 부부의 죽음으로 끝나지 않는다. 괴테는 이후에도 '백발 노파들'을 파우스트에게 보냄으로써 파우스트가 애써 외면하고자 하는 '늙음의 필연성'을 상기시킨다. 백발 노파들은 결핍(Mangel), 빚(Schuld), 근심(Sorge), 곤궁(Not)이라는 이름을 가지고 있다. 이들은 '늙음의 의미'를 보여주는 알레고리이다.

　네 명의 백발 노파가 등장한다.

　첫 번째: 내 이름은 결핍이야.
　두 번째: 내 이름은 빚이야.
　세 번째: 내 이름은 근심이고.
　네 번째: 내 이름은 곤궁. (11382-11385)

　먼저 등장하는 노파는 '결핍'이다. 예전에 있었던 뭔가가 '결핍'되거나, 그렇게 느껴지는 것이 늙음의 시작이다. 결핍 상태가 이어지다 보면 '빚'도 생기게 마련이다. 그래서 '결핍' 다음에 등장하는 노파의 이름은 '빚'이다.[11] 빚이 생기면 근심 걱

정도 늘어난다. 세 번째 등장하는 노파의 이름이 '근심'이다. 이처럼 뭔가가 부족하고, 빚이 생기고, 근심 걱정도 늘어가다 보면, 삶 자체가 곤궁해진다. 마지막 노파의 이름이 '곤궁'인 이유다. 이러한 삶의 귀결이 무엇인지는 분명하다. 네 노파의 뒤를 따라 멀리서 그들의 오라비인 '죽음(Tod)'이 따라오고 있기 때문이다.

그러나 네 자매 모두가 파우스트의 궁성 안으로 들어갈 수 있는 것은 아니다. 누구나 늙게 되지만, 누구나 똑같이 결핍, 빚, 근심, 곤궁을 겪지는 않는다. 파우스트는 물질적으로 부족함이 없는 부자이다. 따라서 파우스트의 성채에는 '결핍'이 들어갈 여지가 없다. 부자이므로 '빚'을 질 필요도 없다. 따라서 '빚'이라는 이름의 노파도 들어가는 것을 포기하고 물러간다. 당연히 '곤궁'과도 거리가 멀다. 결국 '결핍', '빚', '곤궁'의 세 자매는 파우스트의 성채 앞에서 발걸음을 돌리지 않을 수 없다.

셋이 함께: 문이 닫혀 있어 우리는 들어갈 수가 없어.
　　　　　　안에는 부자가 살고 있어 우린 들어가고 싶지도
　　　　　　않아.
결핍: 그러니 나는 그림자처럼 사라져야겠군.
빚: 나도 없어져야지.

곤궁: 풍족하게 사는 인간들은 내가 나타나기만 해도 고개를
돌려버릴 거야. (11386-11389)

그러나 아무리 물질적으로 부족한 게 없더라도 '근심'은 피
할 수 없다. 근심이 집안에 들어오는 것을 막기 위해 열쇠로 문
을 잠그면, 열쇠를 집어넣는 작은 구멍을 통해서도 들어오는
것이 근심이다. 인간의 삶이 지속되는 한 근심의 존재는 따라
오는 법이다. 인간의 삶에 편재하는 것이 근심의 본질이다. 하
이데거의 표현을 빌자면 '근심'은 '세계 안에서 살아감'을 보
여주는 징표이다.

근심: 자매들아, 너희들은 들어갈 수 없고, 들어가서도 안 되
지만,
이 근심은 열쇠 구멍으로도 들어갈 수 있단다. (11390-
11391)

근심은 자신에게 사로잡힌 사람의 특징을 말해주며, 파우
스트의 내면에 억압되어온 무의식적 불안을 끌어낸다. 근심에
사로잡힌 사람은 어떤 것에도 몰입하지 못한다. 현재에 만족
하지도 못하고, 미래로 나가지도 못한다. 파우스트적인 인간과

대척점에 서 있는 존재이다. 근심의 본질은 '망설임'이다. 소소한 것에 얽매여 쓸데없는 걱정들을 하면서 특별한 업적 없이 살아가는 것, 이것이 근심의 본질이고, 노년의 상태다.

근심: 나한테 한번 사로잡히고 나면

어떤 세상도 쓸모가 없어지지.

영원한 어둠이 내릴 뿐

태양은 뜨지도, 지지도 않게 돼.

외부의 감각은 멀쩡해도

마음속엔 어둠만이 살고 있어.

그리고 무슨 보물이 와도

그걸 제 소유로 하지도 못해.

행복해도 걱정, 불행해도 걱정,

풍족하게 가지고 있으면서도 굶어 죽어가지.

기쁜 일이건, 힘든 일이건

그는 항상 다음날로 미루고

그저 미래만 기다려,

그러니 뭐든 한 번도 끝내지를 못하지. (11453-11466)

근심과 파우스트의 만남은 '늙음'과 '늙음에 저항하는 의지'의 만남이다. 파우스트의 성채 속으로 기필코 스며드는 '근심'이 한편에 서 있고, 그러한 근심을 죽어도 거부하는 파우스트가 그 맞은 편에 서서, 스며드는 근심과 거부하는 파우스트의 의지가 일대 언어의 격전을 벌인다. 파우스트는 '근심'의 존재를 확인하자마자, 마치 근심에 사로잡히지 않기 위해 주문을 외는 것처럼 자기 자신의 정체성을 큰소리로 선언한다. '나는 한결같이 이 세상을 달려왔다'라는 파우스트의 유명한 문장은 '근심'에 대한 답변이라는 사실에 주목해야 한다.

> 파우스트: 나는 한결같이 이 세상을 달려왔다.
> 즐기고 싶은 것들은 바로바로 낚아채지만
> 흡족하지 않으면 그냥 놔두고,
> 손아귀에서 빠져 나가는 것들도 그냥 두었다.
> 나는 늘 뭔가를 절절히 원했고, 또 그것을 성취했다.
> 또다시 소원을 품고, 그렇게 기운차게
> 일생을 치달려왔다. 처음에는 위풍당당했지만
> 이제는 현명하고 신중하게 해나간다.
> 이 지상의 일은 알고도 남는다.
> 허나 천상에 오를 전망은 하나도 없다.
> 눈을 껌벅이며 저 하늘을 쳐다보고

구름 위에 우리 같은 존재가 있지나 않을까 꿈꾸는
자는 어리석다.
그보다는 이 땅에 확고부동하게 발을 붙이고 주변을
둘러보란 말이다.
부지런한 자에게 이 세상은 침묵하지 않는 법.
뭣 때문에 영원 속으로 헤매고 다녀야 한단 말인가.
자기가 인식한 것은 손아귀에 넣을 수가 있는 법.
이렇게 해서 이 땅 위의 나날을 보내면 된다.
유령이 나돌아도 내 갈 길만 갈 것이다.
앞으로 나가는 데는 고통도 있고 죄도 있을 것이다.
어떤 순간에도 만족하지 못하는 사람이라면! (11433-
11452)

　　쉬지 않고 내달리는 파우스트는 삶에 대한 성실성의 알레
고리처럼 해석된다. 그러나 여하한 근심도 거부하는 파우스트
의 모습은 파우스트의 내달리기가 강박적 내달리기일 가능성
을 말해준다. 100세의 파우스트라는 이미지는 '성실성'과 '성
실해야 한다는 강박'의 경계선 위에 있다. 파우스트적 인간에
게 근심은 멈추는 것이고, 멈추는 것은 죽는 것이다. '움직임의
멈춤'이라는 형태로 다가오는 죽음의 보편성 앞에서 끊임없이

달아나려 애쓰는 인간의 특징을 100세에 이르도록 멈춤 없이 내달려오기만 한 파우스트가 웅변하고 있다.

늙는 것과 늙음을 견디는 것

본고는 '늙어가는 파우스트'의 모습을 통해 괴테의 문학이 나이듦에 대한 시대의 담론을 어떤 식으로 반영하고 있는지, 그리고 이를 통해 괴테 자신의 노년 담론이 어떻게 재구성되고 있는지 살펴보았다. 이에 따르면 '늙어간다'는 것은 크게 세 가지 현상으로 나타난다. 첫째, 몸이 늙는다. 괴테는 이 주제와 관련하여 파우스트가 '마녀의 영약'에 의존하는 모습과 메피스토가 제시하는 후펠란트의 대체의학적 자연요법을 동시에 보여준다. 전자는 자연의 원리를 넘어서려는 시도이고, 후자는 자연의 원리에 순응하는 방법론이다. 둘째, 늙는다는 것은 사회적으로 늙은 세대에 속한다는 것이다. 시대사적 변동이 큰 시대일수록 시대사의 흐름에 대한 동류적 경험과 이로 인한 코호트화 현상이 커지고, 이는 결과적으로 세대 간 갈등으로 이어진다. 괴테 자신도 나폴레옹 전쟁 시기에 겪었으며, 이러한 경험이 일반화된 형태로 제2부 제2막에 묘사되고 있다.

괴테의 결론은 당사자에겐 크게 느껴지더라도 세대 갈등은 늘 있어 온 보편적 현상이라는 것이다. 그리고 셋째, 늙는다는 것은 결국 죽음과 조우하게 됨을 의미한다. 괴테는 파우스트처럼 늙어가는 모습을 기본적으로 보여주지만 파우스트와는 정반대처럼 보이는 늙음의 유형도 평행적으로 제시함으로써 파우스트적 늙음의 의미를 양가적으로 보게 만든다. 파우스트는 100세에 이르도록 열심히 살았지만, 이러한 삶을 유지하기 위해서 필레몬 부부처럼 자연스럽게 늙어가는 삶을 희생시키고, 누구에게나 찾아오는 근심을 끝내 거부한다. 이런 의미에서 '눈먼 파우스트'는 다의적이다. 눈이 먼 상태에서도 열심히 살아가는 파우스트를 의미할 수도 있고, 오로지 자신의 욕망에만 눈이 먼 파우스트일 수도 있다. '늙음'의 관점에서 바라보자면 늙어가는 자신을 제대로 바라보기를 거부하는 파우스트, 다가오는 죽음을 애써 외면하는 파우스트로 해석할 수 있다.

괴테는 파우스트의 늙어가는 모습에 집중하고 있지만, 괴테 자신의 노년관이 파우스트의 그것과 반드시 일치하는 것은 아니다. 괴테의 노년관은 파우스트에 비할 때 덜 관념적이고, 더 현실적이다. 그에 따르면 '늙는 것은 재주가 아니다. 늙음을 견디는 것이 재주이다.'라는 것이고, 이 명제를 조금 더 구체적으로 표현하면 다음과 같다.

고령이 되면, 세월은 예전에 그토록 친절하고 순수하게 우리에게 주었던 것들을 다시 차근차근 빼앗아 갑니다. 이럴 때는 아직도 남은 것이 무엇인지 정확히 파악하고 그것에 감사하는 일이야말로 우리 자신과 이 세계를 위해 우리가 해야 할 가장 중요한 일이라고 생각합니다.[12]

3부

나이듦을 공부하다

10

나이듦에 대한 공자의 인식[1]

이강재 중어중문학과

누구나 어느 순간 부정한 방법에 대한 유혹이 있을 수 있다. 그러나 무엇이
올바른 선택이었는지는 죽을 때까지 알 수 없다. 어려운 일이 닥쳤을
때 타인을 탓하면 일이 되지 않는다. 자신부터 돌아보고 그 상황에서
자기가 할 수 있는 최선의 방안을 찾아 노력하되 결과는 하늘에 맡기는
것이 현명하다. 무책임한 말 같지만, 때로는 내가 아무리 노력해도 안 될
때가 있지 않은가? 그럴 때는 기다림의 미덕을 발휘하는 것도 중요하다.
기다리면 때가 되어 저절로 되는 일도 적지 않다.

나이를 들어가면서 생기는 삶의 변화에 대한 공자의 이야기로 글을 시작하고자 한다. 이를 통해 '나'는 '지금' '어디'에 있는지 그리고 '앞으로' 더 나이를 먹어감에 따라 '어떻게' 살아가야 하는지를 돌아보는 계기로 삼고자 한다.

나이에 따른 변화를 설명한 공자의 이야기로 우리에게 가장 잘 알려진 것은 『논어』, 「위정」의 다음 구절이다.

吾十有五而志于學, 三十而立, 四十而不惑, 五十而知天命, 六十而耳順, 七十而從心所欲不踰矩.
나는 나이 열다섯에 학문에 뜻을 두었고, 서른에 공부한 내용에 대해 확고한 내 입장을 갖게 되었으며, 마흔에는 내 삶의 방향에 대해 의심스러운 것이 없게 되었으며, 쉰 살이 되어서는 모든 세상사에 하늘의 뜻이 있음을 알게 되었으며, 예순 살이 되어서는 무슨 이야기를 들어도 거슬리는 것 없이 마음속으로 받아들이게 되었으며, 일흔에는 하고자 하는 것을 그대로 따르더라도 사람이 따라야 할 일정한 법도를 넘어서지 않게 되었다.[2]

이 구절에 쓰인 '지학(志學)', '이립(而立)', '불혹(不惑)', '지천명(知天命)', '이순(耳順)' 등은 우리 사회에서 여전히 나이와 관련된 이야기에서 자주 사용된다. 사람들은 각자의 경험과 처지에 따라 이 구절을 다르게 이해한다. 또 과거 주석을 달았던 학자들도, 변화의 과정에 중점을 둘 뿐 나이는 막연하게 설정한 것이라는 주장과 공자가 말년에 자신이 나이를 먹어가면서 경험한 것을 기술한 것이라는 주장 등으로 견해가 엇갈린다. 내가 15세, 30세를 거치면서 학문에 뜻을 두었다거나 입장이 얼마나 확고했는지 그리고 40세를 넘기면서 삶의 방향을 의심하지 않았는지는 여전히 알 수 없으며 지금 논의하려는 대상이 아니다. 이제 곧 60을 앞에 둔 현재의 시점에서 공자가 나이 50세를 넘기면서 경험한(혹은 그러해야 한다는) '천명(天命)'을 알았다는 것에 관심이 있을 뿐이다.[3]

부귀와 생사는 하늘에 달려 있다

'천명'은 글자 그대로 해석하면, '하늘의 명령', 또는 '하늘이 준 운명'이다. 이 설명만으로 '천명'이나 '천명을 안다'라는 말을 이해하기 어렵다. 『논어집해(論語集解)』에서 공안국(孔安國)은, 천명을 안다는 것은 천명의 처음과 끝을 안다는 것이라고 설명한다. 『논어집주(論語集注)』에서 주희(朱熹)는, "천명은 하늘의 도(道)가 행해져서 사물에 부여된 것이니 바로 사물이 현재의 모습을 갖게 된 연고를 가리킨다."라고 설명한다. 또 정자(程子)의 말을 인용하여 "궁리진성(窮理盡性)", 즉 이치를 궁구하고 타고난 본성을 다하는 것이라고 설명한다.

이상은 '천명'이 '하늘의 뜻'이고 '자연의 이치'라는 설명이지만 현실 속에서 이것이 의미하는 바를 정확하게 알기는 어렵다. 이제 이것이 구체적으로 무엇을 가리키는지 알아보기 위해 『논어』의 용례를 살펴보도록 하자. 이는 『논어』로 『논어』를 풀어주는 "이론해론(以論解論)"의 방법을 동원하고자 함이다. 다만 『논어』에 직접 '天命'이라는 말을 쓴 것이 모두 3회로, 위 구절 외에 다른 한 구절에 두 번 사용된 예가 더 있을 뿐이다. 이 때문에 '天'과 '命'이라는 1음절 단어를 쓴 경우를 함께 살펴보게 될 것이다.

『논어』에 '天'은 모두 19회 사용되었다.[4] 하늘을 뜻하는
것이 3회이고, 16회는 천신(天神)이나 천제(天帝), 천리(天理)
를 뜻한다. 여기에 더하여 '天'은 2음절 단어 속에서 '천하(天
下)'(23회), '천자(天子)'(2회), '천명(天命)'(3회), '천록(天祿)'(1
회), '천도(天道)'(1회)로 쓰인 것도 있다. 또 '命'은 '天命'으로
쓴 것 외에 모두 21회 더 사용되었다. 이 중 수명을 뜻하는 것이
2회, 운명을 뜻하는 것이 10회, 생명을 뜻하는 것이 2회, 사령
(辭令)이나 공문(公文), 정치적 명령으로 쓰인 것이 1회, 사명(使
命)으로 쓰인 것이 5명, 명령한다는 동사로 쓰인 것이 1회이다.

지금 우리가 논하는 '천명'에 가장 가까운 것은 '天'이 하늘
을 뜻하는 것과 '命'이 운명을 뜻하는 것이라 할 수 있는데, 먼
저 '命'의 몇 가지 예를 살펴보도록 하자.

(1) 君子有三畏, 畏天命, 畏大人, 畏聖人之言. 小人不知天命而不
畏也, 狎大人, 侮聖人之言.
군자는 세 가지 두려워해야 할 것이 있다. **천명을 두려워해야**
하고[5] 지위가 높은 사람을 두려워해야 하고 성인의 말을 두려워
해야 한다. **소인은 천명을 알지 못하기에 두려워하지 않으며** 지
위가 높은 사람에게 버릇없이 굴고 성인의 말을 우습게 여긴다.
「계씨」

(2) 不知命, 無以爲君子也, 不知禮, 無以立也, 不知言, 無以知人也.
천명을 모르면 군자가 될 수 없다. 예를 모르면 제대로 어떤 행
동도 할 수 없고, 말을 알지 못하면 다른 사람을 이해할 수 없다.

「요왈」

(3) 司馬牛憂曰, "人皆有兄弟, 我獨亡." 子夏曰, "商聞之矣, 死生
有命, 富貴在天. 君子敬而無失, 與人恭而有禮. 四海之內, 皆兄弟
也, 君子何患乎無兄弟也?"
사마우가 근심스럽게 말했다. "사람들은 모두 형제가 있는데,
저만이 없습니다." 그러자 자하가 이렇게 말했다. "나는 이렇게
들었다. **죽고 사는 것은 명(命)에 달려 있고 부하고 귀한 것은
하늘(天)에 달려 있다고.** 군자가 스스로 한결같은 태도를 지켜
잘못됨이 없으며 다른 사람에게 공손하되 예에 맞으면, 온 천하
사람들이 모두 형제와 같은 것인데 군자가 어찌 형제가 없을 것
을 걱정하겠는가?"

「안연」

(4) 柴也愚, 參也魯, 師也辟, 由也喭. 子曰, "回也其庶乎, 屢空. 賜
不受命, 而貨殖焉, 億則屢中."
제자인 고시(高柴)는 어리석고, 증자는 둔하고, 자장은 외형만

치중하고, 자로는 거칠다. 공자가 제자들에 대해 이야기하면서 이렇게 말했다. "안회는 거의 도를 터득하였지만 자주 쌀통이 빌 정도의 궁핍한 형편이었고, 자공은 **천명을 이해하지 못했지만** 재산을 늘리는 재주가 있으며 예측을 하면 자주 들어맞았다."

「선진」

(5) 子罕言利與命與仁.

공자는 의리를 해치는 이익에 대한 것, 은미하여 잘 알 수 없는 **천명에 대한 것**, 크나큰 도여서 말보다 실천이 더 중요한 인(仁) 에 대한 것을 적게 말하였다.

「자한」

(1)은 '天命'이 쓰인 또 다른 예인데, 군자가 천명을 두려워 해야 한다고 했을 뿐 세부적인 내용을 유추할 수 있는 말이 없 다. 천명을 안다면 당연히 천명을 두려워할 것인데, 소인은 천 명이 있다는 것조차 모르기 때문에 천명에 대한 두려움이 없 다고 설명한다. (2)에서는 천명을 알지 못하면 군자가 될 수 없다고 하여 한 사회의 리더가 되기 위해서는 반드시 천명을 알아야 한다고 말한다. (1)에서 군자가 천명을 두려워해야 한 다고 한 말과 통하는 바가 있다. 다만 (1)에서는 '天命'이라는

말을 썼고, (2)에서는 '命'이라고만 썼다는 차이가 있다. (3)은 공자의 제자 자하가 이전에 들었다고 하면서 전해준 말인데, '천'과 '명'을 따로 쓴 예이다. "죽고 사는 것은 명(命)에 달려 있고 부하고 귀한 것은 하늘(天)에 달려 있다(死生有命, 富貴在天)."라는 구절에서, 비록 죽고 사는 것은 '명'과 연결되고 부하고 귀한 것은 '하늘'과 연결되어 두 가지를 별도로 따로 말하였지만, 앞뒤의 거의 동일한 구조에 나타난 命과 天을 붙여서 '천명'으로 해석할 수 있다. 이 경우 죽고 사는 것, 부하고 귀한 것은 모두 하늘의 명(天命)에 달려 있다는 말이 된다. 이 구절을 통해 '천명'이란 생사, 부귀 등을 결정해주는 것이라고 유추할 수 있다. (4)는 제자 자공이 천명을 이해하지 못했는데도 재산을 잘 늘렸다는 공자의 생각을 담고 있다. 여기에서 '명'을 썼는데, 앞의 (3)에서 생사와 부귀가 천명에 의해 정해진다고 했던 구절과 연관이 있다고 생각된다. 즉 자공은 하늘의 뜻에 따라 부귀가 정해져야 하는데, 그 천명을 잘 알지 못했음에도 부유해질 수 있었다는 설명이다. 따라서 (3)과 마찬가지로 천명이 부귀를 결정하는 것으로 이해한 것이다. (5)는 공자가 '명'에 대해 잘 말하지 않았다는 것인데, '명'이 무엇인지 유추할 단서가 없다.[6]

이상을 통해 『논어』에 보이는 '천명', '명'은 죽고 살거나 부유하고 귀해지는 것을 결정해주는 그 무엇이라고 가정할 수 있다. 『논어』에는 죽고 사는 문제에 대해 구체적으로 언급한 사례가 없다. 부귀에 대해서는 몇 차례 언급한 적이 있는데, 이와 관련된 구절을 살펴보도록 하자.

(6) 富而可求也, 雖執鞭之士, 吾亦爲之. 如不可求, 從吾所好.
부유해지는 것이 구하여 얻어지는 것이라면 말의 채찍을 잡는 하찮은 일이라도 내가 하겠지만, 구하여 얻어지는 것이 아니라면 내가 좋아하는 일을 하겠다.

「술이」

(7) 士志於道, 而恥惡衣惡食者, 未足與議也.
올바른 삶을 살아가겠다는 뜻을 가진 선비가 나쁜 옷이나 거친 음식을 싫어한다면 그와 함께 어떤 논의도 할 수 없다.

「옹야」

(8) 篤信好學, 守死善道. 危邦不入, 亂邦不居. 天下有道則見, 無道則隱. 邦有道, 貧且賤焉, 恥也, 邦無道, 富且貴焉, 恥也.
도를 독실하게 믿고 학문을 좋아하며 목숨을 걸고 선한 도를 지켜야 한다. 위태로운 나라에는 들어가지 않으며 혼란스러운 나

라에는 살지 않는다. 천하에 올바른 도가 행해지면 알려져 벼슬
하고 올바른 도가 행해지지 않으면 숨는다. 나라에 올바른 도가
행해지는데도 가난하고 천하다면 부끄러운 것이며, 나라에 올
바른 도가 행해지지 않는데도 부유하고 귀하다면 부끄러운 것
이다.

「태백」

(9) 賢哉, 回也! 一簞食, 一瓢飲, 在陋巷, 人不堪其憂, 回也不改其
樂. 賢哉, 回也!
현명하구나, 안회여! 대그릇에 담은 밥을 먹고 표주박의 물을
마시면서 누추한 거리에서 산다면 다른 사람은 그 괴로움을 참
을 수 없을 텐데, 안회는 그것을 즐거워하는 태도를 바꾸지 않
는구나. 현명하구나, 안회여!

「옹야」

(6)은 외견상 공자가 부귀를 추구하겠다는 의지가 있는 것
처럼 보인다. 다만 공자는 부귀라는 것이 구한다고 꼭 구해지
는 것이 아니라는 점을 인식하고 있으며 이 때문에 부귀보다
는 자신이 좋아하는 것을 구하겠다는 생각을 밝히고 있다. (7)
에서는 뜻을 가진 사람이 나쁜 옷이나 나쁜 음식을 부끄러워

하면 그와 더 큰 중요한 논의를 할 수 없다고 말한다. 이는 큰 뜻을 갖고 사는 데에 있어서 부귀와 빈천은 절대적인 것이 아니라는 것을 설명한 구절이다. (6)의 취지와 비슷한 구절이라 할 수 있다. (8)은 나라에 올바른 도리가 행해지고 있는지 아닌지에 따라 부귀를 보는 눈이 달라진다는 점을 언급한다. 올바른 나라라면 부귀한 것이 자랑스러울 수 있지만 올바른 도리가 없는 나라에서 자신만이 부귀한 경지에 처하는 것은 정당하지 못하다는 견해를 밝힌다. 부귀를 추구하기 위한 조건을 제시하여 부귀가 절대적으로 중요한 것이 아니며 그보다는 나라에 올바른 도리가 행해지는 것이 더 중요함을 주장한 것이다. (9)에서는 공자가 가장 아끼고 사랑했던 제자인 안연을 언급하였는데, 그가 빈천하게 살아도 그것을 싫어하거나 걱정하지 않고 그 속에서도 즐거움을 찾고 있음을 말한다. 이 구절에서 왜 공자가 안연을 사랑했는지의 한 이유를 찾아볼 수 있다.

　이상의 구절을 통해 부귀에 대한 공자의 생각이 다음과 같다는 것을 유추할 수 있다. 즉, 부귀는 누구나 중요하게 여기는 것이고 공자도 원하는 것이다. 그러나 부귀는 나라의 올바른 도리나 자신이 진정으로 가고자 하는 길보다 더 중요할 수는 없다. 이는 앞서 (3)에서 자하의 말로 제시된 "부귀는 하늘에 달려 있다(富貴在天)."라는 말처럼, 공자가 평소에 부귀가 하늘의 뜻에 따라 정해진다고 생각했음을 보여준다.

그렇다면 공자는 하늘의 뜻을 어떻게 생각했을지 살펴보도록 하자.

(10) 子曰, 莫我知也夫! 子貢曰, 何爲其莫知子也? 子曰, 不怨天, 不尤人, 下學而上達. 知我者其天乎!

공자가 "누구도 나를 알아주지 않는구나."라고 말하자, 자공이 "무엇 때문에 선생님을 알아주는 사람이 없습니까?"라고 물었다. 이에 공자는 다음과 같이 말하였다. "하늘을 원망하지 않고 사람을 탓하지 않는다. 아래로는 일상적인 인간의 일을 배워 위로 심오한 하늘의 이치를 통달하니, 나를 알아주는 것은 하늘일 것이다."

「헌문」

(10)에서 공자의 탄식, 자공의 질문, 그리고 이어진 공자의 대답은 어색하게 느껴지며 이해하기 어려운 점이 있다. 처음 공자가 "나를 알아주는 사람이 없네!"라고 탄식하자 자공이 "왜 선생님을 알아주는 사람이 없습니까?"라고 물으니 그 이유를 설명하기보다 "하늘을 원망하지 않고 사람을 탓하지 않

아."라고 말한다. 여기에 이어서 사람의 일을 배워 하늘의 일에 미치고, 나를 알아주는 것은 하늘일 뿐이라는 식으로 말하는데, 주고받는 대화가 부자연스럽게 여겨진다. 이는 공자가 왜 사람들이 자신을 알아주지 않는다고 생각하는지 물은 것에 대해 전혀 대답하지 않고 마치 동문서답하듯 하늘과 사람을 원망하지 않는다고 언급하기 때문이다. 뭔가 궁색하여 답하기 어려운 상황에서 하늘을 들먹이는 것이 아닐까 하는 의구심마저 든다.

공자의 탄식은 타인이 자신을 알아주지 않는 것에 대한 원망처럼 들린다. 타인에 대한 원망은 공자의 원래 소신과 다르다. 이 때문에 『사기』 등은 이 구절을 자로와 안회처럼 가까이 지내던 애제자들이 죽은 후 공자가 스스로 자신을 알아주는 사람이 세상에 없음을 탄식한 것으로 해석한다. 이는 자공이 공자를 알아주는 자기와 같은 제자들이 있는데, 왜 아무도 없다고 생각하는지 물었다는 해석의 근거가 되기도 한다. 그러나 그 근저에는 공자가 타인을 원망했을 리가 없다거나 혹은 당시 세상에 공자를 알아주는 사람이 없을 수 없다는 생각에서 나온 것이다. 비록 공자가 타인에 대한 원망보다 자기 자신의 노력을 중시했지만 그렇다고 자신의 처지를 한탄하거나 세상을 원망했을 가능성이 전혀 없는 것이 아니다.

현대 중국의 철학자 리쩌허우(李澤厚)는 "재능이 있으면서도 펼 기회를 갖지 못하여 울적하고 탄식하는 것은 사람의 일상적인 감정으로, 비록 공자라도 면할 수 있었겠는가? 공자가 비록 하늘을 원망하지 않고 다른 사람을 탓하지 않았더라도 확실히 불만이 가득했던 것은 『논어』 가운데서 여러 차례 볼 수 있다."라고 설명한다. 그는 이어서 공자도 보통 사람인데, 보통 사람을 넘어서 성인이라는, '최고'로 수양한 '지극한 성인'은 송명시대의 이학자들이 묘사하고 있는 모습이라고 말한다.[7] 나 역시 공자가 원망하거나 불만이 있었다는 것 자체를 부정하기는 어렵다고 생각한다. 문제는 이를 궁극적으로 어떻게 극복하였는지에 대한 것이다. 그것은 위 구절에서 뒤에 이어진 문장을 통해 알 수 있다.

여기에서 하늘을 원망하지 않는다는 "不怨天, 不尤人" 이하의 구절이 중요하다. 『논어집주』에 의하면, "하늘에서 인정을 받지 못해도 하늘을 원망하지 않고 다른 사람과 합치되지 않아도 남을 탓하지 않는다. 다만 인간의 일을 배워 자연히 하늘의 이치에 통달할 줄 아는 것이다. 이는 다만 자신을 돌아보아 스스로 닦아나가고 순서에 따라 점차 나아가는 것일 뿐이다."라고 설명한다. 하늘과 남을 원망하거나 탓해서는 문제를 해결할 수 없기에 스스로 인간의 일에 대해 좀 더 배워서 천명을 이해하는 단계까지 나아가면 된다는 것이다. 그리고 결국 공자를 이해해주는 것은 하늘일 것이라는 말로 이어진다. 당장은 타인들이 나를 이해하지 못하는 것 같지만 계속 자신이 할 도리를 다하면 결국 하늘이 그것을 이해해줄 것이라는 말이다.

무척 '공자다운' 이야기이다. 이와 유사한 구절은 『논어』의 곳곳에 보인다. 이러한 구절이 『논어』에 많이 보이는 것은, 공자 스스로 세상이 자신을 알아주지 않는 것에 대해서 그만큼 고민이 많았다는 것을 설명한다. 타인이 나를 알아주지 않아도 화를 내지 않는다면 진정한 군자라 할 수 있다는 말이 『논어』의 첫 장에 나온 것도 같은 이유이다.

우리는 타인들이 자신을 더 잘 알아주기를 바란다. 능력이 나보다 못한 사람이 더 높은 지위에 있는 경우도 보고 또 사욕에 넘쳐 부정한 행위를 일삼은 사람이 공직에서 힘을 발휘하는 것을 볼 때도 있다. 그럴 때마다 왜 세상은 이런 것인지 한탄하고 참담한 마음으로 그동안 정직하고 열심히 살아온 자신을 후회한다. 누구나 경험했을 이러한 상황에서 타인을 원망한다고 해서 해결책이 나오지 않는다. 공자는 자신을 먼저 돌아보자고 말한다.[8] 그렇게 지내다 보면 언젠가는 알아주는 사람이 있게 되는데, 공자는 이것을 천명이라고 믿었다. 천명은 우리 눈에 보이지 않는다. 보이지 않기에 공자는 오히려 "나를 알아주는 것은 바로 하늘일 것이다."라고 강조한다. 천명을 믿고 묵묵히 자기 일을 끊임없이 추진해 나가면 끝내 무엇인가를 달성하고 세상을 올바르게 이끌어갈 수 있다는 믿음이 필요하다. 공자가 나이 쉰을 넘기면서 천명을 알았다고 하는 의미도 이와 무관하지 않다.

누구나 어느 순간 부정한 방법에 대한 유혹이 있을 수 있다. 그러나 무엇이 올바른 선택이었는지는 죽을 때까지 알 수 없다. 어려운 일이 닥쳤을 때 타인을 탓하면 일이 되지 않는다. 자신부터 돌아보고 그 상황에서 자기가 할 수 있는 최선의 방안을 찾아 노력하되 결과는 하늘에 맡기는 것이 현명하다. 무책임한 말 같지만, 때로는 내가 아무리 노력해도 안 될 때가 있지 않은가? 그럴 때는 기다림의 미덕을 발휘하는 것도 중요하다. 기다리면 때가 되어 저절로 되는 일도 적지 않다.

덕은 근본이고 재물은 말단이다

이상에서 부귀영달과 천명의 관계에 대한 공자의 생각을 알아보았다. 여기에서 나이에 따른 사람의 변화와 관련된 공자의 다른 한 구절을 더 살펴보자.

(11) 君子有三戒, 少之時, 血氣未定, 戒之在色, 及其壯也, 血氣方剛, 戒之在鬪, 及其老也, 血氣旣衰, 戒之在得.

군자에게는 세 가지 경계해야 할 일이 있다. 젊었을 때는 혈기가 아직 일정하지 않아 왕성하기에 여색에 빠질 것을 경계해야한다. 장성해서는 혈기가 한창 강성하기에 싸움에 빠질 것을 경계해야 한다. 노년이 되어서는 혈기가 이미 쇠퇴하였기에 재물에 대한 욕심을 갖기 쉬운 것을 경계해야 한다.

「계씨」

위 구절에는 젊을 때, 장성했을 때, 노년이 되었을 때라는 세 가지 단계로 사람이 나이가 들어감에 따라 어떻게 달라지는지 그리고 무엇을 조심해야 하는지를 밝히고 있다.

젊은 시절에 혈기가 정해지지 않았다는 것은, 젊은 시절 혈기가 왕성하기는 하지만 아직 안정되어 있지 않다는 말이다. "계지재색(戒之在色)"은 경계해야 할 것이 색에 있다는 말이다. 여기서 '色'은 색욕을 말하는데, 남녀 할 것 없이 이성을 밝히는 것을 가리킨다. 『예기』에 나오는 "먹고 마시는 식욕과 남녀 사이의 색욕은 사람의 가장 큰 욕망이다(飮食男女, 人之大慾存焉)."라는 말처럼, 전통적으로 이성을 찾는 마음을 인간의 가장 큰 본성으로 보았다.

장성하였을 때에는 혈기가 한창 강할 때이므로 싸움을 경계해야 한다. 일반적으로 나이를 먹으면서 혈기가 왕성해지고 젊은 시절에 비해 안정되지만 동시에 자기 생각이 확고해지면서 고집 역시 강해진다. 자기의 생각이 강하면 타인과 다툼이 일어나기 쉬우므로 이를 조심해야 한다는 것이다.

노년이 되었을 때의 변화는 지금 우리가 살펴보려는 나이 쉰에 천명을 알았다는 것과 관련이 있다. 현대사회에서 나이 쉰은 노년으로 보지 않지만, 공자 당시의 일반적인 평균 수명을 생각할 때 노년에 속한다. 공자는 노년이 되면 혈기가 이미 쇠퇴해져서 이익을 취하려는 욕심을 조심해야 한다고 말이다. 사람이 혈기가 쇠퇴하면 그 대신 다른 욕심을 갖기 쉽다. 그것은 물질적인 것일 수도 있고 권력욕일 수도 있고 명예욕일 수도 있다. 권력과 재물을 갖고 있어야 자신의 존재감이 살아 있다고 생각하여 나이가 들어 물러나야 할 때인 것을 모른 채 끊임없이 욕심을 내게 된다. 이 때문에 공자는 나이를 먹어 늙게 되면 혈기가 이미 쇠퇴하여 자꾸 어떤 이익을 원하고 노욕을 부릴 위험이 크다고 말한다.

『논어집주』는 범씨(范氏)의 말을 다음과 같이 인용한다. "성인(聖人)이 일반인과 같은 것이 혈기이고 일반인과 다른 것은 지기(志氣)이다. 혈기는 쇠퇴할 때가 있지만, 지기는 쇠퇴할 때가 없다. 젊어서 일정하지 않고 장성하여 강해지며 늙어서 쇠퇴하는 것은 혈기이다. 색욕을 조심하고 싸움을 조심하고 이익 얻기를 조심하는 것은 지기이다. 군자는 지기를 길러서 혈기에 의해 움직이지 않으므로 나이가 많아질수록 더욱 덕이 높아진다." 즉, 혈기는 신체적인 것이어서 나이에 따라 변하지만 지기는 정신적인 것이어서 평소의 수양을 통해 길러내어 잘 지켜나갈 수 있다는 것이다.

『예기』의 「대학」에는 국가의 지도자가 재물에 탐욕을 냈을 때와 관련된 언급이 있다. "덕은 근본이고 재물은 말단이다. 근본을 중시하지 않고 말단을 중시하면 백성들과 다투고 서로 빼앗으려 하게 된다. 그래서 재물이 모이면 백성이 흩어지고 재물이 흩어지면 백성이 모인다(德者本也, 財者末也. 外本內末, 爭民施奪, 是故財聚則民散, 財散則民聚)." 이 구절은 군주가 덕을 중시해야 함에도 재물만을 중시하면 민심이 안 좋아져서 백성이 흩어진다는 것을 설명하는 말이다. 그런데 "재물이 모이면 백성이 흩어지고 재물이 흩어지면 백성이 모인다."라는 말은 국가 지도자의 경우가 아닌 개인의 차원에서도 새겨볼 만한 구절이다. 특히 사람이 나이를 먹어감에 따라 상대적으로 지위가 올라갈 가능성이 큰데, 이때 자기의 욕심만을 채우려고 무엇인가를 얻기 위해 노력한다면 주변에 있던 사람들이 하나둘 떠나게 마련이다. "나이를 먹으면 입은 다물고 지갑은 열어야 한다."라는 말이 있다. 나이를 먹었다고 혹은 자신이 남들보다 높은 지위에 있다고 해서 자꾸 이런저런 간섭을 하거나 잔소리를 하기보다는 다른 사람들을 위해 베푸는 마음이 중요하다는 말이다. 위 구절과 비슷한 취지의 말이다.

사람들은 재물이 있어야 다른 사람이 자기를 중시하게 된다고 생각한다. 완전히 틀린 말은 아니다. 그러나 재물이 있다는 것만으로 사람이 모이고 그 사람을 중시하는 것이 아니다. 그 사람이 가진 재물을 언제인가 주변 사람들에게 나누어줄 것이라 기대하기 때문에 사람이 모여 있는 것이기도 하다. 그래서 만약 끝까지 재물을 독점하면 결국 사람이 떠난다. 재물은 사람을 모이게 하는 수단이고 일시적 방편이지만 그것 때문에 사람을 떠나게 한다면 그것은 무척 어리석은 일이다. 꼬리가 몸통을 흔드는 것처럼 본질은 사라지고 말단만 남기 때문이다. 나이를 들어서 이 점을 깨닫고 욕심을 버리면서 적절하게 행동하기란 참 어려운 일이다.

이 구절은 반대의 측면에서 생각해볼 수도 있다. 우리가 아주 젊었을 때는 이성에 대해서 알고 싶어지는데, 그러다 색욕에 빠지기 쉽다. 그래서 색욕을 조심해야 한다. 나이를 어느 정도 먹으면 자신의 주장이 강해지므로 다른 사람과 싸우는 것을 조심해야 한다. 늙으면 주장하는 힘이 약해지고 그래서 무엇인가 자기의 이익을 탐하는 마음이 생기기 쉽다. 다른 측면에서 나이가 젊은 사람임에도 이익을 탐하는 마음이 강하다면, 이는 신체적 나이만 젊을 뿐 생각은 이미 늙은 사람이다. 아직 혈기가 정해지지 않은 젊은 시절부터 남과 다툼을 많이 하는 사람은 이미 나이가 많은 것처럼 자기 생각이 굳어져 있는 것이다. 즉 나이가 많은 사람처럼 사고하고 있다는 것이다. 나이를 먹어서도 색욕이 강하다면, 사람에 따라 다를 수도 있겠지만, 아직도 자기가 젊은 사람처럼 혈기가 왕성하다고 착각하고 자신을 절제하지 못하는 것이 아닌지 돌아봐야 한다. 이처럼 군자가 경계해야 할 세 가지는 한편으로는 일반적으로 나이에 따라 조심해야 할 것이지만, 또 다른 측면에서는 나이와 관계없이 현재 자신의 모습을 돌아보고 어떤 문제점이 있는지를 반성하도록 만드는 구절이다.

항상 옳은 것도, 항상 옳지 않은 것도 없다

세상 누구라도 나이를 이길 수 있는 사람은 없다. 아무리 신체가 건강한 사람도 결국은 죽는 날이 오는 것이고 아무리 의지가 굳건한 사람도 나이에 따라 생각이 변하게 마련이다. 후대에 성인이라 칭송받는 공자 역시 역사 속의 인물로서 우리와 마찬가지로 먹고 자는 일상적 욕구와 생활인으로서 겪어야 하는 여러 어려움을 피할 수 없었다. 그 경험을 통해 공자는 나이에 따라 달라지는 인간의 모습, 그리고 그 속에서 경계해야할 것을 정리해서 설명한 바 있다. 공자가 물가에서 "가는 것이 이와 같구나(逝者如斯夫)."라고 탄식한 것은, 물이 멈추지 않고 흘러가듯이 나이를 먹어가는 것, 야속하게 흘러가는 시간을 아쉬워한 것이면서 동시에 자연의 조화를 느끼는 과정이다. 또 한편으로는 더 열심히 노력해야 한다는 다짐을 하게 되는 계기이면서 동시에 자신의 노년을 인정하고 알아가는 과정이다.

여기에서 한 가지 더 언급할 것이 있다. 그것은 나이를 먹어가면서 반드시 인식해야 할 공자의 행동을 맹자가 정리한 것이다.『맹자』의「공손추상」에는 "벼슬해야만 할 적에는 벼슬하고 그만두어야 할 적에는 그만두며, 오래 머물러 있어야만할 적에는 오래 머물고 속히 떠나야 할 적에는 속히 떠났던 이가 공자이다(可以仕則仕, 可以止則止, 可以久則久, 可以速則速, 孔子也)."라는 구절이 있다. 이는 부귀와 영달에 얽매이지 않고 때에 따라 적절하게 행동하는 공자의 특징을 설명한 것이다. 부유함과 귀함, 그리고 죽고 사는 것은 모두 하늘의 뜻, 천명에 달렸으므로 그것에 연연하지 않고 상황에 따라 나아가고 물러 갈 수 있는 것이 절대적으로 중요하다는 것이다. 이 구절과 비슷하게 공자를 평가하는 말로 "무가무불가(無可無不可)"라는 말이 있다. 『논어』, 「미자」에 나오는 말로, 항상 옳은 것도, 항상 옳지 않은 것도 없다는 뜻이다. 이 또한 자기가 처한 상황에 따라 중용을 지킬 뿐, 어떤 판단만이 절대적으로 옳다거나 혹은 절대적으로 옳지 않다고 생각하지 않는다는 말이다. 가치 판단은 상황에 따라 달라지는 것이며 더욱이 끊임없이 변하는 세상에서 어떤 사안을 절대적인 선악으로 단정하지 않는 것이 필요하다. 여기에서 절대적인 선악이 아닌 타당한 판단의 근거로 공자가 정의로움이나 올바른 도리를 제시하고 있음도 주목할 필요가 있다.

동서고금을 통해 어느 사회나 능력이 안 되면서도 높은 지위에 오르기를 바라거나 불법, 편법을 동원해서 부유해지기를 바라는 사람들이 있다. 사욕에 가득 차 있으면서 이미 가진 부귀에 더하여 명예마저 얻으려는 욕심으로 특정 조직이나 국가의 리더를 하겠다는 사람을 우리는 곳곳에서 만나게 된다. 이들로 인하여 사회는 혼란에 빠지고 모두가 함께 행복하게 살 기회가 없어지는 경우가 많다. 이는 공자가 나이 오십을 넘기

면서 세상 모든 일에는 하늘의 뜻이 있다는 것을 알았다는 경
험적 진리와 전혀 다른 방식의 행동이며 나이를 먹어가는 것
에 대한 올바른 인식이 안 되어 있는 것이라고 말할 수 있다.

나이를 나타내는 단어의 의미장

박진호 국어국문학과

나이가 많고 적다는 개념은 인간의 개념 체계에서 가장 원초적인 범주에
속하며, 이러한 사실이 범언어적인 형용사 어휘화 패턴에 드러나 있다.

본고에서 다루고자 하는 질문은 다음과 같다.

① 인간은 나이에 얼마나 민감한가? 인간의 개념 체계에서 나이 관련 개념이 차지하는 위상은 어떠한가?

② 'old'인 것과 'young'인 것은 대등한가, 그렇지 않은가? 후자라면, 어떤 차이가 있는가?

③ 사람의 나이는 인간 이외의 생물이나 사물의 나이와 어떤 공통점과 차이점이 있는가?

④ 두 사람의 나이를 비교하는 일은 친족 안과 밖에서 어떤 차이가 있는가?

⑤ 나이와 관련된 개념들은 서로 어떻게 관련되어 있는가? 개념들 사이의 가깝고 먼 관계는 어떠한가?

이 문제들은 다양한 각도에서 접근할 수 있을 것이다. 본고에서는 언어가 제공하는 단서를 통해 이들 문제에 다가가 보고자 한다.

서로 긴밀히 소통하고 교류하는 인간 집단 내에서는 서로 비슷비슷하게 생각하고 행동하는 관습이 형성되게 마련이고, 이러한 관습/문화는 그 사람들이 사용하는 언어에도 반영된다. 언어를 잘 분석하면 그 언어를 사용하는 사람들이 오랜 세월 형성해 온 사고방식을 들여다볼 수 있다.

물리적 세계는 뚜렷한 경계선이 없고 본질상 연속적인데, 인간은 여기에 나름대로 경계선을 부여하고 분절하여 이해하는 경향이 있다. 그런데 그러한 분절의 양상은 집단마다 다를 수 있고, 그러한 차이는 언어에도 반영되어 있다. 따라서 하나의 언어만 보기보다 복수의 언어를 살펴보면, 세계를 이해하는 방식의 다양성/다원성을 알게 된다는 이점도 있다.

나이 관련 개념의 위상

① 인간은 나이에 얼마나 민감한가? 인간의 개념 체계에서 나이 관련 개념이 차지하는 위상은 어떠한가?

영어를 비롯한 유럽어들은 대개 '나이가 적은 상태'를 나타내는 형용사(예: 영어 'young')와 '나이가 많은 상태'를 나타내는 형용사(예: 영어 'old')를 가지고 있다. 이 두 개념은 형용사로 표현되는 매우 전형적인 개념들이다.

한국어는 형용사 어휘가 비교적 풍부한 언어로서, 그 수가 1만 개에 육박한다. 유럽어는 관계 형용사(예: American, historic, historical, economic, economical)까지 풍부하게 있어서, 형용사의 수가 한국어의 두 배 정도 된다. 반면에 형용사 어휘가 상당히 제한되어 있는 언어들도 있다. 후자의 언어에서 형용사로 어휘화되어 있는 개념은 대개 전자의 언어에서도 형용사로 표현된다. 따라서 형용사 어휘가 제한되어 있는 언어에서 이들 형용사가 나타내는 개념은 형용사로 표현되는 개념의 핵심을 형성한다고 할 수 있다.

많은 언어에서 주로 형용사로 표현되는 핵심적인 개념을 몇 가지 범주로 묶어 보면 다음과 같다.[1]

① 크기(dimension): big, large, little, small; long, short; wide, narrow; thick, fat, thin

② 나이(age): new, young, old

③ 가치(value): good, bad; proper, perfect, pure; excellent, fine, delicious

④ 색채(color): black, white, red, yellow, blue, green

⑤ 물리적 속성(physical property): hard, soft; heavy, light; rough, smooth; hot, cold; sweet, sour

⑥ 인간의 성질(human propensity): kind, clever, generous, gay, cruel, rude, jealous, wicked

⑦ 속도(speed): fast, quick, slow

이 중 특히 ①~④가 가장 핵심적인 개념이어서, 형용사 어휘가 극도로 적은 언어에서도 이 네 부류는 꼭 포함된다. 예컨대 아프리카의 이그보(Igbo)라는 언어에는 형용사가 8개밖에 없는데, 이 8개의 형용사의 의미는 대체로 big-small, old-young, good-bad, black/dark-white/light에 해당한다. 4개의 의미 범주에서 각각 2개의 형용사가 반의어 쌍을 이루고 있다.

나이와 관련된 'old'와 'young'이 형용사로 표현되는 가장 핵심적인 개념들에 포함되어 있다는 것에 주목할 필요가 있다. 즉 나이가 많고, 적다는 개념은 인간의 개념 체계에서 가장 원초적인 범주에 속하며, 이러한 사실이 범언어적인 형용사 어휘화 패턴에 드러나 있다.

'old'인 것과 'young'인 것의 비교

② 'old'인 것과 'young'인 것은 대등한가, 그렇지 않은가? 후자라면, 어떤 차이가 있는가?

시간 안정성

시간 안정성(time stability)의 측면에서 볼 때, 명사가 나타내는 개념은 대개 시간 안정성이 높고, 동사가 나타내는 개념은 대개 시간 안정성이 낮다. 예컨대 바위 같은 사물이나 산이나 강 같은 지형지물은 수천 년, 수만 년간 존재하고, 사람도 수십 년간 존재한다. 반면에 어떤 곳에 거주하는 행위는 몇 년 정도 지속되고, 잠을 자는 행위는 기껏해야 몇 시간 동안 지속되며, 일어서거나 앉는 동작, 눈을 깜박이는 동작은 1~2초 만에 일어난다.

형용사는 시간 안정성 측면에서 명사와 동사의 중간쯤 된다. 시간 안정성이 높은 것도 아니고 낮은 것도 아니고 중간쯤 된다는 어정쩡한 지위로 인해, 형용사는 명사나 동사에 비해 품사로서의 지위가 약간 불안정한 편이다. 동일한 개념이 어떤 언어에서는 형용사로 표현되지만 그 개념의 시간 안정성이 낮다면 다른 언어에서는 동사로 표현되기도 하고 그 개념의 시간 안정성이 높다면 다른 언어에서는 명사로 표현되기도 한다. 예컨대 '異'라는 개념은 한국어에서는 형용사 '다르다'로 표현되나, 일본어에서는 동사 'chigau'로 표현된다. 영어에는 동사 'differ'와 형용사 'different' 둘 다 존재한다. 위의 ①~④ 부류에 비해 ⑤~⑦ 부류에서 이러한 품사상의 동요가 더 많이 관찰된다.

이러한 품사상의 동요가 하나의 의미 부류 내에서도 일어날 수 있다. 즉 동일한 의미 유형에 속한 개념 중 어떤 것은 형용사로 표현되고 어떤 것은 다른 품사(동사나 명사)로 표현될 수도 있다. 위에서 본 이그보어의 형용사 체계는 상당히 대칭적이어서 ①~④ 부류 모두 형용사 반의어 쌍이 나란히 존재하나, 비대칭적인 형용사 체계도 꽤 있다. 예컨대 요루바어(Yoruba)에서는 'good'에 해당하는 형용사가 존재하지만 'bad'라는 개념은 동사로 표현된다. 반대로 자라와라어(Jarawara)에서는 'bad'에 해당하는 형용사가 존재하나 'good'이라는 개념은 동사로 표현된다. 요루바 사람들은 좋은 것을 항상적인 균형 상태로 생각하고, 나쁜 것은 일시적인 이탈로 생각하기 때문에, 그리고 자라와라 사람들은 그 반대로 생각하기 때문에 이러한 패턴이 나타나는 것일지도 모른다. 또는 사피어-워프(Sapir-Whorf) 가설에 따라 이들 언어의 이러한 품사 패턴이 그러한 사고방식을 유도하는 경향이 있다고 하는 게 나을지도 모르겠다.

나이 관련 형용사의 비대칭성

나이 관련 형용사에서도 이러한 비대칭성이 꽤 많은 언어에서 발견된다. 'young'을 의미하는 단어는 형용사인 데 반해 'old'를 의미하는 단어는 동사인 언어가 심심치 않게 있다. 한국어도 그런 언어이다. 그래서 '젊다'는 전형적인 형용사로 행동하나(예: 그는 젊다, 젊은 사람, *젊는다), '늙다'는 동사로서의 행동 양상을 보인다(예: *그는 늙다, 그는 늙었다, 빨리 늙는다, 늙은 사람).

'young'은 형용사로, 'old'는 동사로 어휘화되는 양상은 시간 안정성으로는 설명하기 어렵다. 오히려 젊은 상태는 시간적으로 불안정하여 금세 지나가 버리는 상태이고, 늙은 상태는 시간적으로 안정적이고 오래 지속되는 상태이다. 시간적으로 불안정한 'young'은 형용사로, 시간적으로 안정적인 'old'는 동사로 표현되는 이러한 패턴을 설명하기 위해서는 다른 각도에서의 접근이 필요하다.

시간의 흐름에 따른 변화라는 관점에서 보면, 'young'인 상태는 이러한 변화의 출발점 쪽에 있고 'old'인 상태는 이러한 변화의 종착점 쪽에 있다. 다시 말하면 'old' 쪽으로의 변화는 자연스럽고 흔하지만, 'young' 쪽으로의 변화는 부자연스럽고 드물다. 정적(靜的)인 상태를 하나의 단어로 포착하기보다 자연스럽고 흔한 변화를 하나의 단어로 포착하기를 선호하는 언어라면, 'old' 쪽으로의 변화를 나타내는 단어, 즉 동사를 가질 법하다. 한국어의 '늙다'가 바로 그런 동사인 것이다.

상태 선호 언어 대 변화 선호 언어

영어와 한국어를 비교해보면, 영어는 정적인 상태를 단어로 포착하기를 선호하고 한국어는 동적(動的)인 변화를 단어로 포착하기를 선호하는 경향을 감지할 수 있다. 영어에서는 인간이 취하는 기본적인 자세(posture) 상태 세 가지를 'stand', 'sit', 'lie'로 표현하며, 자세의 변화를 나타낼 때에는 첨사(particle) 'up'이나 'down'을 첨가한다(예: stand up, sit down, lie down). 한국어에서는 자세 변화 세 가지를 '서다(stand up)',

'앉다(sit down)', '눕다(lie down)'로 표현하며, 정적인 자세 상태를 나타낼 때에는 결과상(resultative aspect) 요소인 '-어 있-'을 첨가하여 '서 있다(stand)', '앉아 있다(sit)', '누워 있다 (lie)'로 나타낸다. 영어에서는 사람이 어떤 물건을 소유하고 있는 상태를 하나의 동사 'have'로 나타내는 반면에, 한국어에서는 사람이 어떤 물건을 자신의 소유로 삼는 동작/변화를 하나의 동사 '가지다'로 나타내고 정적인 소유 상태를 나타낼 때에는 거기에 결과상 '-고 있-'을 첨가하여 '가지고 있다'를 사용한다. 영어는 살아 있는 상태에서 죽은 상태로의 변화를 나타내는 동사 'die'뿐 아니라, 살아 있는 상태를 나타내는 형용사 'alive', 죽은 상태를 나타내는 형용사 'dead'가 존재하나, 한국어는 생사(生死) 상태를 나타내는 형용사가 존재하지는 않고 '살아 있다', '죽었다'처럼 동사+시상 요소로 나타낸다. 한국어는 정적인 상태보다 동적인 변화를 하나의 동사로 포착하기를 즐기는 언어이므로, 'old'인 상태가 아니라 'get old'라는 변화를 '늙다'라는 동사로 어휘화한 것도 이상할 것이 없다.

무표항 대 유표항

영어의 반의어 쌍 'old'-'young' 가운데 'old'가 무표항(unmarked term)이라는 것도 언급할 필요가 있다. 크기나 수량을 나타내는 반의어 쌍(예: 크다-작다, 많다-적다, 길다-짧다, 깊다-얕다, 높다-낮다)에서 크기가 크거나 수량이 많은 쪽이 무표항이 되는 것이 일반적이다. 그래서 척도 명사를 만들 때 '크기', '길이', '깊이', '높이'와 같이 크거나 많은 쪽을 사용하고, 영어에서 의문사 'how'로 정도를 중립적으로 물을 때(즉 얼마나 큰지 작은지에 대해 선입견 없이 물을 때)도 크거나 많은 쪽을 사용한다(예: How long is it? / How old are you?).

요컨대 'young'이라는 개념은 세계 대부분의 언어에서 형용사로 표현되는 데 비해, 'old'라는 개념은 형용사로 표현되기도 하고 동사로 표현되기도 한다. 특히 정적인 상태보다 동적인 변화를 하나의 단어로 포착하기를 선호하는 언어에서 'old' 개념이 동사로 표현되는 일이 종종 있다. 이는 나이를 먹는다는 것이 인간이 주위에서 흔히 접하는 자연스러운 변화라는 인식을 반영한다. 젊다는 것은 덧없는 일시적인 상태이고, 늙는다는 것은 자연스러운 변화이다.

인간, 인간 이외의 생물, 사물의 나이

③ 사람의 나이는 인간 이외의 생물이나 사물의 나이와 어떤

공통점과 차이점이 있는가?

인간중심성

의식을 지닌 다른 존재들도 아마 그렇겠지만, 인간도 자기중심적, 즉 인간중심적(anthropocentric)이다. 인간중심적 성향이 나타나는 방식은 다양할 수 있다. 때로는 인간과 인간 아닌 것을 철저하게 구분하고 차별하는 방식으로 드러난다. 예컨대, 인간이 인간을 죽이거나 인육을 먹는 것은 끔찍한 죄악으로 생각하지만, 인간 이외의 생명체를 죽이고 그것을 먹는 것은 괜찮다고 생각하는 경향이 있다. 또 때로는 인간의 사고방식을 인간 이외의 존재에 주입해서 생각하기도 한다. 과학적으로 좀 더 깊이 생각해보면 인간이 아닌 다른 존재는 인간과 같은 의식을 가지고 있지 않거나 의식이 있더라도 작동 방식이 인간과 다를 수 있음을 충분히 알 수 있는데도 불구하고, 인간 이외의 존재들이 인간과 비슷한 사고방식, 행동 방식을 지니고 있다는 투로 생각하고 말하는 일이 흔히 있다.

인간중심적 성향은, 인간과 가깝거나 비슷한 존재는 인간과 비슷하게 취급하고, 인간과 거리가 먼 존재는 인간과 매우 다르게 취급하는 방식으로 드러나기도 한다. 무생물이나 식물에 비해 동물은 상대적으로 인간과 비슷하다. 고등동물, 특히

294

인간과 오랜 세월 같이 살아 온 반려동물이 인간과 비슷한 대접을 받는 일이 흔히 있다. 즉 인간중심적 성향은 인간과 비인간 사이에 경계선을 긋는 형태로 나타날 수도 있고, '인간과 인간 비슷한 것'과 '인간과 사뭇 다른 것' 사이에 경계선을 긋는 형태로 나타날 수도 있다.

인간과 다른 존재를 차별적으로 취급하는 경향은 언어에도 곳곳에 각인돼 있다. 무엇을 주는 행위의 수령자(recipient)에 조사를 붙일 때, 인간과 동물을 지칭하는 유정 명사(animate noun) 뒤에는 '-에게'를 붙이지만(예: 철수에게 선물을 주다), 식물과 무생물을 지칭하는 무정 명사(inanimate noun) 뒤에는 '-에'를 붙인다(예: 꽃에 물을 주다). 스페인어에서 목적어가 무정 명사일 때는 그냥 동사 뒤에 목적어 명사구가 오지만, 목적어가 유정 명사일 때는 목적어 명사구 앞에 전치사 'a'를 붙인다. 중국어에서 복수 표시 '们'은 인간 명사 뒤에는 잘 붙지만, 무정 명사 뒤에는 가리키는 물체가 의미상 복수라 할지라도, 잘 붙지 않는다.

나이 관련 형용사의 분화 양상

나이와 관련된 단어들이 인간, 인간 이외의 생물, 사물에 적용될 때의 분화 양상을 살펴보는 것도 흥미롭다. 몇 개 언어의 양상을 정리하면 다음과 같다.

구분		라틴어	스페인어	영어	한국어
+aged	인간	senex	viejo	old	늙다
	생물	vetulus			
	사물	vetus			낡다
-aged	인간	iuvenis	joven	young	젊다, 어리다
	생물	novellus			
	사물	novus	nuevo	new	새

나이 관련 어휘장의 언어 간 비교

라틴어는 해당 존재가 인간인가, (인간 이외의) 생물인가 사물(무생물)인가에 따라 형용사가 분화되어 있다. 그래서 'old'에 해당하는 형용사도 3개, 'young'에 해당하는 형용사도 3개이다. 스페인어와 영어는 'old' 개념은 해당 존재가 무엇인지 상관없이 하나의 단어로 뭉뚱그려 표현하고, 'young' 개념은 해당 존재가 생물(인간 포함)인지 사물인지에 따라 둘로 구분하여 표현한다. 한국어는 형용사인지 동사인지 관형사인지의 품사 차이를 차치하면 생물(인간 포함)인지 사물인지에 따라 둘로 구분하는데 이 구분이 'old'와 'young' 양쪽에 모두 적용되어, 각각 2개의 단어로 분화되어 있다. 다만 'young' 개념을 생물에 적용할 때는 다시 세분하여 나이가 매우 적은 것은 '어리다'로, 나이가 약간 적은 것은 '젊다'로 표현한다.

성분분석

구조주의가 유행하던 20세기 전반에는 일정한 의미 영역(의미장, 어휘장)에 속하는 단어들을 모아서 앞의 표와 같이 정리하고, 이 체계 내에서 단어들의 대립 관계를 변별 자질(distinctive feature)로 정리하는 것이 유행했었다. 앞의 나이 관련 의미장을 변별 자질로 성분분석(componential analysis)을 해보면 다음과 같이 될 것이다.

라틴어

senex [+aged, +alive, +human]

vetulus [+aged, +alive, −human]

vetus [+aged, −alive, −human]

iuvenis [−aged, +alive, +human]

novellus [−aged, +alive, −human]

novus [−aged, −alive, −human]

스페인어

viejo [+aged, ±alive, ±human]

joven [-aged, +alive, ±human]

nuevo [-aged, -alive, -human]

수식적 용법 대 서술적 용법

한국어에서 'young/new' 개념을 사물에 적용할 때 사용하는
단어 '새'는 약간의 첨언이 필요하다. 형용사는 보통 수식적 용
법(예: 젊은 사람)과 서술적 용법(예: 이 사람은 젊다)을 갖는다.
형용사가 동사보다 명사에 가까운 유럽어에서는 수식적 용법
이 더 기본적이어서, 수식적 용법일 때는 형용사에 아무런 추
가적 장치가 필요치 않으나, 서술적 용법일 때는 계사(copula)
가 첨가되어야 한다. 형용사가 명사보다는 동사에 가까운 한
국어에서는 서술적 용법이 수식적 용법 못지않게 또는 보다
더 기본적이다. 한국어에서도 '○적(的)'류의 단어는 유럽어의
형용사처럼 수식적 용법이 더 기본적이어서, 수식적 용법일
때는 아무런 추가적 장치가 필요치 않으나(예: 합리적 선택), 서
술적 용법일 때는 계사가 첨가되어야 한다(예: 그 선택은 합리적
이다). 한국어에는 수식적 용법으로만 쓰이는 단어 부류가 있
는데, 한국어 문법학계에서 이런 단어는 관형사라 불린다. '새'

도 관형사이다. 그래서 '새'는 기본적으로 수식적 용법으로만 쓰인다(예: 새 책). 만약 '새'를 서술적 용법으로 쓰고 싶다면, '이 책은 새 것이다'와 같은 우회적 방책을 써야 한다.

친족 안과 밖에서의 나이 비교

④ 두 사람의 나이를 비교하는 일은 친족 안과 밖에서 어떤 차이가 있는가?

영어에서 형용사 'old'의 비교급으로 'older'뿐 아니라 'elder'가 있음도 주목할 필요가 있다. 어떤 두 사람의 나이를 비교해서 누가 나이가 더 많은지를 판단하는 일은 종종 있을 수 있지만, 특히 가족/친족 내에서는 그런 비교가 훨씬 더 중요하다. 그래서 'old'의 일반적인 비교급 형태 'older' 외에 가족/친족 내에서의 관계를 나타내는 'elder'가 따로 존재하는 것은 나름대로 이유가 있다고 할 수 있다.

전근대 시기 중국의 법령(예: 당률, 대명률)을 보면, 다른 사람을 때린 경우, 보통 가해자와 피해자의 나이를 따지지 않고 상해 정도에 따라 형량을 정하지만, 가해자와 피해자가 친족 관계인 경우에는 항렬과 나이를 따져서, 존장(尊長; 항렬이 높거나 같은 항렬에서 나이가 많은 사람)이 비유(卑幼; 항렬이 낮거나 같은 항렬에서 나이가 어린 사람)를 때렸으면 친족 관계가 가까울수록 형량을 감면하고, 비유가 존장을 때렸으면 친족 관계가 가까울수록 형량을 가중한다. 요컨대 서양이든 동양이든, 나이의 비교는 남남인 경우보다 친족인 경우에 더 중요하다는 관념이 언어나 관습/제도에 깔려 있다. 물론, 남남 사이에서 나이 비교를 중시하는 한국의 관습은 서양은 물론 동양의 주변국에 비해서도 유난스럽기는 하다.

한국어는 비교급이라는 문법범주가 특별히 존재하는 것은 아니지만, 가족/친족 내 나이 관계의 중요성을 다른 방식으로 표현한다. 즉 '형', '오빠', '누나', '언니'와 같이 자기보다 나이가 더 많은 동기(同氣; sibling)를 나타내는 단어가 분화되어 있다. 일본어에서 그런 단어가 성별에 따라 'ani'와 'ane' 둘로 분화되어 있는 데 비해, 한국어는 성별뿐 아니라 동성인지 이성인지까지 고려하여 넷으로 세분되어 있는 게 특징이다. 그런데 자기보다 나이가 더 적은 동기에 대해서는 고유어 '아우', 한자어 '동생'으로 뭉뚱그려 표현한다는 것도 특징이다('남동생', '여동생'처럼 수식어를 붙여서 세분할 수 있으나, '동생' 자체는 미분화). 일본어가 손위를 성별에 따라 이분하듯이 손아래도 성

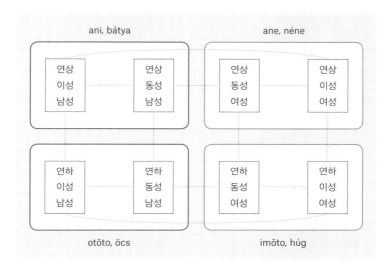

일본어와 헝가리어의 동기 명칭

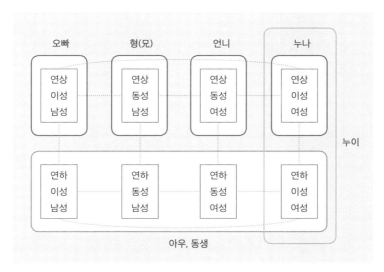

한국어의 동기 명칭

별에 따라 'otōto'와 'imōto'로 이분하여 손위와 손아래가 정연하게 대칭적인 데 비해(헝가리어도 일본어와 비슷), 한국어는 손위가 세분되어 있고 손아래가 뭉뚱그려져 있는 비대칭적 체계이다.

나이 관련 개념들의 친소 관계, 사용 양상

⑤ 나이와 관련된 개념들은 서로 어떻게 관련되어 있는가? 개념들 사이의 가깝고 먼 관계는 어떠한가?

단어 연상 실험과 그 대안

어떤 단어와 어떤 단어가 서로 밀접하게 관련되어 있는지를 알아보기 위해 전통적으로 사용하던 방법은 단어 연상 실험이다. 피험자에게 특정 단어를 제시한 뒤, 머릿속에 떠오르는 단어를 1분 내에 10개 이상 써보라는 식으로 실험을 시행하곤 했다. 이런 실험을 통해 특정 단어들이 의미상/개념상 서로 밀접히 관련되어 있음을 짐작할 수 있다.

그런데 그런 실험에 동원되는 피험자는 대개 많아야 수십 명 정도라서 해당 언어의 언중 전체를 대표하기 어렵다는 한계가 있다. 또한 사람마다 살아오면서 경험한 바가 다르기 때문에 동일한 자극에 대해서도 꽤 다른 반응을 보일 수 있다. 최근 대규모 말뭉치가 구축됨으로써, 그런 소규모 실험의 한계를 극복하고 보다 객관적으로 단어의 사용 양상 및 단어 간 관계를 알아볼 수 있는 길이 트이게 되었다.

단어의 벡터화

이 방법의 핵심은 단어를 벡터화한다는 데 있다. 단어를 수치들의 벡터로 나타낼 수 있게 되면, 이들 벡터를 다차원 벡터 공간상의 하나의 점으로 나타낼 수 있게 되고, 이 점들 사이의 거리를 측정함으로써 단어 간의 친소 관계를 알아낼 수 있는 것이다.

단어를 벡터화할 때 사용되는 주된 단서는, 공기 관계(共起關係; co-occurrence relation)이다. 벡터화하고자 하는 타깃 단어의 앞뒤 일정한 범위(span) 안에 나타나는 단어들을 고려하여, 이런 이웃 단어가 비슷하면 비슷한 벡터로 나타낸다. 인공 신경망을 학습시킬 때, 앞뒤의 단어들을 바탕으로 가운데의 타깃 단어를 예측하게 하거나, 타깃 단어를 바탕으로 앞뒤의 단어들을 예측하게 하는 과제를 부여하여, 인공 신경망이 이 과제를 점점 더 잘 수행하게끔 훈련시키는데, 이러한 훈련 과정에서 각 단어에 부여되는 벡터가 이러한 공기 관계를 잘 반영하게 된다.

여기서 주의할 점은, 단어 벡터는 단어의 의미 그 자체를 반영하는 것이 아니라, 단어의 공기 패턴을 반영한다는 것이다. 물론 어떤 두 단어가 의미가 비슷하다면 공기 패턴도 비슷할 터이므로, 단어 벡터가 간접적으로 의미의 친소 관계를 반영하기는 한다. 그러나 단어 벡터가 직접적으로 반영하는 것은 의미 그 자체가 아니라 공기 패턴임을 유의해야 한다.

나이 관련 단어 벡터화 실험 1: Word2Vec

실험에 사용한 단어들은 다음의 67개이다.

늙, 젊, 어리, 늙은이, 늙다리, 젊은이, 어린이, 청년, 노인, 할아버지, 할머니, 노년, 노년기, 유년, 유년기, 소년, 소녀, 소년기, 청소년, 청소년기, 청년, 청년기, 청장년, 중장년, 장년, 장년기, 중년, 중년기, 초로, 아기, 백발, 백발노인, 호호백발, 낡, 새롭, 새, 나이, 좋, 나쁘, 아름답, 추하, 바쁘, 한가하, 왕성, 활기차, 활기, 가난, 빈곤, 부유, 부자, 쇠퇴, 쇠락, 초라하, 화려하, 참신하, 신선하, 진부하, 질병, 병, 병환, 병들, 병원, 병자, 환자, 아프, 편찮, 건강

약 1,200만 어절 규모의 세종 형태의미분석 말뭉치에 Word2Vec 알고리즘을 적용하여 단어 벡터를 구했다. 각 단어는 100차원의 벡터로 표현된다. 앞의 67개 단어도 마찬가지인데, t-SNE 알고리즘으로 이를 2차원으로 축소하여 2차원 평면에 플로팅(plotting)하면 다음과 같다.

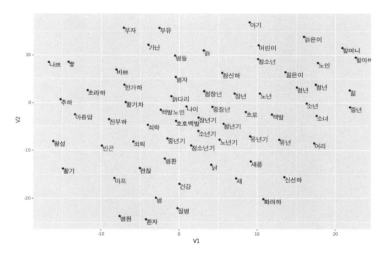

나이 관련 67개 단어의 벡터화: Word2Vec + t-SNE

t-SNE는 차원 축소 알고리즘 가운데 비선형(non-linear) 알고리즘이다. 각 데이터 포인트(data point)를 구분하는 데 초점이 있고, 원래의 거리를 충실히 보존하지는 않는다. 반면에 주성분분석(principal component analysis, PCA)은 선형(linear) 차

원 축소 알고리즘으로서, 각 데이터 포인트 사이의 원래의 거리를 비교적 충실히 유지한다. PCA로 차원축소하여 플로팅한 것은 다음과 같다.

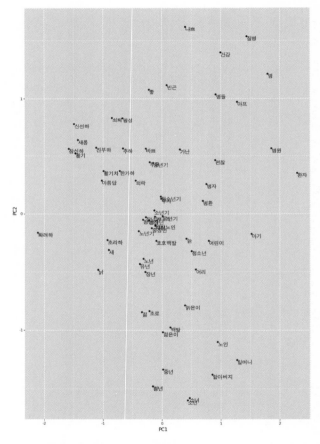

나이 관련 67개 단어의 벡터화: Word2Vec + PCA

Word2Vec 알고리즘을 적용한 데이터가 1,200만 어절로서 비교적 작은 규모이기 때문인지, 단어들 사이의 의미 관계가 충분히 표상된 것 같지는 않다. 의미상 가까운 단어들이 가까이 위치한 경우도 물론 꽤 있지만, 왜 이 두 단어가 가까이에 있는지 이해하기 어려운 경우들도 있다(예: 백발-젊은이, 젊-초로, 늙-청소년). 또한, 이런 공기 관계 기반 벡터화 모델의 고질적인 문제로서, 반의어 쌍이 가까이 놓이는 현상도 보인다(예: 쇠퇴-왕성, 참신하-진부하, 활기차-한가하).

나이 관련 단어 벡터화 실험 2: BERT

단어를 벡터화하는 방법으로 최근에는 BERT가 각광을 받고 있다. BERT는 문장 내의 토큰(단어, 형태소 등)들 중 15%를 랜덤하게 선정하여 마스킹(masking)한 뒤, 앞뒤의 토큰들을 보고서 마스킹된 토큰을 알아맞히는 과제를 부여하여 인공 신경망을 훈련시킨다. 인공 신경망은 이 훈련을 거치면서 마스킹된 토큰을 점점 더 잘 알아맞히게 되며, 이 과정에서 각 토큰에 부여되는 벡터가 그 토큰의 공기 패턴이나 의미를 점점 더 잘 반영하게 된다.

이 실험을 위해 한국전자통신연구원(ETRI)에서 만들어 배포한 KorBERT 모델을 사용하였다. 이 모델은 훨씬 더 많은 데

이터를 바탕으로 하였기 때문에, 단어 간 의미 관계도 더 잘 포착할 것으로 기대할 수 있다. 앞의 67개 단어들을 포함한 67개 문장을 만들어 ETRI의 OpenAPI에서 제공하는 형태소분석기로 토큰화한 뒤 KorBERT 모델에 집어넣어서 각 토큰의 벡터를 구했다. ETRI의 형태소분석기가 간혹 오류가 있어서 '초라하다' 등 몇몇 단어들은 '초', '라', '하'처럼 잘못 쪼개었기 때문에 실제로 얻은 것은 32개 토큰의 벡터이다. BERT에서 각 단어는 768차원의 벡터로 표상되는데, 이를 t-SNE나 PCA를 통해 2차원으로 축소하여 플로팅하였다.

또한 BERT 모델에서는 입력(input)한 문장의 각 토큰을 일단 미리 정해진 벡터로 나타낸 뒤(Layer 1), 12개의 레이어(layer)를 거치는 동안 문장 내의 다른 단어들의 영향을 반영하여 각 토큰의 벡터를 조정한다. 이러한 조정을 거치기 전의 벡터와 거친 후의 벡터를 다 고려할 필요가 있다.

Word2Vec에 비해 KorBERT로 벡터화한 결과가 좀 더 나아 보인다. 그러나 이러한 벡터화 방법이 단어의 의미 그 자체가 아니라 공기 패턴을 모델링한 것이기 때문에, 비슷한 분포(공기 패턴)를 보이는 단어들끼리 가까이에 놓이는 경향을 보인다. 즉 '노인'과 '늙다'가 가까이에 놓이고 '어린이'와 '어리다'가 가까이에 놓이는 것이 아니라, 인간 명사인 '노인'과 '어

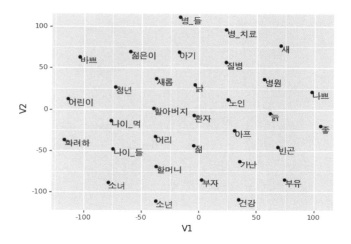

나이 관련 32개 단어의 벡터화: KorBERT(Layer 1) + t-SNE

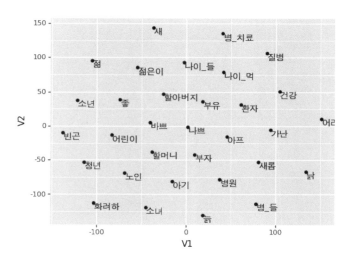

나이 관련 32개 단어의 벡터화: KorBERT(Last Layer) + t-SNE

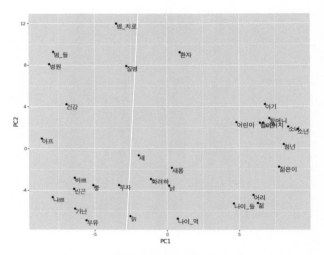

나이 관련 32개 단어의 벡터화: KorBERT(Layer 1) + PCA

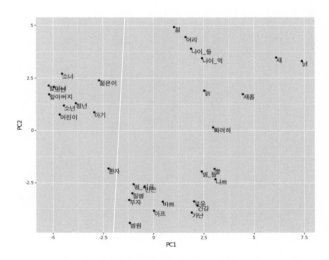

나이 관련 32개 단어의 벡터화: KorBERT(Last Layer) + PCA

린이'가 가까이에 놓이고, 나이 관련 용언인 '젊다', '어리다', '나이 들다', '나이 먹다', '늙다'가 가까이에 놓이는 것이다. 사물에 대해 쓰는 '새'와 '낡다'가 가까이에 놓인 것은 그럴듯하다. 또한 질병 관련 단어들(환자, 병, 질병, 병원, 아프다)이 비교적 가까이에 모여 있는 것도 의미를 비교적 잘 반영한 것으로 보인다. 요컨대, 대규모 말뭉치를 바탕으로 벡터화하는 방법은 전통적인 단어 연상 실험의 단점을 보완한다는 장점은 있으나, 의미 그 자체를 모델링하기에는 아직 역부족인 것으로 보인다.

12

노인 돌봄의 의미와 본질

서은영 간호학과

건강이란 단순히 질병이 없는 상태를 뜻하는 것이 아니라
신체적, 정신적, 사회적, 영적으로 편안하고 온전히 기능하는 상태를
말한다.

우리나라는 미증유의 노인 인구 증가 시대를 맞고 있다. 가까운 미래인 2025년에 우리 사회가 초고령 사회에 진입하기 때문이다. 초고령 사회란 전체 인구 중 65세 노인 인구가 20%를 넘을 때 붙여지는 수식어이다. 전 세계적으로 인구 고령화가 쟁점이 되면서 UN에서 한 나라의 노인 인구가 7%를 넘으면 '고령화 사회', 14%를 넘어서면 '고령 사회', 20%를 넘으면 '초고령 사회'라고 명명한다. 우리나라는 지난 2000년에 65세 노인 인구가 7.2%를 차지하여 고령화 사회로 진입한 후, 17년 만에 고령 사회가 되었고, 8년 만인 2025년에 초고령 사회로 진입할 것으로 예상한다.[1]

우리나라 고령화 속도는 전 세계에서 유래를 찾아보기 어려울 정도로 빠르다. 고령화 사회에서 고령 사회로 진입하는 데 소요된 기간, 즉 노인 인구 비율이 7%에서 14%로 두 배가 되는 데에 걸린 기간이 프랑스는 115년, 미국의 경우에는 73년, 독일 40년, 일본 24년이었던 것과 비교하여 우리는 17년에 불과하다. 초고령 사회로의 진입도 프랑스는 39년, 독일 37년, 미국 21년, 일본 12년인 것에 비해 우리는 8년밖에 걸리지 않으리라고 예상한다. 우리 사회가 초고령 사회에 대비하고 있는지 다방면의 점검이 필요한 이유이다.

우리나라는 1970년 신생아 출생 시 기대 수명이 62.3세에 불과하였다. 매해 기대 수명은 빠르게 증가하여 1980년에는 66.1세, 1990년 출생자는 71.7세가 되었고, 2021년에는 83.5세까지 증가하였다.[2] 평균 수명의 증가는 노인 인구의 자연 증가와 더불어 이미 노인이 된 인구의 층이 장기적으로 지속한다는 것을 의미한다.

전통적으로 우리나라에서는 가족 구성원들이 집안의 노인을 돌보았다. 그러나 미래에는 가족 구성원 중에 노인을 돌볼 인력을 구하기 어려울 것으로 예상한다. 출생아 숫자가 가파르게 감소하고 있기 때문이다. 1970년에 100만 명이 출생한 것과 비교할 때, 1980년에는 86만여 명, 1990년에는 64만 9

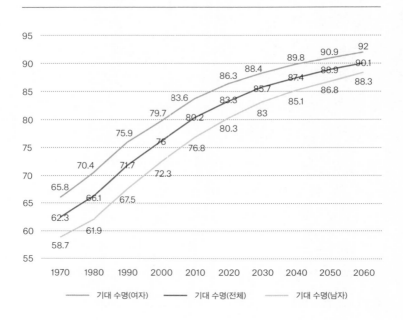

천 명, 2000년에는 64만 명, 2010년에는 47만 명으로 줄었고, 2017년 35만 명, 2019년 30만 명에 이어, 2020년에는 27만 명, 2021년에는 26만 명으로 줄어들었다.[3] 1970년에 비해 출생율이 4분이 1로 줄어든 것이다.

노인은 증가하고, 노인을 돌볼 가족 구성원은 줄어들고 있는 현실에서 사회 전반에 필요한 노인 돌봄 시스템 구축은 꼭 필요한 일이며 또한 시급한 사안이라 하겠다. 본고에서는 급증하는 노인 인구를 위해 현재 마련되어 있는 노인 돌봄 관련 시설을 살펴보고, 노인을 돌본다는 것은 무엇을 의미하며, 어떤 환경이 갖추어져야 하는가에 관해 서술하고자 한다.

노인 인구 신체기능

65세 이상의 성인을 노인으로 규정하고 있지만, 신체적 나이와는 무관하게 각 개인은 다양한 건강 상태를 유지하고 있다. 세계 보건 기구(WHO; World Health Organization)가 정의하는 건강이란 단순히 질병이 없는 상태를 뜻하는 것이 아니라 신체적, 정신적, 사회적, 영적으로 편안하고 온전히 기능하는 상태를 말한다. 신체적 건강은 질병이나 통증이 없을 뿐 아니라, 개인으로 삶을 살아가는 데 필요한 적절한 신체적인 기능을 갖추었음을 뜻한다. 정신적인 건강 또한 정신 질환이 없는 상태를 포함하여 인간으로 살아가는 데 필요한 온전한 정서 상태를 갖추어야 정신적으로 건강하다고 할 수 있다. 사회적 건강은 인간관계나 사회생활에 있어 타인과 함께 어울릴 수 있는 사회성을 갖추어야 사회적으로 건강하다고 할 수 있다. 마지막으로 영적인 건강과 관련해서는 인생의 희로애락과 생사

노인이 앓는 만성질환 개수[4]

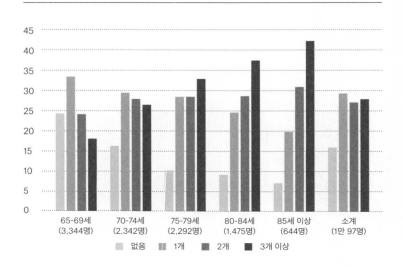

| | 65-69세
(3,344명) | 70-74세
(2,342명) | 75-79세
(2,292명) | 80-84세
(1,475명) | 85세 이상
(644명) | 소계
(1만 97명) |

■ 없음　■ 1개　■ 2개　■ 3개 이상

고락에 대한 개인적인 깨달음을 이룬 것을 두고 영적으로 건강한 상태라고 할 수 있다.

　그러나 노인이 된다는 것은 하루하루 시간이 지날수록 신체적, 정신적, 사회적, 영적인 건강이 약해진다는 것을 의미한다. 통계청에서 제시한 만 명을 대상으로 한 조사에서 65세부터 노인들이 앓고 있는 만성질환의 숫자는 고령층이 되어가면서 점차 증가하는 것으로 나타났다. 85세 이상 노인의 경우, 93%가 1개 이상의 만성질환을 앓고 있다고 하였다. 심한 질병의 진단 없이도 노인들은 노인이라는 사실 만으로도 건강 약

자(vulnerable population)이며, 매일 조금씩 노쇠의 정도가 심해진다고 할 수 있다.[5]

통계청의 자료에 의하면 고령이 될수록 일상생활에 지장을 겪는 정도가 심해지는데 기구를 이용한 일상생활, 즉 요리하거나 정원을 가꾸거나 운동기구로 운동하는 등의 기능 제한은 더 빨리 나타난다. 80세 이상 노인의 30%가 기구를 사용하는 활동에는 제약이 있다고 하였다. 노인들의 쇠약 정도가 심해지면 이동과 식사, 세탁, 청소 등의 기본적인 일상생활동작(ADL: Activities of Daily Living)에 지장이 생기게 된다. 80세 이상의 노인들의 33%가 기구를 이용한 일상생활의 지장뿐만 아니라 집안에서의 이동, 세면, 옷 입기, 식사 등의 기본적인 활

노인의 기능 제한 정도[6]

구분	응답자 수 (명)	기능제한 없음 (%)	IADL*만 제한 (%)	ADL도 제한 (%)
65-69세	3,344	95.7	2.8	1.5
70-74세	2,342	91.9	4.7	3.4
75-79세	2,292	86.5	7.6	5.8
80-84세	1,475	78.2	11.4	10.5
85세 이상	644	58.0	19.2	22.8
소계	10,097	87.8	6.6	5.6

* IADL: 기구(instrument)를 이용한 일상생활동작.

동에 지장이 있다고 보고하였다.

노인복지시설 현황

우리나라의 노인복지시설은 노인주거복지시설, 노인의료복지
시설, 노인여가복지시설, 재가노인복지시설 등 크게 네 가지로
노인복지법에서 규정하고 있다. 이에 대한 자세한 시설의 종
류와 시설별 목적을 요약하고자 한다.

위의 네 가지 노인복지시설 중, 집 밖으로의 외출이 자유로
운 노인들이 지역사회에서 이용할 수 있는 시설은 노인여가복
지시설이다. 지역사회 곳곳에 노인복지관, 경로당, 노인 교실
이 있어서 노인들의 선호도에 따라 다양한 프로그램을 이용할
수 있다. 근래 지방자치단체의 노인복지관에서는 거동이 불편
한 노인들이 복지관을 이용할 수 있게 차량을 제공하기도 하
고 노인들을 돕는 요원을 배치하기도 한다.

노인들이 거동의 폭이 줄어들고 청소, 세탁, 식사 준비 등의
일상생활에 필요한 노동을 감당할 수 없는 수준으로 노쇠가
진행되면 노인주거복지시설을 이용할 수 있다. 국가나 지방자
치제에서 제공하는 양로원이나 노인공동생활가정은 최소한의

노인복지법에서 규정하고 있는 노인복지시설7

종류	종류별 시설	시설의 목적
노인주거 복지시설	양로원	급식, 일상생활 편의 제공
	노인공동생활가정	가정과 같은 주거 여건, 급식, 일상생활 편의 제공
	노인복지주택	주거시설을 임대해 주거 편의, 생활지도, 상담 및 안전 관리, 일상생활 편의 제공
노인의료 복지시설	노인요양공동생활 가정	치매, 중풍 등 노인성 질환으로 심신에 상당한 장애가 발생하여 도움이 필요한 노인에게 가정과 같은 주거 여 건, 급식, 요양, 일상생활 편의 제공
	노인요양원	치매, 중풍 등 노인성 질환으로 심신에 상당한 장애가 발생하여 도움이 필요하여 입소한 노인에게 급식, 요양, 그 밖에 일상생활 편의 제공
노인여가 복지시설	노인복지관	노인의 교양, 취미생활 및 사회참여 활동 등에 대한 각 종 정보와 서비스를 제공. 건강 증진 및 질병 예방과 소 득보장, 재가 복지, 그 밖에 노인의 복지 증진에 필요한 서비스 제공
	경로당	지역 노인들이 자율적으로 친목 도모, 취미활동, 공동작 업장 운영 및 각종 정보교환, 기타 여가 활동 제공
	노인 교실	노인들의 사회활동 참여 욕구를 충족시키기 위하여 건 전한 취미생활, 노인 건강 유지, 소득보장 기타 일상생 활과 관련한 학습프로그램을 제공하는 시설
재가노인 복지시설	방문요양서비스	신체적·정신적 장애로 어려움을 겪고 있는 재가노인에 게 필요한 각종 편의를 제공하여 지역사회 안에서 건전 하고 안정된 노후를 영위하도록 하는 서비스
	주야간보호서비스	가족의 보호를 받을 수 없는 심신 허약 노인과 장애 노 인이 주간 또는 야간 동안 보호시설에 입소. 필요한 각 종 편의 제공.
	단기보호서비스	가족의 보호를 받을 수 없어 일시적으로 보호가 필요한 심신 허약 노인과 장애 노인이 단기간 입소. 노인 및 노 인 가정의 복지 증진을 도모하기 위한 서비스
	방문목욕서비스	목욕장비를 갖추고 재가노인을 방문하여 목욕을 제공 하는 서비스

* IADL: 기구(instrument)를 이용한 일상생활동작.

주거환경을 제공한다. 이에 비해 각종 단체나 기업에서 신설하는 노인복지주택, 즉 소위 실버타운은 노인들에게 주택을 임대하고 추가 비용을 노인이 자가 부담하게 하면서 보다 나은 서비스를 제공하고 있다. 이러한 노인복지주택에서는 노인들이 생활하기 편하도록 안전한 주거환경을 조성하고, 여가를 즐길 수 있는 공연장, 체육시설과 각종 생활 서비스를 제공한다.

또한 실버타운에서는 세탁, 청소, 식사 등의 일상생활에 필요한 서비스를 제공한다. 그 밖에 각종 생활 서비스, 예를 들어 병원 진료, 쇼핑, 개인 모임이나 취미활동을 위한 이동 등의 서비스도 제공하고 있다. 그러나, 이러한 노인주거복지시설은 노인이 집 안과 밖에서 활동할 수 있는 신체적, 정신적 능력이 있을 때까지만 이용할 수 있다는 한계가 있다.

다음으로 노인들이 활동 반경이 줄어들고 더는 자유롭게 외출하기 어려울 정도의 노쇠가 진행되었을 때 거주하는 자택에서 받을 수 있는 서비스가 재가노인복지시설의 서비스이다. 우선 방문요양서비스는 일정 기간 훈련받은 요양보호사가 가정을 방문하여 청소, 식사, 대화, 간단한 운동 등의 서비스를 하루 일정 시간 제공한다. 주야간보호서비스나 단기보호서비스는 가족들이 노인을 돌볼 수 없는 상황이 발생했을 때, 일정 기간 노인을 입소시키는 보호시설을 말한다. 방문목욕서비스는 거동이 불편한 노인이 목욕이 필요할 때, 요양보호사가 가정을 방문하여 목욕을 시켜주는 서비스이다.

마지막으로 노쇠가 더 진행되어 집안에서의 일상생활을 수행하는 데에 지장이 있으면, 시설에 입소하여 전적으로 타인에게 요양서비스를 받게 되는데, 이러한 서비스를 제공하는 시설을 노인의료복지시설이라고 한다. 노인의료복지시설은 입소한 노인의 숫자에 따라 10인 미만은 노인의료공동생활가정, 10인 이상은 노인요양원이라고 명명한다. 이러한 노인의료복지시설에서는 노인주거복지시설에서 제공하는 청소, 세탁, 식사와 생활 서비스는 물론, 복약, 간단한 처치, 신체 활동, 운동, 취미 생활 등도 제공한다. 또한 다른 노인복지시설과는 차별화되는 심화된 신체간호와 요양서비스를 제공한다.

앞서 설명한 네 가지 종류의 노인복지시설 숫자는 매년 증가하는 추세이다. 이 중, 시설에 입소하여 의, 식, 주 모든 서비스를 제공받는 노인의료복지시설의 경우 2021년 기준 전체 5,988개이며 노인요양공동생활가정은 1,856개, 노인요양원은 4,132개이다. 다음 장에서는 노인의료복지시설에 대해 보다 구체적으로 살펴보겠다.

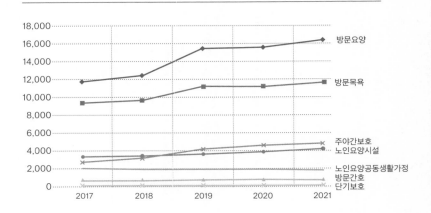

노인의료복지시설에서의 돌봄

노인복지시설의 여러 가지 서비스 중, 여가복지서비스나 주거시설, 방문요양 서비스 등은 아직 신체, 정신적 기능이 일상생활을 영위하기에 충분하여 가족의 협조가 있으면 불편함 없이 삶을 살아갈 수 있는 노인을 대상으로 한다. 그러나 노인의료복지시설에 입소한 노인의 경우, 전반적인 모든 삶을 타인에게 의존해야 하는 상황이므로 다른 노인복지시설을 이용하는 노인들과는 신체적, 정신적 상태에서 차이가 있다. 노인의 돌봄을 논하기 위해서는 전적으로 타인이 노인을 돌보는 형태인

노인의료복지시설의 기준 및 인력 배치 기준[9]

	시설 기준 및 인력 배치 기준
시설 면적	노인요양시설: 입소 정원 1명당 연면적 23.6m² 이상의 공간 확보 노인요양공동생활가정: 입소 정원 1명당 연면적 20.5m² 이상 공간 확보
거실(침실) 면적	전 시설 공히 1인당 침실 면적 6.6m² 확보 합숙 침실 1실 정원은 4명 이하
시설 정원	노인요양시설: 입소자 10인 이상 노인요양공동생활가정: 입소 정원 5명 이상 9명 이하
요양보호사 배치	노인요양시설: 입소자 2.5명당 1명 (치매전담실은 2명당 1명) 노인요양공동생활가정: 입소자 3명당 1명(치매전담형은 2.5명당 1명)
간접서비스 인력	간접서비스 인력 배치는 필요 수로 규정

노인요양원이나 노인요양공동생활가정(이하 두 개의 시설을 공히 노인요양시설로 명기)에서의 돌봄의 기준과 규정, 질 관리 등을 살펴볼 필요가 있다.

노인요양시설의 기준은 노인복지법에서 면적과 입소자 정원, 요양보호사 배치 기준, 간접 서비스 인력 등을 제시하고 있다. 이는 입소자들이 시설에서 생활하기 위해 필요한 최소한의 기준이라 하겠다. 노인요양시설에 입소 자격이 있는 사람은 장기요양급여 수급자, 국민기초생활 수급자, 부양의무자로부터 적절한 부양을 받지 못하는 65세 이상의 자, 그리고 입소자로부터 입소 비용 전부를 수납하여 운영하는 노인요양시설, 또는 노인요양공동생활가정의 경우는 60세 이상의 자 중에서 노인성 질환 등으로 요양해야 하는 자이다.[10] 다시 말하면 혼자 혹은 가족의 도움이 있어도 일상생활을 영위하기 어려운 수준의 신체적, 정신적 상태인 노인들이 입소한다는 것을 뜻한다.

위의 기준에서 정부가 규정하는 장기요양등급 급여 인정을 받아야 노인요양시설에 입소할 수 있다고 하였는데, 장기요양 급여를 받기 위해서는 아래 항목을 수행하는데 일부, 혹은 전부 지장이 있어야 한다. 혼자 옷을 입고 벗는 것, 혼자 두 손으로 세수하고 수건으로 닦기, 칫솔에 치약을 묻혀 칫솔질하기, 혼자 목욕을 깨끗하게 하고 수건으로 몸을 닦기, 혼자 침대에서 일어나 앉기, 혼자 일어서서 방 밖으로 나오기, 스스로 식사하기, 혼자 화장실에 들어가서 용변을 보고 처리하기, 화장실에 가서 소변을 볼 때까지 소변을 조절하고 대변 조절하기 등이 그것이다. 위의 열두 가지 신체기능에 덧붙여 상황 판단력 감소, 의사소통이나 의사전달에 어려움이 있거나 단기 기억력 감소, 지시 불인지, 날짜와 장소 불인지, 나이와 생년월일 불인지 등의 인지적 장애도 함께 가지고 있어야 장기요양급여 수급을 인정받을 수 있다.[11]

노인요양시설에서의 돌봄은 노인복지법 시행규칙에 운영기준을 마련하여 공포하고 있다. 노인요양시설 운영에 관한 시행규칙[12]에서는 건강관리, 급식 위생관리, 시설 운영에 관해

고지하고 있다. 건강관리는 의사 혹은 간호사를 두고 임무를 수행하도록 하고, 전담 의사가 없는 경우 가급적 신경과, 정신과, 또는 한방신경정신과 의사를 계약 의사로 두도록 하고 있다. 의사나 간호사의 역할은 정기적으로 입소자의 건강 상태를 확인하고 건강 상태가 악화된 입소자는 적절한 조치를 취하도록 하는 것이다. 다른 만성질환의 지속적 관리나 재활에 대해서는 따로 규정하고 있지 않으며 단지 직원들에게 결핵 검진을 포함한 건강진단을 연 1회 받을 것을 규정화하고 있다.

급식과 관련해서는 영양사가 작성한 식단에 따라 급식하도록 하고 있고, 영양사가 없는 경우에는 관할 보건소장 혹은 다른 시설의 영양사 지도를 받아 식단을 작성하고 이에 따라 급식을 시행하도록 규정하고 있다. 전염성 질환 등을 가진 경우 조리하지 못하게 하여 시설 내 감염을 예방하고자 하였고, 청결 유지와 위생관리를 규정으로 제시하고 있다. 현재 우리나라의 5천여 개가 운영 중인 노인요양시설의 시설장이 대부분 사회복지사이거나 간호사이다. 그러한 시설의 장에게 입소자의 연령이나 성별, 성격, 현재의 건강 상태 등을 고려하여 수시로 입소자와 면담하여 관찰, 지도하도록 하고 있다. 또한, 특이 사항을 기록, 유지하도록 하여 입소자 심신의 변화를 발견할 수 있도록 하고 있다.

우리나라의 노인요양시설 5천여 개 중, 공공기관에서 운영하는 것은 5% 정도밖에 되지 않고 나머지 시설 대부분은 개인 사업자가 운영하고 있어, 상기 규정의 적용과 질 관리에 어려움이 있다. 현재 노인복지법과 시행규칙, 운영 기준에서 제시하고 있는 노인 돌봄의 기준은 기본적인 안전 보장과 급식 제공 수준에 머무르고 있다.

미래 노인 돌봄 시스템 구축을 위한 제안

미래 초고령 사회에서 노인 인구를 돌보는 지속 가능한 시스템 마련을 위한 요양 정책으로 세 가지를 제안하고자 한다. 첫째, 노인들이 자기가 살던 환경에서 최대한 오랫동안 살 수 있도록 지역사회의 다양한 단체들과 정부, 지자체를 통해 시스템을 마련해야 한다. 현재 80대 노인들은 우리나라 역사상 처음으로 다수가 장수하는 시대를 살아가고 있다. 그 세대가 젊었을 때는 많은 사람이 80세 이상을 사는 미래를 예상하지 못했을 것이다. 그래서 은퇴 후 본인이 70대, 80대가 되면 어떻게 살아야 할지를 준비하지 못한 것이다.

우리나라 건강수명이 73.1세인 것을 고려하면 은퇴 후에도 평균 10년은 더 건강한 상태로 지낼 수 있다. 현재 중장년층을 대상으로 본인이 노인으로 사는 삶을 디자인할 수 있는 교육과 홍보, 인식개선이 필요하다. 과거 노인들은 노인이 되고 나서 자신의 건강과 삶에 대한 의사결정을 자식이나 가족에게 위임하는 경우가 많았다. 이제는 그런 위임을 받을 자식도, 가족도 없는 노인 인구가 많이 생겨날 것이다. 50대부터 스스로 노인으로 사는 성공적인 삶을 준비할 수 있도록 도와야 한다.

그러려면 노인에 대한 인식 개선도 필요하다. 노인들을 사회의 생산 인구 집단(15세 이상~64세 이하)에서 벗어나 기능을 상실한 사람들로 여기기보다는 생산력은 감소하였을지 모르나 여전히 사회에 의미 있는 일을 할 수 있는 사람들이라는 재인식이 필요하다. 비슷한 취미 생활이나 종교활동, 재능 나눔 활동을 함께 할 기회를 열어주어야 한다. 노인들이 할 수 있는 다양한 활동들을 권장하여 건강한 노인들이 수익도 창출하면서 본인의 건강수명이 다할 때까지 사회에 이바지할 기회를 마련해주어야 한다.

이와 더불어 노인이 가능하면 오래 본인이 살아온 환경에서 살아갈 수 있으려면 중장년일 때부터 자신의 주거환경을 노인에게 적합하도록 변화시켜야 한다. 대중교통 이용에 편리하고, 본인에게 익숙한 병원이나 종교시설이 가까운 곳에 집을 마련하는 것이 좋다. 자신의 활동과 기력이 점차 쇠하더라도 규칙적으로 해왔던 사회생활을 지속할 수 있게 하는 것이 중요하다. 집 안에 필요한 안전장치를 설치할 것, 낙상을 예방하기 위해 난간이 있는 침대를 마련하고 미끄러운 타일 바닥을 없앨 것, 행동반경이 줄어들 것을 대비하여 집안에서의 동선을 간소화할 것, 집안의 조명과 전자기기 등을 노인에게 적합하도록 바꿀 것, 무거운 짐을 들기 어려우므로 가구나 물건을 정리할 것, 간단한 운동은 집에서 할 수 있도록 노인에게 적합한 운동기구를 마련할 것, 소화하는 능력이나 씹는 능력, 삼키는 능력이 감소할 것을 대비하여 식재료나 요리법을 바꾸어볼 것 등이 조금씩 노인 되어감을 준비하는 방법일 것이다.

둘째, 노인들을 전인적으로 돌보는 시스템을 구축하기 위해서는 돌봄 노동자들의 처우를 개선하고 교육과 업무의 질 관리를 위한 정부의 정책과 지원이 필요하다. 현재 한국보건의료인국가시험원에서 배출하는 요양보호사는 1년에 5만여 명에 이른다. 요양보호사는 노인들의 식사와 이동, 대소변 관리를 직접 담당하는 인력이다. 요양보호사라는 직군은 단기간의 이론교육과 실습을 하고 노인들의 직접적인 요양 업무를 담당하는 새로운 직종의 인력이다. 이들을 위한 교육, 재교육, 업무의 질 관리 등을 담당할 기관이나 정책이 필요하다.

또한 노인요양시설에서는 요양보호사뿐만 아니라 간호사, 간호조무사도 노인을 돌보는 일에 직간접적으로 참여한다. 노인 요양을 담당하는 간호사, 간호조무사, 요양보호사는 대부분 중장년의 여성들이다. 과거 집안에서 어머니나 며느리가 담당해왔던 노인 돌봄의 업무는 시설에서도 중장년의 여성들이 노인들을 돌봄으로써 이어지는 듯 보인다. 노인 요양 행위는 노인들의 식사를 돕고, 옷을 입히고, 목욕을 시키고, 기저귀를 교환하는 일이 대부분이다. 그러나 이러한 행위가 기술로 남으면 노인 요양 업무는 대부분이 여성들이 담당하는 단순한 노동으로 가치 폄하될 수 있다. 노인들을 돕는 모든 행위가 모여 기력이 쇠한 노인을 돕는 의미 있는 일로 승화되어야만 보람도 찾을 수 있을 것이다.

노인 인구의 증가에 따른 양질의 지속 가능한 노인 돌봄 시스템을 구축하기 위해서는 돌봄을 직접적으로 제공하는 간호 인력, 즉 간호사, 간호조무사, 요양보호사들을 위한 재정적, 행정적 처우 개선이 시급하다. 이와 더불어 직군 간 업무 분장과 권한 설정, 효율적인 노인 요양 간호 인력을 양성하는 체계의 구축도 필요하다. 현재 노인장기요양급여는 노인의 신체적 정신적 상태에 따라 급수에만 차등을 두고 급여를 책정하고 있어 양질의 요양서비스를 제공하는 것에 대한 급여 보상은 전혀 없다. 노인 요양서비스가 차등화되고 질적 수준에 따른 급여의 보상이 이루어질 수 있는 체계 마련이 필요하다.

셋째, 공기업이나 영리법인이 노인요양시설을 브랜드화하여 노인요양시설에서 이루어지는 요양서비스의 내용과 질을 선진화, 양성화, 시스템화해야 한다. 앞서 말했듯, 현재 우리나라에서 5천 개가 넘는 노인요양시설이 운영 중이지만, 공공기관에서 운영하는 시설은 5% 정도밖에 되지 않는다. 나머지 대부분의 노인요양시설은 개인사업자들에 의해 운영되고 있다.

해외의 실정은 그렇지 않다. 미국과 일본의 경우 전체 노인요양시설의 약 75%가 영리법인에 의해 브랜드화되어 운영되고 있다. 브랜드화의 장점은 경영의 효율화를 통해 소비자 부담을 줄일 수 있고, 서비스를 차별화하여 제공할 수 있다는 것이다. 또한 서비스의 내용이 공개되어 사용자가 선택할 수 있는 폭이 넓어진다. 우리나라 대부분의 노인요양시설은 개인사업자들이 시장 논리에 준하여 요양서비스를 제공하고 있다. 현재의 요양급여체계 내에서는 양질의 요양서비스를 제공하더라고 시설이 받는 장기요양급여에는 차등을 두고 있지 않다. 다시 말하면 더 나은 서비스를 제공하더라도 시설에 재정적인 이익은 없는 구조이므로 각 시설에서 요양서비스의 질적 개선은 담보하기 어려운 것이 현실이다.

노인 인구가 증가하면서 병원 치료를 받아야 할 정도의 급성기 질환에 이환되지는 않았으나 노쇠하여 가족의 도움만으로는 일상을 유지하기 어려운 상태의 노인 숫자가 증가할 것으로 예상한다. 노인을 돌본다는 행위에는 식사, 위생, 배설, 안전, 환경 등의 요소들의 단순한 합이 아니라 그 이상의 의미가 부여되어야 한다. 가치가 담긴 바람직한 노인 요양에 대한 개념이 정립되고 측정할 수 있는 성과 지표가 마련되어야 한다. 그러한 성과 지표를 사용하여 양적, 질적으로 노인 요양의 성과를 평가할 수 있어야 하고, 경영의 효율성을 확보한 지속 가능한 노인요양시설 시스템을 구축하여야 한다. 현재, 노인의 심신 상태로만 급수를 평가하여 지급하는 요양급여체계와 시장 논리에 민감한 개인사업자 중심의 구조로는 초고령 사회를 대비하기에는 부족하다.

13

나이듦을 읽다

민은경 영어영문학과

노년을 인생의 마지막 지점 혹은 플롯의 막다른 귀결이 아닌
나이듦이라는 해방의 과정으로 이해하는 경향이 짙어지고 있으니,
그만큼 시대가 바뀌었다고 할 수 있겠다.

언제부터인가 나이듦에 대한 책에 눈길이 가기 시작했다. 제목에 홀려 사노 요코의『죽는 게 뭐라고: 시크한 독거 작가의 죽음 철학』을 장바구니에 담았고,『이상하고 자유로운 할머니가 되고 싶어』가 베스트셀러가 되었을 때 덩달아 한 권 샀다. 실로 멋진 할머니가 등장하는 토베 얀손(Tove Jansson)의『여름의 책(*Sommerboken*)』과 데버라 리비(Deborah Levy)의 50대 고군분투기『살림 비용(*The Cost of Living*)』(2018)을 몇 번이고 다시 읽고 있다.[1]

본고는 나의 새로운 독서 취향에 대한 고찰인 동시에 나이듦에 대한 인문학적 독서 기록이다. 나이듦에 대한 고전을 일부 뒤적이기도 했지만 2000년대 이후에 출간된 근간을 위주로 읽고 썼다. 나이듦에 관한 책이 많이 출간되고 소비되는 배경에는 노인 인구의 증가, 노인층의 적극적 자기관리, 웰빙(well-being)을 넘어 웰다잉(well-dying)에 대한 사회적 관심이 자리 잡고 있다. 인문학은 이런 움직임에 어떻게 반응하고 참여할 것인가?

키케로와 보부아르

나이듦에 대해 쓴 저자들이 이 주제를 다룬 것은 대체로 노년이 되어서다. 키케로(Cicero)는 예순셋에 나이듦과 노년에 대한 고전 중의 고전으로 꼽히는 『노년에 대하여(*De Senectute*)』를 썼고, 시몬 드 보부아르(Simone de Beauvoir) 역시 1970년에 『노년(*La vieillesse*)』을 출간했을 당시 예순넷의 나이였다. 나이듦에 대해서는 나이 든 자만이 말할 수 있다는 전제가 느껴진다. 하지만 키케로가 이미 오래전 사망한, 여든넷의 대 카토(Cato Maior)의 입을 빌려 노년의 장점을 설파한 것을 보면 나이듦에 대해 말할 수 있는 자격에 절대적 기준이란 없고 나이듦에 대해 말하기에 적당한 나이 또한 없다는 생각이 든다.[2]

사실 나이 든 이가 자신의 나이를 예찬하는 것은 민망한 일이다. 키케로가 자신이 아닌 대 카토를 내세운 것도 그 민망함을 일면 인정했기 때문이 아니었을까. 대 카토의 입을 빌려 키케로는 노년에 대해 다음과 같이 말한다. 노년에 들면 더 이상 자유롭게 활동할 수 없게 되고 신체가 허약해지며 쾌락에서 멀어지고 죽음과 가까워진다는 이유로 노년을 두려워하지만, 노년에 오히려 더 많은 권위를 가지고 큰일을 할 수 있게 되는 측면도 있을 뿐더러 건강만 잘 관리하면 젊은이보다 오히려 더 왕성한 지적 활동을 할 수 있다. 게다가 나이 들면서 지나친 욕망에서 비롯되는 불편함으로부터 벗어나고 삶의 많은 즐거움을 계속 향유할 수 있으니 노년은 장점이 많다. 마지막으로 죽음이란 문제가 남는데, 죽는 과정에서 고통이야 있을 수 있겠지만 그 고통은 곧 끝날 것이고 죽음 이후에 대해서 우리가 걱정할 필요는 없다. 영혼이 불멸한다면 영생을 얻게 되니 그 이상의 행복이 없고, 영혼이 파괴된다면 불행할 수 없게 되니 자유를 얻는 셈이다. 키케로는 과연 누구를 위해 이런 논변을 늘어놓았을까. 『노년에 대하여』를 자기긍정의 수사로 액면 그대로 받아들이기 어려운 이유는 이 글을 쓰기 일 년 전인 기원전 43년에 키케로가 끔찍이 사랑했던 딸 툴리아(Tullia)를 잃었기 때문이다. 그 맥락에서 『노년에 대하여』는 키케로가 자기 자신을 설득하고 위로하기 위해 쓴 글일 수도 있겠다.

보부아르는 이 가능성을 별로 염두에 두지 않은 듯하다. 보부아르에 의하면 키케로의 노년 옹호론은 원로원의 권위가 축소되고 고대 로마 공화국이 위기를 맞고 있는 상황에서 스토아 사상이라는 낡은 보수 이데올로기에 의지해 상류 계층 남성의 권위를 다시 세우려는 시대착오적 시도다.[3] 노년에 대한 보부아르의 평가는 훨씬 부정적이다. 그에 의하면 노년이란 일반적으로 신체적·정신적 노화, 경제적 빈곤, 사회적 소외를 의미하며, 키케로식 여유로움과는 거리가 먼 경험이다. 노년에 우리가 일반적으로 경험하는 것은 오히려 권태, 고독, 자아 상실 또는 불일치, 사회로부터의 평가절하 내지는 무관심, 우울, 불안이다. 노년은 늘 "뜻밖에", 그리고 "부당"하게 찾아온다.[4] 보부아르는 노년에 저항했다. 우리는 모두 언젠가 노년에 접어들기 마련이지만, 노년은 우리에게 영원한 타자다.

낙관론과 비관론 사이

노년에 대한 책은 대체로 키케로식 낙관론과 보부아르식 비관론 사이 그 어딘가에 위치하는데, 노년이 어느 나이에 해당하는지에 대한 합의는 계속 수정되고 있다. 독서를 통해 노년을 마음속으로 준비하고 있는 독자에게 프랑스 인류학자 마르크 오제(Marc Augé)의 『나이 없는 시간(*Temps sans âge*)』은 당황스러운 경험이다. 오제는 이 책에서 노년이란 없다고 일찍이 선언하면서 "집단적으로 인식된 규칙에 따라 엄격하게 정의되는" 나이에 구속되지 말고 나이를 잊고 살 것을 권한다. 나이에 종속되지 말고 시간을 "상상력의 원료"로 삼아 자유롭게 살자고 하니 독자도 적극적으로 찬성하고 싶겠지만 그 구체적인 방법을 좀 더 친절히 설명해주길 바랄 수 있겠다.[5] 나이를 잊고도 즐겁게 살아가는 존재의 예로 오제는 자신의 반려묘를 들고 있는데, 동물들이 나이 드는 방법에 대한 본격 연구가 궁금하다면 앤 이니스 대그(Anne Innis Dagg)의 『동물에게 배우는 노년의 삶(*The Social Behavior of Older Animals*)』을 보는 편이 낫겠다는 생각이 든다.[6]

나이듦에 대한 보다 친절한 철학 안내서를 찾는 독자에게는 마사 누스바움(Martha Nussbaum)과 솔 레브모어(Saul Levmore)의 『지혜롭게 나이 든다는 것: 현명하고 우아한 인생 후반을 위한 8번의 지적 대화(*Aging Thoughtfully: Conversations about Retirement, Romance, Wrinkles, and Regret*)』를 추천할 만하다. 이 책의 장점은 나이 들면서 으레 고민하게 되는 주제들을 대화에 자연스럽게 포함한다는 데 있다. 머리를 염색해야 할지, 성형에 손을 대야 할지, 몸 관리를 어떻게 해야 할지, 기부는 어떤 방식으로 하는 것이 좋은지 등의 현실적인 고민에 대한 거리낌 없는 대화는 시원한 맛이 있다. 두 교수는 노년의 몸과 건강, 섹스와 사랑, 유산과 상속에 대해 구체적으로 논하면서 때로는 원론적인, 때로는 매우 구체적인 의견을 내놓는다. 물론 구체적인 의견이 훨씬 흥미롭다. 가령, 노년의 성형수술을 무조건 반대할 필요는 없고, 기부는 가능한 한 일찍 하는 게 좋으며, 상속은 자식의 경제적 수준이 어떻든 간에 공평하게 하되 특별히 어려운 자식을 더 챙겨줄 수 있는 장치를 제3자를 통해 마련하는 것이 좋단다.

누스바움에 의하면 노년에 대한 일반화야말로 제일 위험하고 나쁘며, 이를 제일 잘 보여주는 철학자는 다름 아닌 보부아르다. 심지어 『노년』이 "내가 접해온 유명한데 엉터리인 철학 서적들 가운데서 가장 엉터리", "거짓투성이 책"이라고 쏘아붙인다. 선배 여성 철학자를 겨냥한 이 분노의 원천이 과연 무엇인지 궁금해진다. 누스바움은 보부아르가 노년을 주체성의 결핍과 상실로 규정하면서 노년에 대한 "사회적 낙인 및 부정의에 가담하고 있다."라고 주장한다.[7] 특히 위험한 것은 보부아르의 엘리트주의다. 보부아르는 "나이듦이 과거 삶에 대한 보잘것없는 패러디가 되지 않게 하는 방법"으로 "삶에 의미를 부여하는 목표들을 위해 계속 노력"할 것을 제안했는데, 누스바움에 의하면 보부아르의 의미 있는 노년은 특별한 소수(예를 들어, 보부아르 자신이나 사르트르), 즉 예술가나 지식인과 같은 "탁월한 개인들"에게만 열려 있는 "좁은 길"이다.[8]

『지혜롭게 나이 든다는 것』은 노년기에 마주하게 되는 "복잡하고도 매혹적인 질문"을 철학적으로 다룬다는 점에서 확실한 장점이 있는 책이지만 기부할 돈도 있고 상속해줄 재산도 있으며, 성형수술도 생각해볼 만큼의 경제적 여유가 있는 중산층 독자를 상정한다는 점에서 과연 엘리트주의에서 자유로운지 의심스럽다. "일과 운동"을 강조하는 자신의 "지극히 미국적인" 태도를 시인하는 누스바움이 극구 부인하고 싶어 하는 것은 노년에 대한 보부아르의 "암울한 숙명론"이다. 그러나 "나로 말하자면 달리기를 하다가 경미한 부상을 입고 물리치료를 받으러 갔을 때 '나이가 많으셔서 달리기는 적합하지 않습니다.'라는 소리 대신 '코어 운동이 부족하신 듯하네요. 발목도 더 단련하셔야 해요.'라는 말을 듣는 나라에 살아서 기쁘다."라는 누스바움의 자부심에서 느껴지는 미국적 우월주의는 불편하다.[9]

노년과 페미니즘

누스바움은 부인하고 싶겠지만 나이듦에 관한 최근 연구는 보부아르에 빚진 바가 많다. 여성의 타자화에 대한 보부아르의 감수성과 통찰이 노년에 공감하는 섬세한 분석으로 이어졌다고 말할 수 있다. 보부아르가 『제2의 성』에서 여성의 타자화를 논하지 않았다면 『노년』이 과연 가능했을까? 일자리에서 밀려나고 경제적 불평등을 겪는다는 점에서, 공적 지위나 역할이 상대적으로 축소되고 비하의 대상이 된다는 점에서 여성과 노인이 겪는 사회적 타자화에 많은 공통점이 있다고 보부아르는 보았다.[10] 또한 타자화에 익숙한 여성들이 일반적으로 더 오래 살고, 가정 내 역할을 지속하면서 나이듦에 보다 유연하고 자연스럽게, 효과적으로 대처하는 반면, 남성들은 역설적으로 노년에 겪는 사회적 소외와 타자화에 더 취약하다고 보았다.[11] 보부아르가 『노년』에서 남성들의 노년에 집중하고 여성의 노년에 특별한 관심을 보이지 않은 이유다. 『제2의 성』이 던진 화두를 페미니즘 운동의 자양분으로 삼았던 페미니스트들은 『노년』을 자기반성의 기회로 삼고 여성의 노년을 적극적으로 연구하기 시작했다.

누스바움이 페미니즘 담론에 적극 기여해왔다고 할 수는

없지만『지혜롭게 나이 든다는 것』은 영미권 페미니즘의 역사를 분명 소환하고 있으며 그 성과에 기대고 있는 측면도 많다. 지금 활약하고 있는 많은 미국 여성 지식인과 마찬가지로 누스바움 역시 제2물결 페미니즘의 수혜자다. 누스바움이 1970년대의 제2물결 페미니즘을 경험한 베이비붐 세대 여성들을 호명하면서 질문을 던지는 대목에서 이 책의 독자층이 분명해진다. 누스바움은 젊은 시절 베이비붐 세대에게 "넘쳤던 그처럼 심오한 자기 사랑은 지금 어디로 갔는가?"라고 자문한다. 페미니즘을 통해 "우리는 우리 자신의 몸이 불결하고 불쾌하고 수치스러운 것이 아니라 역동적이고 경이로운 것이라고 생각하기에 이르렀"는데, "우리 베이비붐 세대가 나이 들고 있는 지금, 몸에 대한 그 사랑과 열정은 어디로 간 걸까?" 자기혐오와 자기부정에 맞서 싸웠던, "이제 노년기에 진입한 베이비붐 세대인 우리가 '밤을 되찾아올(take back the night)' 때가 아닐까?"[12] 이 구호는 설명이 필요하다. 70년대 여성들이 밤늦게 귀가하다 살해당하는 사건이 이어지자 미국 대학생들은 여성에 대한 폭력에 저항하기 위한 시위를 시작했다. 이때 사용된 구호가 'Take back the night'로, 한국에서는 이 전통이 '달빛 시위'라는 이름으로 이어지고 있다. 누스바움의 말인즉슨, 페미니즘 안에 연령차별주의가 존재하며 노년은 페미니즘의 내면화된 밤이라는 것이다.

　린 시걸(Lynne Segal)이 지적하듯, 초기 페미니즘은 실질적으로나 상징적으로나 젊은 여성들의 운동이었고 이들에게 무엇보다 절실했던 과제는 나이 든 어머니의 삶을 답습하지 않는 것이었다.[13] 그러나 초기 페미니즘 운동에 앞장섰던 여성들이 노년을 맞이한 지금, 페미니즘이 노년을 주변화해왔음에 눈뜨게 된 나이 든 페미니스트는 자기 안에 억압되었던 노년의 의미를 다시 설정해야 하는 과제를 마주하게 되었다. 그리하여 누스바움은 자신의 노화와 불화하는 베이비붐 세대 여성들이 페미니즘을 통해 얻은 것이 과연 무엇이었는지 묻는 것이다. 누스바움의 관점에서 보부아르의 노년론은 초기 페미니즘의 내면화된 밤에서 조금도 깨어나지 못한 어두운 패배주의와 다름없다. 그러나 노년의 타자화와 노인에 대한 억압을 상세하게 분석한 보부아르가 노년에 대한 사회적 편견에서 전혀 벗어나지 못하고 있다고 분노하는 누스바움의 독법은 섬세하지도 공정하지도 않다. 보부아르가 여성의 노년에 특별한 관심을 두지 않은 이유는 성별 외에도 경제적 여건, 은퇴 나이, 가족관계, 국적과 문화 등 수많은 변수에 따라 노년이 달리 경험될 수밖에 없다고 보았기 때문이다. 반면 수전 손택(Susan Sontag)은 노년을 무엇보다 여성이 겪는 시련이라고 보았다.

노년의 이중 잣대

손택에 의하면 나이듦에는 '이중 잣대'가 존재한다. 「나이듦에 있어서의 이중 잣대(The Double Standard of Aging)」에서 손택은 남성들이 나이가 들어서도 사회적 지위와 성적 매력을 유지하고 인정 받는 반면, 대부분의 여성들은 나이듦을 '점진적 성적 자격박탈이라는 수치스러운 과정(a humiliating process of gradual sexual disqualification)'으로 경험한다고 주장한다. 성적 대상으로서의 정체성에 더 이상 기댈 수 없게 된 여성들에게, 특히 그 밖의 사회적 정체성이 결여된 여성들에게 노년은 더욱 가혹한 경험일 수밖에 없다. 젊은 여성의 몸이 특별한 사회적 관심의 대상이 되고 늙은 여성의 몸이 혐오의 대상이 되는 상황에서 여성들은 나이를 필사적으로 감추고 젊어 보이려고 노력한다. 손택은 나이듦에 대한 이러한 이중적 잣대를 근대의 도시화된 사회가 만들어낸 상업주의와 소비주의라는 맥락에서 이해하면서 여성들에게 다음과 같이 조언한다. 이 이중 잣대를 거부하고 영원히 젊은 소녀의 모습으로 살아가기를 포기하라. 나이 든 얼굴을 부끄러워하지 말고 진실을 말하라. 그리고 여성들이 나이 들어서도 누릴 수 있는 즐거움에 눈떠라.[14]

손택은 이 에세이를 1972년에 발표했다. 불과 2년 전에 출간된 보부아르의 『노년』을 읽지 않았을 리 없다. 여성과 남성이 노년을 다르게 경험한다는 보부아르의 통찰을 이어받으면서도 손택은 노년에 성차가 있음을 보다 적극적으로 주장했고 노년의 이중 잣대를 간파하여 베이비붐 시대에 태어난 여성들을 계몽하고자 했다. 보부아르의 관심이 객관적, 신체적 위기로서의 노년에 있었다면, 손택의 관심은 '상상력의 위기(crisis of the imagination)' 속 노년, 특히 주관적으로 경험하는 때 이른 노년에 있었다. "여성들은 남성들보다 노년과 친밀하게 관계한다."고 말한 손택은 여성들이 노년을 스스로 내면화하는 방식을 비판했다.[15] 그러나 1990년대 이후 페미니즘은 여성과 노년의 친연성에서 새로운 학문적, 실천적 가능성을 길어 올리고 있다.

새로운 노년학을 위해

2003년에 출간된 책 『나이듦을 배우다(Learning to Be Old: Gender, Culture, and Aging)』에서 저자 마거릿 크룩섕크(Margaret Cruikshank)는 말한다. "이 책은 여성학이나 노년학이 '늙음'이

'여성'을 의미한다는 사실을 포착하지 못했다는 확신에서 시작되었다." 크룩생크는 손택이 주장한 노년의 이중 잣대를 상기하면서 누스바움과 마찬가지로 노년에 대한 페미니즘의 무관심을 반성한다. 그러나 크룩생크가 제안하는 해결책은 손택이나 누스바움이 제안하는 개인적 깨우침과는 차원이 다른 제도적 대전환으로, 그 주된 대상은 페미니즘이 아니라 노년학, 특히 미국의 '주류 노년학(mainstream gerontology)'이다. 자신이 분석하고 비판하는 대상이 미국 사회와 문화라는 점을 분명히 하는 크룩생크는 자립(self-reliance)을 지나치게 강조하는 미국의 개인주의, 성공주의, 물질주의 속에서 노인들이 주변화되고 타자화되고 있다고 진단한다. 노화를 "신체적 쇠락"과 동일시하고 질병화하는 패러다임, 인구 고령화와 노인 인구의 증가를 거대한 위협으로 간주하는 정치적 패러다임, 노인의 몸을 끊임없는 치료와 관리의 대상으로 여기는 의학·약학적 패러다임은 우리가 노화를 부정적으로 사고하도록 조건화하여 왔다. 일례로 노인의 신체를 비정상화하는 '안티에이징(anti-aging)' 의술과 산업은 노인의 몸에 대한 공포를 조장하고 노인들은 이에 순응하여 노화를 극복의 대상으로 여기며 필사적으로 '관리'에 들어간다. 노화를 수시로 의료적, 사회적, 제도적 개입이 필요한 상태로 접근하는 주류 노년학은 이러한 문화적 편견으로부터 자유롭지 못하다. 노년학에서 내세우는 '성공적인 노년(successful aging)'이나 '생산적인 노년(productive aging)'과 같은 이념은 겉으로는 "노년의 다양한 잠재성"을 옹호하는 듯하지만 결국 노화에 대한 책임을 개인에게 돌리고 "백인 중산층 전문직 남성의 시점"을 전제한다는 위험성을 내포하고 있다.[16]

크룩생크는 연령차별주의와 노인혐오를 넘어선 "대항문화로서의 노년학(countercultural gerontology)"을 대안으로 제시한다. 여기에는 "인문학적 노년학(humanistic gerontology)과 비판적 노년학(critical gerontology), 페미니스트 노년학(feminist gerontology) 등이 포함"된다.[17] 비판적 노년학이 주류 노년학의 "숨은 가설과 가치판단적 해석"으로 인해 발생하는 이론적 문제를 드러내고 "노화의 양적연구를 우선시하는 태도에 의문을 제기"한다면, 페미니스트 노년학은 여성학에서조차 늙은 여성을 기피해온 현실을 직시하고 노년에 대한 본격적이고 자기성찰적인 연구를 도모한다. "우리 역시 내면화된 연령차별주의에 감염되어 있"음을 인정하는 것이 페미니스트 노년학의 출발점이다.[18] 페미니스트 이론에서 '여성'을 보편적 범주로 섣불리 보지 않듯, 페미니스트 노년학 역시 노년을 상호교차성 이론에 따라 사회적 정체성을 구성하는 여러 측면 중 하나로 신중하게 접근한다.

　노년이 생물학적 상태라기보다는 사회 구성물이요 문화 산물이라면, 그 의미는 주어진 것이 아니라 배우는 것이리라. 배움에는 좋은 배움 못지 않게 그릇된 배움도 있다. '나이듦을 배운다.'라는 크룩섕크의 말은 좋은 배움과 그릇된 배움을 모두 염두에 두고 한 말이다. 나이듦에 대해 우리가 잘못 배웠으니 "우리가 진실이라고 생각하는 것 중 많은 부분을 뜯어고쳐야" 할 것이고, 나이듦에 대해 제대로 배우기 위해서는 "두려워하지 않고 깨어 있는 자세로" 임해야 할 것이다. 배움을 비우기, 그리고 새로 배우기. 나이듦을 숙명이 아닌 도전과 기회로 바라보는 태도다.[19]

'노년'이라는 플롯

"서술은 페미니스트 노년학의 핵심이며, 노년학 지식으로 간주되어야 한다".[20] 문제는 노년에 관한 서술이 그동안 상대적으로 빈곤했다는 데 있다. 노년에 관한 서술의 결핍은 어디에서 비롯되는가. 손택은 "행복에 대한 가장 대중적 은유는 젊음"이라 했다.[21] 프랑코 모레티(Franco Moretti) 역시 『세상의 이치(*The Way of the World: The Bildungsroman in European Culture*)』에서 교양소설의 주인공을 청년(youth)이라고 규정하면서 서양 근대문학 서사를 추동하는 원동력을 젊음이라 정리한 바 있다. 청년의 '성장'이 서양 근대소설의 핵심 모티프로 설정되면서 근대적 주체로 규정된 청년은 두 개의 상반되는 과제를 떠안게 된다. 한편으로는 끊임없이 변화하고 발전하는 자유로운 정체성을 선보일 것, 다른 한편으로는 성장을 통해 성숙에 도달할 것. 양립할 수 없어 보이는 이 두 과제는 많은 경우 '결혼'이라는 애매하고 잠정적인 타협을 통해 불안정하게나마 화해한다고 모레티는 진단한다. 이 '성장' 서사의 상징 체계, "청춘의 형이상학"의 관점에서 노년은 "일상의 부질없는 반복을 통하여 도달"한, 성장이 이미 멎은, 따라서 서사를 추동할 힘을 결여한, 행복을 추구하기에는 너무 뒤늦고 진정성을 담아내기에는 너무 비루한 "잉여의 연령"일 뿐이다.[22]

그렇다면 여성 청년이 주인공인 경우는 어떠한가? 페미니스트 문학비평가들은 여성 청년들의 경우 자유와 성숙이라는 두 과제 중 성숙에 방점이 찍히면서 변화보다는 안정, 모험(adventure)이나 탐험(quest)보다는 로맨스를 선택하는 패턴이 연출된다고 지적해왔다. 여성 청년에게 제공되는 '성장' 서사는 모레티가 분석한 자유와 성장 간의 근대적 긴장 대신 타협을 우선시한다.[23] 여성 청년이 주인공인 경우, 소설가는 사랑과 모험을 분리하고 성별의 차이를 극대화하여 성적 불균형을 승인·심화하면서 가족이라는 체제 안에 젊은 여성을 편입시킨다. 젊은 여성조차 근대적 서사에서 주인공다운 역할(즉, 근대성의 불안정하고 역동적인 면모를 상징적으로 보여주는 역할)을 부여받지 못했으니, 나이 든 여성의 사정이 더 열악한 것은 어찌 보면 자연스러운 일이다. 서양 근대소설이 젊은 비혼 청년의 이야기를 중심으로 전개되다 보니 노인들은 서사의 주변부에서 주로 기거해왔고, 그 주변부에서조차 나이 든 여성이 할 수 있는 역할이란 어차피 제한적이었다.

청년의 서사를 담아내는 그릇이 성장소설이라면 노년의 서사를 담아낼 그릇에는 무엇이 있을까? 크룩생크는 노년학이 "개인적 서술"과 "구술 역사"를 보듬어 "지식을 추구하고 재현하는 본질적 형태로서의 서술의 재발견"에 참여할 것을 요구한 바 있다.[24] 실제 노인들이 직접 증언하는 삶의 이야기는 "불확실하고 파편적이고 계시의 순간을 짚어내지 못"하며, 서사가 전진하는 느낌이 부족하여 답답할 수도 있지만, 정해진 형식도 내용도 없어서 예상을 뛰어넘는 신선한 충격을 주기도 한다.[25] 보부아르는 노년에 이르러 여성성이 박탈되는 경험을 신체적 "훼손(mutilation)"으로 명명했지만,[26] 저메인 그리어

(Germaine Greer)나 글로리아 스타이넘(Gloria Steinem) 등 제
2세대 페미니스트들의 자서전을 보면 노년에 이르러 성장 서
사가 강요해온 이성애적 욕망과 섹슈얼리티로부터 해방되었
음을 오히려 경축하는 분위기다.[27] 데버라 레비는 21세기에 들
어선 지금, "남성들이 쓰고 여성들이 연기한 여성성이란 유령"
은 "환상이요 망상, 집단적 환영(an illusion, delusion, a societal
hallucination)"임을 선언한다.[28] 여성성이란 환영과 굴레에서
벗어난 여성 노인의 삶은 어디로 튈지 모른다. 노년을 죽음, 우
울, 질병, 광기, 공포, 분노 등의 정서로 다루던 문학적 관습이
달라지고 노년을 인생의 마지막 지점 혹은 플롯의 막다른 귀
결이 아닌 나이듦이라는 해방의 과정으로 이해하는 경향이 짙
어지고 있으니, 그만큼 시대가 바뀌었다고 할 수 있겠다.

의존과 돌봄

"젊은 사람이나 나이 든 사람이나, 남성이나 여성이나, 노년
을 생각할 때 가장 싫어하는 것은 노년이 상징하는 의존성이
다."[29] 노년에 어쩔 수 없이 남에게 의존하게 되는 것을 미안하
고 부끄럽고 심지어 수치스러운 일로 생각하는 경향에는 동서

양이 없다. 노년의 의존성을 부정적으로 생각하는 문화는 노인을 돌보는 자에 대한 폄하로 이어진다. 여기에 노년과 여성을 엮는 또 다른 메커니즘이 있다.

전희경·메이·이지은·김영옥의 『새벽 세 시의 몸들에게: 질병, 돌봄, 노년에 대한 다른 이야기』는 "늙고 아픈 사람을 돌보는 이들의 절대다수가 여성인" 현실에서 한국의 노년을 책임지고 있는 여성노동 문제를 분석한다. 한국의 돌봄 불균형을 "반세기 이상 누적된 젠더 부정의"로 규정하는 전희경은 "돌봄은 기꺼움보다는 고역이었으며, 새로운 관계성보다는 희생과 독박, 학대나 방치에 더 가까이 있었다."고 주장한다.[30] 노르베르트 엘리아스(Norbert Elias)는 『죽어가는 자의 고독 (Über die Einsamkeit der Sterbenden)』에서 현대인들이 점점 더 고독하게, 사회로부터 격리된 채 사망하는 현상을 문제 삼은 바 있다. 한국에서 고독하게 죽어가는 자의 옆자리를 지켜온 것은 고독한 돌봄 여성들이다. 『새벽 세 시의 몸들에게』는 노년을 나의 가까운 미래로 인정할 때 맞닥뜨리게 되는 질문 "늙고 아프면 누가 나를 돌봐줄 것인가?"를 통해 노년을 둘러싼 우리의 관계성에 대한 성찰을 요구하며, "그간 '사회'를 구성하는 기본 요소로 여겨져왔던 건강한 몸, 독립적 개인, 개인의 소유물로서의 권리라는 관념들을 비판적으로 되짚어보아야 한다"라고 일깨운다.[31] 우리는 "취약함이 기본이 되는 '다른 사회'를 구상"할 필요가 있다. 사회가 "젊고 건강한 이들만을 위한 것"이 된다면 "언젠가 젊고 건강한 이들 또한 반드시 배신할 것"이다. 나이듦을 돌봄과 함께 생각할 때 우리는 "몸의 유동성과 취약성을 탈각시킨 '추상적 개인'이라는 관념"을 반성하게 되고 우리의 상호 의존성을 인정하게 된다.[32]

『새벽 세 시의 몸들에게』가 보여주는 새로운 사회에 대한 상상력의 중심에는 "시민적 돌봄"이 있다. 전희경은 이를 다음과 같이 설명한다. 시민적 돌봄은 돌봄이 개인의 의무가 아닌 공공의 의무임을 확인하는 데서 시작하여 제도와 정책의 변화뿐만 아니라 "관계의 구체성과 시간의 지속성을 통해서만 가능한 신뢰와 우정, 고유성에 대한" 성찰을 요구한다.[33] 건강하고 독립적인 개인이 아닌, 취약하고 아픈, 나이 든 개인을 사회의 중심에 놓을 때 많은 사회적, 철학적 개념이 수정될 수밖에 없다고 주장하는 이 책은 바로 그 수정 작업의 훌륭한 예시다.

견디는 시간

돌봄과 나이듦의 시간이 갖는 유사성에 대해 훌륭한 단서를 제공하는 책으로 나는 리사 바레이처(Lisa Baraitser)의 『견디는 시간(Enduring Time)』을 꼽고 싶다. 이 책은 딱히 노년을 다루고 있지는 않지만 나이듦과 시간에 대해 많은 생각거리를 던진다. 바레이처는 끊임없이 흘러가는, 되돌릴 수 없는, 선형적, 일방향적 시간이 아닌 '**지나가지 않는** 시간에 대한 체험적 경험(felt experiences of time not passing)'을 다룬다. 우리가 주관적으로 경험하는 정지된, 유배되고 유예된 시간에 어떤 의미를 둘 수 있을까? 바레이처에 의하면 미래가 소멸해버린 듯한 이러한 시간적 경험은 특정한 사회적 행위와 관련 있다. 그는 이를 "머무르기, 보존하기, 반복하기, 미루기, 견디기, 기다리기, 기억하기, 남기(staying, maintaining, repeating, delaying, enduring, waiting, recalling, remaining)"라 말하는바, 이들 행위는 대부분 여성의 노동·돌봄과 관련이 있는 행위다. 뭘 딱히 하고 있다고 말하기 어려운 이러한 행위를 하는 동안 시간은 흐르지 않고 고이게 되고(seems to pool), 우리는 그 시간 속에 침잠하여 가라앉는다.[34] 성장의 시간, 혁명과 파열의 시간, 사건의 시간, 파격과 새로움과 변혁의 시간이 아닌, 생산적 시간의 정반대인 이러한 정지된 시간에 어떤 윤리성을 부여할 수 있다면, 그것은 우리를 지배하는 미래지향성에 대한 근본적인 회의에서 출발할 것이다. 미래와 성장, 성숙에 대한 강박을 포기하고 정지된 시간을 숨쉬다보면 새로운 창작의 가능성이 열린다고 바레이처는 말한다.

8,500명의 청소 노동자와 악수를 한 퍼포먼스 아티스트, 42년을 독방에서 감금되어 지내면서 자신이 출소하면 살고 싶은 집을 설계한 재소자, 정신병원에서 50년을 지내면서 단추, 병, 폐지, 실, 신발 등의 폐품을 수집해 수많은 오브제를 만든 환자의 사례를 통해 바레이처는 진행을 멈춘 시간의 정치성, 윤리성과 창의성을 논한다. 예외적이고 심지어 극단적인 이러한 예를 통해 그가 역설적으로 말하고자 하는 것은 '지나가지 않는 시간'의 일상성, 반복성, 참을성 그리고 윤리성이다. 바레이처가 한편으로는 돌봄의 노동, 다른 한편으로는 미래가 '취소'된 듯한 21세기 자본주의 사회의 위기와 연결하여 분석하는 이러한 시간의 윤리는 나이듦에도 적용이 가능하다고 생각한다. 나이듦의 시간 경험 역시 미래보다는 멈춤, 전진보다는 정지와 통한다. 나이듦의 심리적 시간은 달리기, 깨트리기, 뚫고 나가기와 같은 젊고 역동적인 동작보다는 머물고 반복하고 견디며 기다리기, 참기, 내려놓기, 포기하기에 상징적으로 훨씬 가깝다. 이러한 심리적 시간 체험은 고통을 수반한다. 시간이 멈추는 경험은 "'미래'라는 시간지평"[35]의 소실을 의미한다는 점에서 죽음을 닮아있기 때문이다. 그렇지만 이렇듯 유

예된 시간을 경험하는 자는 몸의 유한성과 의존성을 감각하게 되고, 우리가 살아가는 세상을 유지하고 지속하고 치유하는 데 소요되는 노동과 노력에 눈뜨게 되며, 미래에 기대지 않는 시간 전략을 모색하게 한다. 미래의 불확실성이 그 어느 때보다 커진 21세기에 더더욱 필요해진 것이 시간에 대한 새로운 상상력이라면, 바레이처의 '견디는 시간'이 하나의 대안이 될 수 있다. 견디는 시간은 돌봄의 시간, 공유와 연대의 시간, 유지하고 보존하고 보살피며 지연하고 유예하는 시간, 느리게 가는 시간이다. 『견디는 시간』은 나이듦이 예술적 실천의 장이 될 수 있겠다는 생각마저 들게 하는 책이다.

나이듦과 공존

나이듦은 과정이다. 시간을 느끼는 방법이자 삶의 서사를 써나가는 방식이다. 나이란 원래 상대적이고 유동적이며 중첩적이다. 정신분석학자 도널드 위니컷(Donald Winnicott)의 말마따나, "사람들을 자기 나이로만 볼 수는 없다." 사람들에게 "모든 나이이거나 아무런 나이도 아닌 측면이 어느 정도 다 있다."고 봐야 하기 때문이다(This is because people are not just their own age; they are to some extent every age, or no age).[36] 나이를 아무리 많이 먹어도 우리는 어머니 앞에서 여전히 어린 자식이고, 유년의 경험에서 완전히 벗어나지 못하며, "독립이란 것은 원체 존재하지 않는다(there is no such thing as independence)."[37] 나이듦의 심리적 느낌은 과거와 현재가 혼재되고 뒤섞이는 "시간의 현기증(temporal vertigo)"[38] 혹은 "시간 질서의 파괴(disordered time)"[39]에 가깝다. 이러한 시간 경험으로부터 우리는 무엇을 끌어낼 수 있을까?

나이 들어가고 늙어가는 과정을 묘사하고 분석한 많은 책은 개인의 실존적 경험에 초점을 맞추는 경향이 있다. "우리는 늙어가며 시간을 발견한다."[40]고 말한 장 아메리(Jean Améry)는 노년에 미래로부터 멀어지며 현재의 '문화적 시간'과 괴리감을 느끼고 사회에 의해 '노년'이라는 '사회적 시간'에 갇히게 된다고 보았다.[41] 그리고 이 과정에서 개인이 느끼게 되는 실존주의적 허무, 고독, 고통을 주로 다뤘다. 그러나 나이듦이 그저 고독한 과정이어야 한다고 생각하지 않는다. 우리는 같이 나이 들어간다. 우리의 노년을 걱정하기에 앞서 우리가 돌보아야 하는, 우리보다 나이 든 이들의 나이듦을 먼저 걱정한다. 신형철은 "돌보는 사람은 언제나 조금 미리 사는 사람"이라고 했다.[42] 돌봄은 나이듦을 배우고 연습하는 과정이다. 우리는 나이듦을 미리 상상하고 나이듦에 공감하면서 나이듦을 돌본다. 나이듦에 대해 읽는 시간 역시 나이듦을 "언제나 조금 미리 사는" 시간일 수 있다. 나이듦에 대해 독서하면서, 나이듦을 고독한 시간보다는 관계하고 노력하고 서로 돌보는 시간으로 생각하고 싶어졌다. 조금 미리 나이 든 느낌이다.

01 유럽사에 나타난 나이듦의 다양한 이미지

1 Guglielmo Giumelli(2018), *Vecchi, vecchie e vecchiaie nella letteratura e nel cinema*, Genova: Il Melangolo, 121, 127, 129.

2 팻 테인(2012), 「노년의 시대」, 팻 테인 편, 안병직 역, 『노년의 역사: 고정관념과 편견을 걷어낸 노년의 초상』, 글항아리, 19.

3 안병직(2012), 「역자 서문」, 『노년의 역사』, 9-11; 팀 파킨, 「고대 그리스와 로마 세계」, 『노년의 역사』, 71.

4 팀 파킨(2012), 「고대 그리스와 로마 세계」, 『노년의 역사』, 글항아리, 97, 100, 112.

5 조르주 미누아(2010), 『노년의 역사: 고대에서 르네상스까지 서양 역사에 나타난 노년』, 박규현·김소라 역, 아모르문디, 116, 136-137, 219.

6 조르주 미누아(2010), 위의 책, 179, 200.

7 시몬 드 보부아르(2002), 『노년: 나이듦의 의미와 그 위대함』, (개정 1판), 홍상희·박혜영 역, 책세상, 170-172.

8 조르주 미누아(2010), 『노년의 역사』, 155.

9 Guglielmo Giumelli(2018), *Vecchi*, 127.

10 린 헌트(1999), 『프랑스 혁명의 가족 로망스』, 조한욱 역, 새물결, 62-66, 81.

11 데이비드 G. 트로얀스키(2012), 「18세기」, 『노년의 역사』, 291-298. 특히 "재결합의 축제" 그림은 292-293쪽을 보라.

12 팻 테인(2012), 「20세기」, 『노년의 역사』, 402.

13 Giovanni Ansaldo(1949), *Il Ministro della Buona Vita: Giovanni Giolitti e i Suoi Tempi*, Milano: Longanesi0, 581; Emilio Gentile(2001), "GIOLITTI, Giovanni", *Dizionario Biografico degli Italiani 55*, Treccani.
https://www.treccani.it/enciclopedia/giovanni-giolitti_(Dizionario-Biografico)에서 재인용(검색일: 2022년 9월 19일).

14 Piero and Ada Gobetti(2017), *Nella Tua Breve Esistenza, Lettere 1918-1926*, ed. Ersilia Alessandrone Perona, Torino: Einaudi, 114. 강조는 인용자의 것.

15 Piero and Ada Gobetti(2017), 위의 책, 121. 강조는 인용자의 것.

16 장문석(2023), 『토리노 멜랑콜리』, 문학과지성사, 102-103.

17 키케로(2005), 『노년에 관하여, 우정에 관하여』, 천병희 역, 숲, 48-50; 조르주 미누아 (2010), 『노년의 역사』, 212-213에서 재인용.

18 Alberto Asor Rosa(1975), "La Cultura", *Storia d'Italia, vol. 4, Dall'Unità a Oggi*, Torino: Einaudi, 1567-1569, 1576-1577.

19 Mario Gheddo(2019), *Commissione Interna: Ricordi di Mario Gheddo*, ed. Renato Bresciani, Torino: Effatà Editrice, 90-91.

20 Marco Revelli(1989), *Lavorare in Fiat da Valletta ad Agnelli a Romiti: Operai Sindacati Robot*, Roma: Garzanti, 78. 또한 장문석(2021), 「갈등에서 헤게모니로: 피아트 노동자들과 경영진의 관계 변화, 1969-1980」, 『역사학보』 252권, 509쪽을 참조하라.

21 Guglielmo Giumelli(2018), *Vecchi*, 11. 강조는 원문의 것.

22 Guglielmo Giumelli(2018), *Vecchi*, 14.

23 안병직(2012), 「역자 서문」, 『노년의 역사』, 11-12.

24 Guglielmo Giumelli(2018), *Vecchi*, 11, 129.

02 노년에 관한 네 가지 불평과 반론

1 이 글은 「나이듦에 관한 서양 고전의 담론 - 키케로를 중심으로」 라는 제목으로 『가톨릭철학』 40호(2023)에 발표된 논문을 약간 다듬은 것이다.

2 Ita enim senectus honesta est, si se ipsa defendit, si ius suum retinet, si nemini emancipata est, si usque ad ultimum spiritum dominatur in suos. 원문은 다음 비판본을 따라 인용하되, 전통적인 방식대로 비판본 쪽수가 아니라 절 번호를 기입하는 방식으로 한다. Cicero(2006), *De Re Publica, De Legibus, Cato Maior de Senectute, Laelius de Amicitia*, J.G.F. Powell ed., Oxford: Clarendon Press. 필요한 경우 필자가 직접 번역하거나 다음 번역본을 인용하였다. 키케로(2011), 『노년에 관하여, 우정에 관하여』, 천병희 역, 숲. 참조를 위해 원문의 절 옆에 번역본의 쪽수를 병기한다. *De Senectute* 38, 천병희 역 48.

3 이 글보다 포괄적인 방식으로 서양 고전의 담론을 추적하는 연구로 다음을 참고. 장미성(2021), 「노년은 인생의 비극인가: 키케로의 『노년에 관하여』를 중심으로」, 『인간.환경.미래』 26, 7-34.

4 *De sen* 1, 천병희 역 17.

5 Cicero(1988), *Cato Maior de senectute*, edited with introduction and commen-

tary by J.G.F. Powell, Cambridge, 3.

6   *De sen* 1, 천병희 역 18.

7   *De sen* 49, 천병희 역 58-60.

8   삶은 단순히 존재하는 것 이상이라는 생각, 타인에게 중요한 시간을 다 내어주면서 정작 자기 자신에게는 시간을 내어주지 않아 인생이 짧다는 생각은 세네카의 작품에서 잘 드러난다. "백발이고 주름이 많다고 해서 그가 오래 살았다고 말할 이유는 없습니다. 그는 오래 산 것이 아니라 다만 오래 있어 왔던 것입니다. 거센 폭풍에 항구를 떠나 이리저리 끌려다니며, 사방으로 미쳐 날뛰는 바람 때문에 제자리를 맴도는 사람을 두고 어떻게 오래 항해했다고 말할 수 있겠습니까? 그는 오래 항해한 것이 아니라 오래 떠밀려 다닌 것뿐입니다." Seneca(1977), *De brevitate vitae* 7, 세네카 인용은 *L.Annaei Senecae Dialogorum Libri Duodecim*, ed. L.D.Reynolds, Oxford를 따른다. 세네카(2016), 「인생의 짧음에 관하여」, 『세네카의 대화: 인생에 관하여』, 김남우, 이선주, 임성진 역, 까치, 307.

9   키케로 자신이 이어지는 작품 『*De amicitia*』에서 작중 화자인 카토를 자기처럼, 작중 청자인 스키피오와 라일리우스를 작품의 수신자인 아티쿠스처럼 느낀다고 말하고 있다. "그 글에서 나는 노인으로 다른 노인에게 노년에 관하여 이야기하지만, 이 글에서는 절친한 친구로서 친구에게 우정에 관하여 이야기한다네." *De amiticia* 5, 「우정에 관하여」, 천병희 역 101.

10   *De sen* 7, 천병희 역 22.

11   참고 Parkin, T.G.(1998), "Ageing in antiquity. Status and participation", Johnson, P. (ed.) *Old Age: From Antiquity to Post-Modernity*, London, 34.

12   *De sen* 9, 천병희 역 23.

13   *De sen* 17, 로마사에서 '원로원'으로 번역되는 라틴어 세나투스(senatus)가 나이 든 사람(senes)들에게 발견되는 경험과 지혜와 숙의의 능력에 토대를 둔 것이라는 누스바움의 지적도 참고하라. 마사 누스바움, 솔 레브모어(2018), 『지혜롭게 나이 든다는 것』, 안진이 역, 어크로스, 25.

14   *De sen* 21, 천병희 역 34.

15   *De sen* 33, 천병희 역 44. 번역 일부 수정.

16   *De sen* 66, 천병희 역 76.

17   키케로 자신 주제에서 잠깐 벗어나는 것을 의식하면서 보고하는 다음의 에피소드도 노년의 덕과 행복에 관한 그의 태도를 잘 보여준다. "쿠리우스가 화롯가에 앉아 있을 때 삼니움인들이 큰 금덩이를 가져왔지만 그는 이를 거절했다네. 그의 말인즉, 황금을 가지는 것보다 황금을 가진 자들을 지배하는 편이 자기에게는 더 영광스러워 보

인다는 것이었네. 그토록 위대한 정신이 노년이 되었다고 하여 행복을 느끼지 않을 수 있었겠는가?" *De sen* 55, 천병희 역 65.

18 사회적 인정과 존경의 문제에 관해 다음을 참고. Parkin, T.G.(1998), "Ageing in antiquity. Status and participation", Johnson, P. (ed.) *Old Age: From Antiquity to Post-Modernity*, London, 26.

19 *De sen* 64, 천병희 역 75.

20 키케로처럼 사회적 성취에 따르는 존경은 아니지만, 노년에야 비로소 도달하는 정서적 균형(emotionale Ausgeglichenheit)을 평생에 걸친 과업의 하나로 지적하는 연구도 있다. Kast, V. (2016), *Altern - immer für eine Überraschung gut*, Ostfildern: Patmos, 85.

21 애런슨은 '깊이가 다른 삶의 만족감(profound sense of life satisfaction)'으로 표현한다. 루이즈 애런슨(2020), 『나이듦에 관하여: 나이듦을 재정의하고 의료 서비스를 혁신하여 우리 삶을 재구상하다』, 최가영 역, 비잉, 74.

22 *De sen* 71, 천병희 역 80.

23 *De sen* 71, 천병희 역 81.

24 *De sen* 73, 천병희 역 83.

25 우리의 영혼이 자아의 더 나은 부분이라는 생각이나 바로 이 부분이 불멸한다는 생각은 서양 고전 시기의 도덕적 담론을 관통하는 생각 중 하나였다. 세네카, Ep.58; Parkin, T.G.(1998), "Ageing in antiquity. Status and participation", Johnson, P. (ed.), *Old Age: From Antiquity to Post-Modernity*, London, 28. 호라티우스, "내 전부가 죽는 일은 없으리라. 나의 많은 부분은 죽음의 신을 피할 것이니…"(번역은 필자), Carm. 3.30 non omnis moriar multaque pars mei / vitabit Libitinam.

26 *De sen* 84, 천병희 역 91.

27 유사한 접근을 보여주는 다음을 참고하라. 루이즈 애런슨(2020), 『나이듦에 관하여: 나이듦을 재정의하고 의료 서비스를 혁신하여 우리 삶을 재구상하다』, 최가영 역, 비잉, 14.

28 노년에 고유한 아름다움이 있다는 생각을 잘 표현한 현대적 예로 다음을 들고 싶다. "인간의 생사는 자연의 이치고 자연이 하는 일은 다 아름답다. 스러져가는 생명에는 역동하는 젊음과는 다른 종류의 아름다움이 있다. 보다 정적이고 절제되어 있어서 눈여겨보지 않으면 알아채기 어려운 아름다움이다. 천수를 누리고 오늘내일하는 어르신의 쭈글쭈글한 몸에 모든 감각이 그대로 살아 있다. 뭔가가 마침내 완벽한 대칭에 도달해 완성된 느낌이다. 아, 이래서 인간이 태어나서 죽을 때까지를 생명주기라고 부르나보다 하고 그때 나는 생각했었다." 루이즈 애런슨(2020), 『나이듦에 관

하여: 나이듦을 재정의하고 의료 서비스를 혁신하여 우리 삶을 재구상하다』, 최가영 역, 비잉, 126.

29 노년인데 새로 배워서 언제 써먹느냐는 질문과 무관하게 성립하는 지식의 종류들이 주로 거론되는 것도 주목할 만하다.

30 플라톤의 대화편에서는 죽음 이후의 삶이 현생에서의 삶에 대한 논의에 자주 등장하지만 『크리톤』편의 마지막 대목만 인용하겠다. 대화의 어느 대목에서 의인화된 아테네 법이 등장해서 마지막에 소크라테스에게 저승에서 자신들의 형제인 하데스의 법률이 탈옥한 소크라테스는 반기지 않을 것이란 말을 한다. "하지만 당신이… 당신 자신과 친구들과 조국과 우리에게 해를 주고서 여기서 나간다면, 우리는 당신이 살아 있을 땐 당신에게 화를 낼 것이고, 저승에서는 우리의 형제인 하데스의 법률이 당신을 반겨 맞이하지 않을 것이오." 플라톤(2009), 『크리톤』54c, 이기백 역, 이제이북스, 52.

31 Classen, A.(2012), "Einleitung", A. Classen (ed.) *Gutes Leben und guter Tod von der Spätantike bis zur Gegenwart*, Berlin/Boston: De Gruyter, 78-79.

32 Johnson, P.(1998), "Historical readings of old age and ageing", *Old Age: From Antiquity to Post-Modernity*, London: Routledge, 3.

33 사회와의 연관성은 양날의 칼처럼 작동할 수 있다. 일정 나이 이상에서 병역 등 사회적 의무로부터 면제되는 현상을 더 이상 온전한 의미의 시민이 아님을 함축하는 것으로 이해하거나 더 이상 사회에 쓸모가 없는 존재로 이해하는 길이 열려 있기 때문이다. Parkin, T.G.(1998), "Ageing in antiquity. Status and participation", Johnson, P. (ed.) *Old Age: From Antiquity to Post-Modernity*, London: Routledge, 38.

34 인간 향상과 관련한 일반적 논의로 다음을 추천한다. 마이클 샌델(2016), 『완벽에 대한 반론』, 이수경 역, 와이즈베리; 앨런 뷰캐넌(2015), 『인간보다 나은 인간: 인간 증강의 약속과 도전』, 심지원, 박창용 역, 로도스.

35 유발 하라리(2017), 『호모 데우스: 미래의 역사』, 김명주 역, 김영사, 39.

36 루이즈 애런슨(2020), 앞의 책, 304.

03 노인을 바라보는 상반된 시각과 그 역사성

1 이성규(2019), 『數의 帝國, 秦漢: 計數와 計量의 支配』, 대한민국학술원, 668-669.

2 이성규(2019), 위의 책, 689.

3 이성규(1998), 「虛像의 太平: 漢帝國의 瑞神과 上計의 造作」, 『고대중국의 이해』4집,

지식산업사.

4   이성규(2019), 앞의 책, 715, 676.

5   賈誼, 『新書』 時變篇.

6   『漢書』 卷4 文帝紀 元年條.

7   中國畫像石全集委員會(2000), 『中國畫像石全集』, 山東美術出版社.

8   連運港市博物館 等(1997), 『尹灣漢墓簡牘』, 中華書局.

9   籾山明(2006), 「王杖木簡再考」, 『東洋史研究』 65-1.

10   김병준(1991), 「후한시대 리부로와 국가권력」, 『동양사학연구』 35.

11   彭浩等 主編(2008), 『二年律令與奏讞書』, 上海古籍出版社, 「奏讞書」 案例21.

12   陳偉 主編(2014), 『秦簡牘合集1卷(上): 睡虎地秦墓簡牘』, 武漢大學出版社, 「封診式」 告子.

13   彭浩等 主編(2008), 앞의 책, 「賊律」 簡35~36.

14   彭浩等 主編(2008), 위의 책, 「奏讞書」 案例21.

15   김병준(1993), 「진한시대 여성과 국가권력: 과징방식의 변천과 예교질서로의 편입」, 『진단학보』 75.

16   이성규(1998), 「漢代 『孝經』의 보급과 그 이념」, 『한국사상사학』 10.

17   김진우(2008), 「秦漢律의 '不孝'에 대하여」, 『中國古中世史研究』 19.

18   한주리(2020), 「秦漢시대 노약자 정책과 그 의미」, 서울대학교 동양사학과 석사학위 논문.

04 나이듦, 그 나이다운 삶에 대한 사유와 통찰

1   2022년 9월 현재 충청남도처럼 이미 초고령화 사회에 진입한 지자체도 있다. 이와 관련해서는 「충남도 초고령화사회 진입했다」, 『충남일보』, 2022년 9월 30일 자 참조.

2   「가팔라진 인구절벽 위기… 이민청 설립 공론화 나설 때」, 『세계일보』, 2022년 8월 25일 자.

3   이재영, 「'바이오 대전환'에 앞장서야 할 이유」, 『중앙일보』, 2022년 8월 17일 자.

4   노년다움을 순 한글 표현으로 옮기면 '늙음다움'보다는 '나이듦다움'이라는 표현이 더 적합하다. 물리적 노화나 노쇠의 이미지가 주로 떠오르는 늙음에 비해 나이듦은 성숙, 경륜, 노련 등이 이미지가 한층 전경화되어 있다고 판단되기 때문이다. 이러한 맥락에서 노년다움은 신체적, 정신적 노화 등 늙은 나이일 때의 제반 양상을 가리키는 것이 아니라 노인이자 사회적 어른으로서의 '그다움'을 가리킨다.

5   이 글에서 참조한 고전은 『논어(論語)』, 『맹자(孟子)』, 『순자(荀子)』, 『묵자(墨子)』, 『장자(莊子)』, 『여씨춘추(呂氏春秋)』, 『예기(禮記)』 등이다. 『노자(老子)』와 『한비자(韓非子)』는 유의미한 수준에서 노년다움과 관련된 사유를 담고 있거나 그것의 도출이 가능한 언급이 없었다.

6   노년과 청년은 위(魏)나라 조식(曹植)의 "오래 산 노인은 보이지 않고 단지 새로운 청년만 보인다(不見舊耆老, 但覩新少年)"(「응 씨를 송별하며[送應氏詩]」)에서처럼 '구(舊)', '신(新)'과 연결되기도 한다.

7   이는 『논어』 「안연(顏淵)」 편의 "임금은 임금다워야 하고 신하는 신하다워야 하며 아버지는 아버지다워야 하고 아들은 아들다워야 한다(君君臣臣父父子子)"라는 언명으로 대변된다.

8   請問爲人父. 曰, "寬惠而有禮." 請問爲人子. 曰, "敬愛而致文." -『순자』 「군도(君道)」.

9   爲上則不能愛下, 爲下則好非其上, 是人之一必窮也. -『순자』 「비상(非相)」.

10 子言之曰, "爲上易事也, 爲下易知也, 則刑不煩矣. -『예기』 「치의(緇衣)」.

11 民之本敎曰孝, 其行孝曰養. 養可能也, 敬爲難. 敬可能也, 安爲難. 安可能也, 卒爲難. -『여씨춘추』 「효행람(孝行覽)」 「효행(孝行)」.

12 是爲耆艾, 年先矣, 而無經緯本末以期來者, 是非先也. 人而無以先人, 無人道也. 人而無人道, 是之謂陳人. -『장자』 「우언(寓言)」.

13 子曰, "後生可畏, 焉知來者之不如今也. 四十五十而無聞焉, 斯亦不足畏也已." -『논어』 「자한(子罕)」.

14 學老身長子, 而與愚者若一, 猶不知錯, 夫是之謂妄人. -『순자』 「해폐(解蔽)」.

15 耆艾而信可以爲師. -『순자』 「치사(致士)」.

16 尊酌者衆則速盡, 萬物之酌大貴之生者衆矣, 大貴之生常速盡. 非徒萬物酌之也. 又損其生以資天下之人, 而終不自知. 功雖成乎外, 而生虧乎內. … 臨死之上, 顚倒驚懼, 不知所爲. -『여씨춘추』 「중춘기(仲春紀)」 「정욕(情慾)」.

17 당대(唐代) 백거이(白居易)의 "마흔아홉 나이, 몸 늙어가는 나날(四十九年身老日)"(「한식날 밤[寒食夜]」)과 같은 시구에는 이러한 관념이 잘 표출되어 있다.

18 공자가 말했다. "나에게 몇 년이 더 주어져 쉰 살까지 『역경』을 공부한다면 큰 허물이 없게 되리라.(子曰, "加我數年, 五十以學易, 可以無大過矣.") -『논어』 「술이(述而)」.

19 쉰 살만이 무언가를 완성해낸 다음에 맞이하는 나이인 것은 아니다. 가령 "세월 흐르고 흘러 곧 마흔인데, 정체되고 정체되어 일궈낸 것 하나 없다(行行向不惑, 淹留遂無成)"(도연명(陶淵明), 「음주(飮酒)16」)처럼 마흔 살도 무언가를 완성해낸 다음에 맞이하는 나이로 인지되기도 했다. 다만 나이 마흔이나 예순, 일흔보다는 쉰 살이 그러한 의미를 지니는 '문화적 나이'로 훨씬 주되게 인지되었다고 할 수 있다.

20　凡人中壽七十歲, 然而趨舍指湊, 日以月悔也, 以至於死. 故蘧伯玉年五十, 而知四十九年非, 何者. 先者難爲知, 而後者易爲攻也. –「회남자(淮南子)」「원도훈(原道訓)」.

21　四十九非, 一往不可復. –「심양의 자극궁에서 가을 느껴 짓다[潯陽紫極宮感秋作]」.

22　明朝四十九, 应转悟前非. –「섣달그믐 밤[除夜]」.

23　行年四十九, 还此北窗宿. … 世道如弈棋, 变化不容覆. –「이백에게 화답하다[和李太白]」.

24　"四十九年非" 고사는 중국뿐 아니라 조선에서도 널리 활용되었다. 이에 대해서는 전명순, "조선 전·중기 문인의 차운시 고찰–이백「潯陽紫極宮感秋作」 시에 대한 차운시를 중심으로"(중국인문학회, 『중국인문과학』 제75집, 2020) 등 참조.

25　五十養於鄕, 六十養於國, 七十養於學. –「예기」「왕제(王制)」. 이는 나이 쉰이 되면 향촌 차원에서, 예순이 되면 제후가 다스리는 국가 차원에서, 일흔이 되면 천자가 다스리는 천하 차원에서 그 나이듦을 공적으로 기념한다는 뜻이다.

26　五十始衰, 六十非肉不飽, 七十非帛不煖, 八十非人不煖, 九十雖得人不煖矣. 五十杖於家, 六十杖於鄕, 七十杖於國, 八十杖於朝, 九十者天子欲有問焉, 則就其室以珍從. –「예기」「왕제」.

27　五十曰艾. –『예기』「곡례상(曲禮上)」.

28　"五十曰艾"의 공영달 소, "髮蒼白, 色如艾也."

29　老者不以筋力爲禮. –『예기』「곡례상」.

30　이러한 관점은『묵자』에 잘 드러나 있다.『묵자』에서는 근력이 쇠퇴한 노인을 "종을 두드릴 때에는 노인과 아이를 써서는 안 된다. 노인과 아이는 귀와 눈이 잘 들리거나 밝게 보이지 않고 팔다리는 날래고 세지 않으며, 소리는 적절하게 맞추지 못하고 눈동자는 제때에 돌리지 못한다(惟勿撞擊, 將必不使老與遲者. 老與遲者, 耳目不聰明, 股肱不畢强, 聲不和調. 明不轉朴)"(「비악상(非樂上)」)라고 묘사하였다.

31　나이 쉰이면 힘을 쓰는 부역에 나아가지 않는다.(五十不從力政.) –『예기』「내칙(內則)」.

32　쉰 살이 되어 수레가 없는 자는 국경을 넘어 조문하지 않는다(五十無車者, 不越疆而弔人.) –『예기』「단궁하(檀弓下)」.

33　五十而慕則其終身慕可知矣. –『사서집주(四書集註)』.

34　大孝終身慕父母, 五十而慕者, 予於大舜見之矣. –『맹자』「만장상(萬章上)」.

35　莊子謂惠子曰, "孔子行年六十而六十化, 始時所是, 卒而非之, 未知今之所謂是之非五十九非也." –『장자』「우언(寓言)」.

36　盡其道而死者正命也. –『맹자』「진심상(盡心上)」.

37　이러한 관점은 맹자에게서만 목도되는 것은 아니다. 가령 "어리고 젊었을 때 효제하고 늙어서 예를 좋아하며, 속된 조류를 따르지 않으며 수신하여 죽음을 기다린다(幼壯孝弟, 耆耋好禮, 不從流俗, 修身以俟死)"(『예기』「사의(射義)」)와 같은 언급에서도 목

도된다.

38 存其心, 養其性, 所以事天也. 殀壽不貳, 修身以俟之, 所以立命也. 所以立命也. -『맹자』「진심상(盡心上)」.

39 사마천은 맹자가 젊어서는 자신의 뜻을 받아줄 군주를 지속적으로 찾아다녔고, 노년에는 고향으로 돌아와 제자 만장의 무리와 함께 『시경』과 『서경』의 뜻을 해설하였고 공자의 뜻을 서술하여 『맹자』 7편을 지었다고 증언하였다. 이와 관련해서는 『사기(史記)』「맹자순경열전(孟子荀卿列傳)」 참조.

40 60세는 기라고 하며 남에게 지시하여 시킨다. 70세는 노라고 하며 가사를 자손에게 전한다.(六十曰耆, 指使. 七十曰老, 而傳.) -『예기』「곡례상」

41 나이 일흔이면 정사에서 물러난다.(七十致政) -『예기』「왕제」; 50세는 명을 받아 대부가 되어 정사에 복무하고, 일흔이 되면 정사로부터 물러난다.(五十命爲大夫, 服官政. 七十致事.) -『예기』「내칙」; 대부는 일흔이 되면 정사로부터 물러난다.(大夫七十而致事.) -『예기』「곡례상」.

42 공사 차원 모두에서 일을 놓는 대신에 노년에는 부역에서 면제되고 제반 예법 및 형벌로부터도 면제된다.

43 家家績火夜深明, 处处新畲雨後耕. 常愧老身無一事, 地炉堅坐聽风声. -「밤에 앉아 있다[夜坐]」. 한편 3구는 "하는 일 없음"을 불편해 하는 의식을 자각하고 있다는 점에서 이를 노년다움의 한 경지로 볼 수도 있다.

44 總髮抱孤介, 奄出四十年. 形迹凭化往, 靈府长独闲. -「무신년 6월 화재가 발생하다[戊申岁六月中遇火]」.

45 吾十有五而志於學, 三十而立, 四十而不惑, 五十而知天命, 六十而耳順, 七十而從心所欲不踰矩." -『논어』「위정(爲政)」.

46 得衆動天, 美意延年. -『순자』「치사(致士)」.

47 樂易者常壽長, 憂險者常夭折. -『순자』「영욕(榮辱)」.

48 凡養生莫若知本. -「계춘기(季春紀)」「진수(盡數)」.

49 順性則聰明壽長. -「계춘기」「선기(先己)」.

50 夫死殃殘亡非自至也, 惑召至也. 壽長之常亦然. -「맹춘기(孟春紀)」「중기(重己)」.

51 味衆珍, 衣不燀熱. 燀熱則理塞, 理塞則氣不達, 味衆珍則胃充, 胃充則中大鞔, 中大鞔而氣不達, 以此長生可得乎. -「맹춘기」「중기」.

52 世之人主貴人, 無賢不肖, 莫不欲長生久視, 而日逆其生, 欲之何益. 凡生之長也, 順之也, 使生不順者, 欲也. -「맹춘기」「중기」.

05 박완서와 오정희의 노년소설 속 '견딤'의 감각

1   이 글은 「노년의 시간과 '견딤'의 감각-박완서와 오정희를 중심으로」라는 제목으로 『한국현대문학연구』68호 (2022.12.30.) 에 실린 것을 재수록하는 것임.

2   강조는 인용자의 것. 이하 모든 강조는 인용자의 것임.

3   시몬 드 보부아르(2020), 홍상희·박혜영 역, 『노년』, 책세상, 399.

4   오드리 로드의 산문집 『시스터 아웃사이더』(1984)를 번역한 박미선에 의하면, 로드가 이 책에 실린 글을 발표할 당시에는 여성들이 인종, 계급, 섹슈얼리티, 시민권상 지위, 학력, 나이 등에 따라 질적으로 다른 젠더 억압 경험을 경험한다는 것이 분명히 인식되지 못하던 때였다. 교차적 권력 구조를 공적으로 규명하기 시작했다는 점에서 오드리 로드는 교차성을 선구적으로 이론화한 인물이라 평가할 수 있다. 오드리 로드(2020), 「옮긴이 해제」, 주해연·박미선 역, 『시스터 아웃사이더』, 후마니타스, 349. 1981년에 출간되어 최근 우리말로 번역된 안젤라 데이비스의 『여성, 인종, 계급』(황성원 역, 아르테, 2022) 역시 "여성이 흑인, 노예, 가난한 사람일 때 여성성의 기준과 페미니즘 이론은 완전히 달라진다."(정희진, 「해제」, 20쪽)는 메시지를 던진다는 점에서 교차성 개념이 그 핵심에 놓여있음을 알 수 있다.

5   케이트 밀렛(2020), 김유경 역, 『성 정치학』, 샘앤파커스, 95.

6   노인의 지위는 '주어지는 것'이며 노인 문제는 '권력 문제'라는 결론에 도달함으로써 보부아르는 노년에 대한 획기적 인식 전환을 꾀한다. 시몬 드 보부아르(2020), 앞의 책, 120-121.

7   김윤식(2004), 「한국 문학 속의 노인성 문학」, 김윤식·김미현 편, 『소설, 노년을 말하다』, 황금가지, 249-280.

8   김미현, 「웬 아임 올드」, 위의 책, 282.

9   "박완서는 노년소설에서 가장 집중적으로 거론되는 작가이다." 송명희(2012), 「노년 담론의 소설적 형상화」, 부경대 인문사회과학연구소 노년인문학센터, 『인문학자, 노년을 성찰하다』, 푸른사상, 19.

10 관련된 최근 논문으로 정미숙의 「오정희 소설과 노년 표상의 시점시학」(『인문사회과학연구』 14-2, 부경대 인문사회과학연구소, 2013 및 박선애·김정석의 「오정희의 「동경」, 「얼굴」에 나타난 노년의 죽음 문제」(『인문과학연구』 31, 성신여대 인문과학연구소, 2013) 등을 꼽을 수 있다.

11 "소설은 삶의 외연적 총체성이 더 이상 구체적으로 주어지지 않고 있"지만 "그럼에도 총체성을 지향하고자 하는 시대의 서사시이다." 게오르그 루카치(1985), 반성완 역, 『소설의 이론』, 심설당, 70.

12 주디스 버틀러(2013), 양효실 역, 『윤리적 폭력 비판』, 인간사랑, 70.

13 주디스 버틀러(2013), 위의 책, 142.

14 시몬 드 보부아르(2020), 앞의 책, 405.

15 시몬 드 보부아르(2020), 위의 책, 404.

16 "목욕을 마치고 나오면서 거울 속에 비치는 모습을 **바라보기** 민망할 때가 있다. (중략) 그 여름에 나는 여느 때보다 훨씬 주의 깊게 길에서 마주치는 사람들의 몸을 살폈다. (중략) 나는 갑작스럽게, 그 여름에 늙음을 **보았다**. 제일 먼저 나 자신의 늙음을. 그리고 주변 곳곳에 널려 있는 다른 사람의 늙음을." 이자벨 드 쿠르티브롱(2021), 양영란 역, 『내가 늙어버린 여름』, 김영사, 72-75.

17 박완서(1997), 「너무도 쓸쓸한 당신」, 『문학동네』, 1997년 겨울호; 박완서(2015), 『그 여자네 집 – 박완서 단편소설 전집 6』, 문학동네, 182.

18 시몬 드 보부아르(2020), 앞의 책, 755.

19 장 아메리(2021), 김희상 역, 『늙어감에 대하여』, 돌베개, 75-79.

20 장 아메리(2021), 위의 책, 81.

21 자크 라캉(1993), 민승기 편, 민승기·이미선·권택영 역, 『자크 라캉 욕망 이론』, 문예출판사, 40-46.

22 박완서(1995), 「마른 꽃」, 『문학사상』, 1995년 1월호; 박완서(2015), 『그 여자네 집 – 박완서 단편소설 전집 6』, 문학동네, 35-36.

23 거울 단계는 "주체가 자기의 이미지나 자신의 신체와 사랑에 **빠지는**" 발달단계이다. 숀 호머(2006), 김서영 역, 『라캉 읽기』, 은행나무, 53.

24 오정희(1994), 「옛우물」, 『문예중앙』, 1994년 여름호; 오정희(2018), 『불꽃놀이 – 오정희 컬렉션』, 문학과지성사, 41.

25 오정희(2018), 위의 책, 25.

26 이자벨 드 쿠르티브롱(2021), 앞의 책, 75.

27 시몬 드 보부아르(2020), 앞의 책, 448.

28 오정희(1982), 「동경(銅鏡)」, 『현대문학』, 1982년 4월호; 오정희(2018), 『바람의 넋 – 오정희 컬렉션』, 문학과지성사, 264.

29 오정희(2018), 위의 책, 263.

30 김초엽·김원영(2022), 『사이보그가 되다』, 사계절, 40.

31 이 단락은 졸고, 손유경(2020), 「해제 – 소멸과 복원의 꿈」, 『박완서 중단편선』, 문학과지성사, 389쪽의 일부분을 요약·수정한 것이다.

32 장 아메리(2021), 앞의 책, 66.

33 박완서(2020), 「너무도 쓸쓸한 당신」, 『박완서 중단편선』, 문학과지성사, 175.

34 오정희(2018), 「옛우물」, 앞의 책, 31.

35 시몬 드 보부아르(2020), 앞의 책, 607.

36 시몬 드 보부아르(2020), 위의 책, 385.

37 박완서(1977), 「그 살벌했던 날의 할미꽃」, 『문예중앙』, 1977년 겨울호; 박완서(2015), 『배반의 여름 – 박완서 단편소설 전집 2』, 문학동네, 282.

38 박완서(1989), 「복원되지 못한 것들을 위하여」, 『창작과비평』, 1989년 여름호; 박완서(2015), 『나의 가장 나종 지니인 것 – 박완서 단편소설 전집 5』, 문학동네, 195.

39 박완서 소설에 나타난 노인 여성 인물을 전쟁 생존자로 의미화한 글로는 이민영의 「노인 여성의 기억과 생존의 전쟁 서사 – 박완서의 소설을 중심으로」(『한국현대문학연구』 61, 한국현대문학회, 2020.8.)가 상세하다.

40 박완서(2015), 「부처님 근처」, 『현대문학』, 1973년 7월호; 박완서(2015), 『부끄러움을 가르칩니다 – 박완서 단편소설 전집 1』, 문학동네, 107-110.

41 박완서(2015), 위의 책, 120.

42 박완서(1988), 「저문 날의 삽화 5」, 『소설문학』, 1988년 1월호; 박완서(2015), 『나의 가장 나종 지니인 것 – 박완서 단편소설 전집 5』, 문학동네, 152.

43 박완서(1997), 「길고 재미없는 영화가 끝나갈 때」, 『라쁠륨』, 1997년 봄호; 박완서(2015), 『그 여자네 집 – 박완서 단편소설 전집 6』, 문학동네, 149.

44 박완서(2015), 위의 책, 141.

45 박완서(1991), 「여덟 개의 모자로 남은 당신」, 『여덟 개의 모자로 남은 당신 – 정민소설선 2』, 정민; 박완서(2015), 『나의 가장 나종 지니인 것 – 박완서 단편소설 전집 5』, 문학동네, 287.

46 나카무라 유지로·우에노 치즈코(2004), 장화경 역, 『인간을 넘어서 – 늙음과 젊은, 남과 여』, 당대, 109.

47 박완서(2015), 「길고 재미없는 영화가 끝나갈 때」, 앞의 책, 129.

48 오정희의 「적요」에 등장하는 반신불수의 독거노인은 외로움을 견디다 못해 놀이터에서 노는 아이를 사탕으로 유인해 집에 데려와 수면제를 먹여 곁에 뉘어 놓는다. 오정희(1976), 「적요」, 『문학과지성』, 1976년 2월; 오정희(2018), 『불의 강 – 오정희 컬렉션』, 문학과지성사.

49 노인은 습관과 관습의 장막 뒤에 종종 몸을 숨긴다. 습관은 존재론적 안정감을 보장하기 때문이다. 이 습관을 되풀이함으로써 노인은 자신들이 존재한다는 것을 안다. 시몬 드 보부아르(2020), 앞의 책, 653-655.

50 오정희(2017), 「동경」, 『바람의 넋 – 오정희 컬렉션』, 문학과지성사, 261.

51 오정희(2017), 위의 책, 268.

52 오정희(2017), 위의 책, 251.

53 오정희(2017), 위의 책, 266.

54 「동경」에 등장하는 다양한 거울의 상징적 의미에 관해서는 박선애·김정석(2013), 「오정희의 「동경」, 「얼굴」에 나타난 노년의 죽음 문제」, 『인문과학연구』 31, 성신여대 인문과학연구소, 104-105쪽을 참고할 것.

55 노년에는 너무 잘 알고 있는 과거가 현재를 삼켜버린다. "늙어감에 따라 모든 것은 추억의 형태를 취한다. 심지어 현재조차도 그러하다. 사람들은 자기 자신조차 이미 지나버린 과거로 간주한다." 시몬 드 보부아르(2020), 앞의 책, 627.

56 오정희(2017), 「동경」, 앞의 책, 276.

57 오정희(2017), 위의 책, 274.

58 시몬 드 보부아르(2020), 앞의 책, 678.

59 장 아메리는 노인이 자신의 현재 몸을 혐오할수록 더욱더 시간의 축적으로 존재하는 자가 된다면서 이를 "시간으로 변모하는 늙은 자아"로 표현한 바 있다. 장 아메리(2021), 앞의 책, 77.

60 시몬 드 보부아르(2020), 앞의 책, 533.

61 김은정(2022), 강진경·강진영 역, 『치유라는 이름의 폭력』, 후마니타스, 11.

62 김은정(2022), 위의 책, 368.

06 노년의 거대한 예술적 실험

1 〈인왕제색도〉에 대해서는 오주석(1999), 『옛 그림 읽기의 즐거움 1』, 솔출판사, 205-227; 박은순(2008), 『이렇게 아름다운 우리 그림』, 한국문화재보호재단, 139-146; 홍선표(2014), 『조선 회화』, 한국미술연구소CAS, 391-399 참조.

2 국립중앙박물관에 소장되어 있는 정선의 『장동팔경첩(壯洞八景帖)』에는 인왕산 지역의 명승지인 창의문, 백운동, 청휘각, 청풍계를 그린 그림들이 들어 있다. 『장동팔경첩』에 대해서는 국립중앙박물관 편(2009), 『겸재 정선: 붓으로 펼친 조화』, 국립중앙박물관, 50-55 참조.

3 〈십팔학사도〉에 대해서는 홍선표(2014), 앞의 책, 368-383 참조.

4 〈사직송〉에 있는 정선의 서명과 인장 및 화풍을 살펴보면 이 그림은 그가 그린 그림으로 생각되지 않는다. 누군가 정선의 원본을 보고 모작(摹作)한 것으로 여겨진다. 그러나 〈사직송〉이 횡피 형식의 그림이라는 것은 정선이 족자 형식의 횡축 그림에 관심을 가지고 평생 몇 점의 횡피 그림을 그렸을 가능성을 알려준다. 〈사직송〉에 대

해서는 겸재정선기념관 편(2009), 『겸재 정선』, 겸재정선기념관, 186-187 참조.

5 최완수(1999), 『겸재를 따라가는 금강산 여행』, 대원사, 16-21, 70-77.

6 최완수(2004), 『겸재의 한양 진경: 북악에 올라 청계천 오간수문 바라보니』, 동아일
   보사, 229-233, 288-292.

7 홍선표(2004), 「정선 인왕제색도: 조선 산수화의 개벽, 만년의 기념비적 조화경」, 안
   휘준, 정양모 외, 『한국의 미, 최고의 예술품을 찾아서 1: 회화 공예』, 돌베개, 84-93.

8 오주석(1999), 앞의 책, 205.

9 정선의 삶에 대한 자세한 사항은 안휘준(2019), 『한국 회화의 4대가』, 사회평론아카
   데미, 179-330; 최완수(2009), 『겸재 정선』, 현암사; 이태호(1983), 「겸재 정선의 가
   계와 생애—그의 가정과 행적에 대한 재검토」, 『이화사학연구』 13·14, 83-93 참조.

10 趙榮祏(1984), 『觀我齋稿』, 영인본, 한국정신문화연구원, 250.

11 홍선표(2004), 앞의 책, 261-262.

12 〈인곡유거〉와 〈인곡정사〉에 대해서는 겸재정선기념관 편(2009), 앞의 책, 94-97 참조.

13 趙榮祏(1984), 앞의 책, 139.

14 趙榮祏(1984), 위의 책, 251.

15 이규상(1997), 민족문학사연구소 한문분과 옮김, 『18세기 조선 인물지: 병세재언록』,
   창작과 비평사, 145. 원문은 284쪽 참조. 이사천은 이병연(李秉淵, 1671-1751)이다.

16 그림 형식과 가격 차이에 대한 자세한 사항은 Ginger Cheng-chi Hsü(1991),
   "Zheng Xie's Price List: Painting as a Source of Income in Yangzhou", *Phoebus 6*,
   no. 2, 261-271 참조.

17 정선의 수응화에 대한 자세한 사항은 장진성(2006), 「정선과 수응화」, 『미술사의 정
   립과 확산: 항산 안휘준 교수 정년퇴임 기념논문집 1』, 사회평론, 264-289 참조.

18 정선이 수응화 제작에 사용한 기법인 휘쇄법(揮灑法), 권필(倦筆), 응졸지법(應猝之
   法)에 대한 자세한 사항은 장진성(2010), 「정선의 그림 수요 대응 및 작화 방식」, 『동
   악미술사학』11, 264-289 참조.

19 마성린의 가계에 대해서는 김두헌(2010), 「조선 후기 경아전 書吏 가계 연구—승문
   원 서리 마성린(1727-1798) 가계의 사례」, 『鄕土서울』76, 123-161 참조.

20 마성린의 대필화가로서의 활동에 대해서는 홍선표(2004), 앞의 책, 270, 510 참조.

21 정선이 〈인왕제색도〉를 그릴 당시 그의 친구였던 시인 이병연(李秉淵)은 윤 5월 29
   일에 사망하였다. 최완수는 이 점에 주목하여 〈인왕제색도〉는 정선이 이병연에게 마
   지막으로 보여주기 위한 그림 또는 이병연을 잃은 그의 슬픔을 표현한 작품으로 해
   석하였다. 한편 오주석은 정선이 생사를 오가던 이병연이 쾌차하기를 기원하며 그
   린 그림이 〈인왕제색도〉라고 하였다. 자세한 사항은 최완수(1993), 『謙齋 鄭敾 眞景山

374

水畫』, 汎友社, 186; 오주석(1999), 앞의 책, 216. 최근 김가희는 이병연 가문의 족보인 『한산이씨문열공파세보(韓山李氏文烈公派世譜)』를 근거로 이병연은 이미 같은 해 1월 4일에 사망했다고 주장하였다. 김가희(2022), 「정선(鄭敾, 1676-1759)의 화가적 정체성과 예술 전략」, 『미술사와 시각문화』30, 107-108, 120 참조.

22 최완수(2004), 앞의 책, 34-35.

23 인상주의에 대한 자세한 사항은 Richard Brettell(2000), *Impression: Painting Quickly in France 1860-1890*, New Haven and London: Yale University Press in association with the Sterling and Francine Clark Art Institute, Williamstown, Mass; James H. Rubin(1999), *Impressionism*, London: Phaidon; John Rewald(1973), *The History of Impressionism*, New York: Museum of Modern Art 참조.

07 고야의 〈결혼〉과 나이듦의 알레고리

1 Janis Tomlinson(1994), *Francisco Goya y Lucientes, 1746-1828*, London and New York: Phaidon, 87-89.

2 "El Rey se ha dignado determinar los asumptos de cosas campestres y Jocosas." Valentin de Sambricio(1946), *Tapices de Goya*, Madrid: Patrimonio Nacional, Archivo General de Palacio, doc. 129; Stephanie Stepanek, Frederick Ilchman, and Janis Tomlinson(2014), *Goya: Order and Disorder*, Boston: MFA Publications, 174, 363.

3 이러한 고야의 생각은 태피스트리 공장의 책임자가 카를로스 4세에게 보낸 편지에서도 드러난다. 이에 따르면 "고야는 궁정화가가 된 이상 (태피스트리 카툰을) 그리기 원하지 않는다."라고 했다. Sarah Symmons(2004), In Sarah Symmons(Ed.), *Goya: A Life in Letters*, London: Pimlico, 223; Juliet Wilson-Bareau and Manuela B. Mena Marqués(1994), *Goya: Truth and Fantasy. The Small Paintings*, New Haven and London: Yale University Press, 184.

4 Sarah Symmons(2004), *Letters*, 224.

5 Sarah Symmons(2004), *Letters*, 231.

6 Anthony J. Cascardi(2022), *Francisco de Goya and the Art of Critique*, New York: Zone Books, 63-64.

7 가령 로젠탈은 이 연작을 이루는 작품들 사이에 의미상 연결고리는 없다고까지 언급하며 개별 작품의 의미만을 분석했다. Donald A. Rosenthal(1982), "Children's

Games in a Tapestry Cartoon by Goya", *Philadelphia Museum of Art Bulletin* 78, 22.

8 고야가 결국 그리지 않은 다섯 점의 내용을 어떻게 구상했는지는 확인할 수 없으나 시리즈의 구성으로 미루어 볼 때 장년과 노년의 이미지를 생각했을 가능성이 있다.

9 Janis Tomlinson(1989), *Francisco Goya: The Tapestry Cartoons and Early Career at the Court of Madrid*, Cambridge University Press, 198-199.

10 María Ángeles Blanco Izquierdo and Gloria Clavería Nadal(2019), "Y así se dice...: los ejemplos y las notas de uso en los diccionarios académicos (1726-1852)," in Dolores Azorín, Gloria Clavería, and Enrique Jiménez Ríos, eds., *ELUA: El diccionario de la Academia y su tiempo: lexicografía, lengua y sociedad en la primera mitad del siglo XIX*, Anexo V, 343.

11 이 작품은 태피스트리로 제작되지 않았고 카툰은 1799년 오수나 공작이 구입하여 별장을 장식하는 데 사용되었다. 현재는 개인 소장.

12 Rosenthal(1982), "Children's Games", 19-21.

13 "Ceux cy qui tiennent le haut bout/pensent estre au dessus de tout,/mais leur descente sera prompte;//La chance tourne, et c'est ainsy/que tout roule en ce monde cy,/ou l'un descend quant l'autre monte." Rosenthal(1982), "Children's Games", 19에서 재인용.

14 Stephanie Stepanek, Frederick Ilchman, and Janis Tomlinson(2014), *Goya: Order and Disorder*, 142.

15 Sarah Symmons(2004), *Letters*, 196.

08 늙음을 받아들이는 지혜

1 이 글은 필자(2016)의 「늙음에 대한 인식과 格物의 공부」(『한문학논집』 44, 민속원)에서 다룬 바를 정리한 것이다.

2 조태채, 「歎衰」(『二憂堂集』 176, 31). 이하에서 한국고전번역원의 한국문집총간 집수와 면수를 밝힌다.

3 김창흡, 「落齒說」, 『三淵集』 165, 521.

4 소세양, 「齒病」, 『陽谷集』 23, 375.

5 이하곤, 「鑷白髮文」, 『頭陀草』 191, 519.

6 최립, 「歎衰」, 『簡易集』 49, 438.

7   권근, 「童頭說」, 『陽村集』 7, 209.

8   이용휴, 「洪獻納文伯壽序」, 『탄만집』 223, 25.

9   신좌모, 「水部郞中鄭璞園六十一壽序」, 『澹人集』 309, 519.

10 이민보, 「渼湖金公六十一歲壽序」, 『豊墅集』 232, 410.

11 박영원, 「姊兄公弼氏回甲壽序」, 『梧墅集』 302, 487.

12 신경준, 「淳園花卉雜說」, 『旅菴遺稿』 231, 127.

09 늙어가는 파우스트

1   데이비드 G. 트로얀스키(2012), 「18세기」, 팻 테인 편, 안병직 역, 『노년의 역사』, 글
    항아리, 327.

2   Goethe(2005), "Faust", *Hamburger Ausgabe, Bd. 3*, München: C. H. Beck. 이하
    본문에 행수만 표기.

3   Goethe(1981), "Italienische Reise", *Hamburger Ausgabe, Bd. 11*, München: C. H.
    Beck, 394.

4   Jocelyn Holland(2019), "Beyond Death: Posthuman Perspectives in Christoph
    Wilhelm Hufelan's Macrobiotics", Edgar Landgraf, Gabriel Trop, Leif Weatherby,
    ed., *Posthumanism in the Age of Humanism: Mind, Matter, and the Life Sciences
    after Kant*, London: Bloomsbury Academic, 373-374.

5   Albrecht Schöne(1999), *Johann Wolfgang Goethe Faust Kommentare*, Berlin:
    Deutscher Klassiker Verlag, 284-285.

6   Christoph Jürgensen(2018), *Autorschaft im Zeichen der Befreiungskriege*, Stutt-
    gart: J. B. Metzler, 3.

7   Schöne(1999), *Johann Wolfgang von Goethe Faust Kommentare*, 494-495.

8   요한 페터 에커만(2000), 『괴테와의 대화』, 박영구 역, 푸른숲, 368. (1829년 12월 6일)

9   요한 페터 에커만(2000), 위의 책, 649. (1830년 3월 14일)

10 프랑코 모레티(2001), 『근대의 서사시』, 조형준 역, 새물결, 52-57 참조.

11 독일어 'Schuld'는 '빚'과 '죄'의 뜻을 모두 가지고 있다. 한국어의 경우에는 양자의
    의미를 동시에 포함하는 어휘가 없어서 부득이 선택해야 하는 어려움이 있다. 파우
    스트의 구원이라는 문제에 집중하다 보면 'Schuld'는 '죄'로 번역해야 맞는 것처럼
    보인다. 그러나 'Schuld'를 '죄'로 한정하면 왜 '죄'가 파우스트의 궁전 앞에서 스스
    로 물러나는지 모호해질 뿐 아니라, 다른 자매들과의 의미론적 연결도 부자연스럽

다. '결핍', '죄', '근심', '곤궁'의 계열보다는 '결핍', '빚', '근심', '곤궁'의 계열이 '백발 노파'라는 알레고리 개념으로 더 일관성이 있다.

12 Goethe(1993), *Sämtliche Werke, Briefe, Tagebücher und Gespräche. Die Letzten Jahre. Teil 2. Vom Dornburger Aufenthalt 1828 bis zum Tode*, Deutscher Klassiker Verlag, 475. (1831년 10월 15일에 괴테가 Carl Friedrich Moritz Paul Graf von Brühl에게 보낸 편지)

10 나이듦에 대한 공자의 인식

1 이 글에는 내가 기존에 썼던 『논어처럼 이끌어라』(2023, 21세기북스)의 일부 내용을 전재하거나 수정하여 인용한 것이 있다.

2 이 글에 나오는 『논어』의 번역문은 내가 번역한 『논어: 개인윤리와 사회윤리의 조화』(2006, 살림출판사)의 것을 일부 수정하여 가져왔다.

3 『논어』에는 나이 50과 관련하여 "五十而學易"이라는 구절이 있다. 일반적으로 나이 50이 되어 『주역』을 공부한다는 뜻으로 해석하지만, 나는 이곳의 '易'을 『주역』으로 보지 않고 '亦'으로 풀며 '五十' 역시 '卒'의 뜻으로 풀어 "죽을 때까지 공부한다"라는 뜻으로 풀이하는 견해를 따르고 있다. 즉 이 구절은 구체적인 나이와 직접 관련이 없는 것으로 본다. 이때 이 구절은 나이를 먹어도 계속 공부해야 한다는 일반적 상황에 대한 강조이다.

4 楊伯峻 譯注, 『論語譯注』의 「論語詞典」(이장우,박종연 韓譯, 2002년 재판, 중문출판사) 참고. 아래의 '命'의 용례에 대한 설명도 마찬가지이다.

5 이하 강조는 모두 인용자의 것.

6 이 구절은 『논어』에 109회 쓰인 '인'에 대해 공자가 적게 말하였다는 설명이어서 논란이 되는 구절이다. '命'에 대해 공자가 많이 말하지 않았던 점은 분명해 보인다. (1)과 (2)가 공자 사후 가장 늦은 시기에 편찬된 것으로 알려진 「계씨」, 「요왈」에 보이는 구절이고, (3)은 자하의 말이며, (4)는 제자 자공을 평가하면서 공자가 직접 언급한 말이다. (5) 역시 제자들이 공자의 말을 정리한 것이다. 그렇다면 공자가 직접 말한 것은 (4)에 불과하며 공자는 '명', '천명'을 자주 언급하지 않았다는 주장이 가능하다.

7 리쩌허우(2006), 『논어금독』, 임옥균 역, 북로드, 670-671.

8 물론 이것이 사회적 부조리에 눈감고 가만히 있으라는 것은 아니다.

11 나이를 나타내는 단어의 의미장

1   Dixon, R. M. W.(1977), Where have all the adjectives gone?, *Studies in Language vol. 1*, Amsterdam: John Benjamins; Dixon, R. M. W.(1994), Adjectives, R. E. Asher et al.(eds.), *The Encyclopedia of Language and Linguistics*, Pergamon Press.

12 노인 돌봄의 의미와 본질

1   통계청. (2023). 인구로 보는 대한민국: 연령별 인구구조. 통계청. Retrieved from https://kosis.kr/visual/populationKorea/PopulationByNumber/PopulationBy-NumberMain.do?mb=N&menuId=M_1_4&themaId=D01

2   통계청. (2023). 사망자 수, 조사망률, 기대수명. Retrieved from https://kosis.kr/statHtml/statHtml.do?orgId=101&tblId=INH_1B8000F_02&vw_cd=MT_ZTI-TLE&list_id=A22&scrId=&seqNo=&lang_mode=ko&obj_var_id=&itm_id=&-conn_path=MT_ZTITLE&path=%252FstatisticsList%252FstatisticsListIndex.do

3   통계청. (2023). 출생아수, 합계출산율, 자연증가 등. https://kosis.kr/statHtml/statHtml.do?orgId=101&tblId=INH_1B8000F_02&vw_cd=MT_ZTITLE&list_id=A22&scrId=&seqNo=&lang_mode=ko&obj_var_id=&itm_id=&conn_path=MT_ZTITLE&path=%252FstatisticsList%252FstatisticsListIndex.do

4   통계청. (2021). 인구 총 조사. Retrieved from https://kosis.kr/statisticsList/statisticsListIndex.do

5   Glossary of Essential Health Equity Terms. Vulnerable population. Retrieved from https://nccdh.ca/glossary/entry/vulnerable-populations

6   통계청. (2021). 인구 총 조사. Retrieved from https://kosis.kr/statisticsList/statisticsListIndex.do

7   종합법률정보. (2023). 노인복지법. Retrieved from https://glaw.scourt.go.kr/wsjo/intesrch/sjo030.do?q=%EB%85%B8%EC%9D%B8%EB%B3%B5%EC%A7%80%EB%B2%95&tabGbnCd=#//

8   통계청. (2023b). 연도별 시·도별 급여종류별 장기요양기관 현황. Retrieved from https://kosis.kr/statHtml/statHtml.do?orgId=350&tblId=DT_35006_N019&vw_cd=MT_ZTITLE&list_id=350_35006_A004&scrId=&seqNo=&lang_mode=ko&-

obj_var_id=&itm_id=&conn_path=MT_ZTITLE&path=%252FstatisticsList%252F-statisticsListIndex.do

9   노인복지법 시행규칙 제22조 1항.
10 노인복지법 시행규칙 제18조 1-2항.
11 보건복지부. (2023). 장기요양등급판정기준에 관한 고시. 보건복지부. Retrieved from https://www.law.go.kr/행정규칙/장기요양등급판정기준에관한고시/(2018-146, 20180723)
12 종합법률정보. (2023). 노인복지법 시행규칙: 노인의료복지시설의 시설기준 및 직원배치기준, 운영기준. https://glaw.scourt.go.kr/wsjo/intesrch/sjo030.do?q=%EB%85%B8%EC%9D%B8%EB%B3%B5%EC%A7%80%EB%B2%95&tabGb-nCd=#1701754407367

13 나이듦을 읽다

1   사노 요코(2015), 『죽는 게 뭐라고: 시크한 독거 작가의 죽음 철학』, 이지수 역, 마음산책; 무루(2020), 『이상하고 자유로운 할머니가 되고 싶어』, 어크로스; Tove Jansson(2008), *The Summer Book*, New York Review Books; Deborah Levy(2019), *The Cost of Living: A Working Autobiography*, Bloomsbury 참조.
2   Cicero(2016), *How to Grow Old: Ancient Wisdom for the Second Half of Life*, trans. Philip Freeman, Princeton University Press; 시몬 드 보부아르(2016), 『노년: 나이듦의 의미와 그 위대함』, 홍상희·박혜영 역, 책세상.
3   보부아르(2016), 위의 책, 164-165 참조.
4   보부아르(2016), 위의 책, 667.
5   마르크 오제(2019), 『나이 없는 시간: 나이 듦과 자기의 민족지』, 정헌목 역, 플레이타임, 32, 12.
6   Anne Innis Dagg(2009), *The Social Behavior of Older Animals*, Johns Hopkins University Press, 참조.
7   마사 누스바움·솔 레브모어(2018), 『지혜롭게 나이 든다는 것: 현명하고 우아한 인생 후반을 위한 8번의 지적 대화』, 안진이 역, 어크로스, 213, 217, 215.
8   누스바움·레브모어(2018), 위의 책, 217, 218.
9   누스바움·레브모어(2018), 위의 책, 11, 216, 217.
10 Penelope Deutscher(2003), "Beauvoir's Old Age", *The Cambridge Companion*

to Simone de Beauvoir, Cambridge University Press, 289.

11 Lynn Segal(2014), *Out of Time: The Pleasures and Perils of Ageing*, Verso, 77.

12 누스바움·레브모어(2018), 앞의 책, 109, 136, 137.

13 Lynn Segal(2014), *Out of Time*, 14.

14 Susan Sontag(1972), "The Double Standard of Aging", *The Saturday Review*, September 23, 286-88, 294.

15 Susan Sontag(1972), "The Double Standard of Aging", *The Saturday Review*, 291.

16 마가릿 크룩생크(2016), 『나이듦을 배우다: 젠더, 문화, 노화』, 이경미 역, 동녘, 35, 104, 36.

17 마가릿 크룩생크(2016), 위의 책, 342.

18 마가릿 크룩생크(2016), 위의 책, 373, 390.

19 마가릿 크룩생크(2016), 위의 책, 28.

20 마가릿 크룩생크(2016), 위의 책, 410.

21 Susan Sontag(1972), "The Double Standard of Aging", 286.

22 김홍중(2009), 「진정성의 기원과 구조」, 『마음의 사회학』, 문학동네, 39-40.

23 Rachel Blau DuPlessis(1985), *Writing beyond the Ending: Narrative Strategies of Twentieth-Century Writers*, Indiana University Press, 3-5 참조.

24 마가릿 크룩생크(2016), 앞의 책, 410. Thomas R. Cole, Ruth Ray, and Robert Kastenbaum, eds., (2010) *A Guide to Humanistic Studies in Aging*, Johns Hopkins University Press, 10에서 재인용.

25 마가릿 크룩생크(2016), 앞의 책, 411.

26 Penelope Deutscher(2003), "Beauvoir's Old Age", *The Cambridge Companion to Simone de Beauvoir*, Cambridge University Press, 286.

27 Lynne Segal(2014), *Out of Time*, 91.

28 Deborah Levy(2019), *The Cost of Living*, 85, 87.

29 Lynne Segal(2014), *Out of Time*, 35.

30 전희경(2020), 「시민으로서 돌보고 돌봄 받기」, 『새벽 세 시의 몸들에게: 질병, 돌봄, 노년에 대한 다른 이야기』, 봄날의책, 36-37.

31 전희경(2020), 「시민으로서 돌보고 돌봄 받기」, 위의 책, 29, 55; 노르베르트 엘리아스(2012), 『죽어가는 자의 고독』, 김수정 역, 문학동네 참조.

32 전희경(2020), 「시민으로서 돌보고 돌봄 받기」, 위의 책, 64, 47.

33 전희경(2020), 「시민으로서 돌보고 돌봄 받기」, 위의 책, 68, 64, 73.

34 Lisa Baraitser(2017), *Enduring Time*, Bloomsbury, 2.

35 전희경(2020), 「'보호자'라는 자리: 돌보는 사람의 위치와 경험을 사유하기」, 앞의 책, 98.

36 D. W. Winnicott(1986), "Aggression, Guilt and Reparation," *Home Is Where We Start From: Essays by a Psychoanalyst*, ed. Clare Winnicott, Ray Shepherd, Madeleine Davis, W. W. Norton, 81.

37 Winnicott(1986), "The Concept of a Healthy Individual," *Home Is Where We Start From*, 22.

38 Lynne Segal(2014), *Out of Time*, 183.

39 Haim Hazan(1994), *Old Age: Constructions and Deconstructions*, Cambridge University Press, 74.

40 장 아메리(2014), 『늙어감에 대하여: 저항과 체념 사이에서』, 김희상 역, 돌베개, 32.

41 Charles Guignon(2020), "The End of the Story: A Narrativist View of Life's Finale", *The Evening of Life: The Challenges of Aging and Dying Well*, ed. Joseph E. Davis and Paul Scherz, University of Notre Dame Press, 96-98 참조.

42 "돌보는 사람은 언제나 조금 미리 사는 사람이다." 신형철(2022), 『인생의 역사』, 난다, 317.

찾아보기

강상진

서울대학교 철학과 교수. 서양 고중세철학사, 지성사를 연구한다. 독일 프라이부르크대학교에서 12세기 중세철학자 아벨라르두스에 관한 연구로 박사학위를 받았으며, 목포대학교 교수를 지냈다. 지은 책으로 『마음과 철학』(공저), 『사랑, 중세에서 종교개혁기까지』(공저) 등이 있고, 옮긴 책으로 아리스토텔레스의 『니코마코스 윤리학』(공역) 등이 있다.

김병준

서울대학교 동양사학과 교수. 중국이라는 근대국가의 틀을 뛰어넘어 동아시아라는 종합적 시야에서 고대사를 복원하려고 노력하는 중이다. 서울대학교에서 중국고대사 연구로 박사학위를 받았으며, 한림대학교 교수를 지냈다. 지은 책으로 『중국고대 지역문화와 군현지배』, 『동부 유라시아 카타콤 및 부장품의 전파 네트워크』 등이 있으며, 주요 논문으로 「신의 웃음, 성인의 樂」, 「'시각 문서'에서 '시각 석비'로」, 「漢代 묘장 분포의 변화」, 「경계를 넘어서: 동아시아 시각에서 본 고구려 벽화」, 「사마천의 비판적 『논어』 읽기와 그 서사」 등이 있다.

김월회

서울대학교 중어중문학과 교수. 고대와 근대 중국의 학술사상과 중국문학사를 입체적으로 재구성하는 것을 주로 연구한다. '인문적 시민사회' 구현을 위한 교양교육과 인문교육에 대해서도 연구하고 교육한다. 서울대학교 중어중문학과를 졸업하고 동 대학원에서 「20세기 전환기 중국의 문화민족주의 연구」로 문학박사학위를 받았다. 지은 책으로는 『깊음에서 비롯되는 것들』, 『춘추좌전: 중국문화의 원형이 담긴 타임캡슐』, 『무엇이 좋은 삶인가』(공저), 『인문정신이란 무엇인가: 동서양 고전과 문명의 본질』(공저), 『고전의 힘, 그 역사를 읽다』(공저) 등이 있다.

민은경

서울대학교 영어영문학과 교수. 18세기 영문학, 문화교류, 근대 철학과 미학, 문학사 등 폭넓은 관심사를 두고 영문학을 연구한다. 프린스턴대학에서 18세기 연구로 비교문학 박사학위를 받았다. 지은 책으로 중국과 18세기 영문학의 관계를 다룬 『China and the Writing of English Literary Modernity, 1690-1770』이 있으며, 주요 논문으로 「타인의 고통과 공감의 원리」, 「홉스, 여성, 계약—사회계약론에 여성이 있는가?」, 「Adam Smith and the Debt of Gratitude」, 「Fictions of Obligation: Contract and Romance in Margaret Cavendish and Aphra Behn」 등이 있다.

박정호

서울대학교 고고미술사학과 교수. 르네상스 이후 스페인과 이탈리아의 회화와 조각을 중심으로 서양 미술사를 연구한다. 뉴욕대학교에서 엘 그레코에 관한 연구로 박사학위를 받았으며, 메트로폴리탄미술관, 프릭컬렉션, 블랜튼미술관에서 일했다. 지은 책으로 『Men in Armor: El Greco and Pulzone Face to Face』, 최근 논문으로는 「17세기 스페인 여성 조각가의 창조적 전략: 루이사 롤단의 〈성모의 교육〉」, 「대항해시대와 미술: 17세기 항해자 그리스도 도상의 유통과 수용」 등이 있다.

박진호

서울대학교 국어국문학과 교수. 언어유형론, 대조언어학을 바탕으로, 다른 언어와의 비교/대조를 통해 한국어 문법을 연구한다. 서울대학교 국문과를 졸업하고, 동 대학원에서 석사, 박사학위를 받았으며, 한양대학교 교수를 지냈다. 최근에는 언어학의 도메인 지식을 자연어처리에 활용함으로써 보다 효율적인 인공지능 언어모델을 만들기 위한 공부도 하고 있다.

서은영

서울대학교 간호대학 교수. 간호 이론과 개념 개발, 암환자를 대상으로 질적 연구를 한다. 미국 펜실베니아 대학에서 박사학위를 받은 후, 샌디에고주립대학교에서 조교수를 지냈다. 최근에는 간호 중재의 효과를 입증하기 위한 스마트 간호 콘텐츠 개발 연구를 하고 있다. 한국간호교육학회와 아시아 종양간호학회의 회장으로 재임 중이며, 대한간호협회 이사로 활동하고 있다.

손유경

서울대학교 국어국문학과 교수. 현대문학을 연구한다. 서울대학교 국어국문학과를 졸업하고 동 대학원에서 박사학위를 받았다. 지은 책으로『고통과 동정』, 『프로문학의 감성 구조』, 『슬픈 사회주의자』, 『삼투하는 문장들』 등이 있고, 옮긴 책으로『지금 스튜어트 홀』이 있다.

오순희

서울대학교 독어독문학과 교수. 괴테를 연구한다. 카프카, 매체 연구도 이어오고 있다. 서울대학교를 졸업하고, 독일 뒤셀도르프대학교에서 괴테의『파우스트』에 대한 연구로 박사학위를 받았다. 현재 괴테와 카프카의 문학 세계를 비교하는 책을 집필 중이다.

이강재

서울대학교 중어중문학과 교수. 유가 문헌의 해석 방법에 대해 주로 연구한다. 중국의 고대 언어와 문헌을 전공하였고, 서울대학교에서 「『논어』상십편의 해석에 대한 연구」로 박사학위를 받았다. 서울대학교 인문학연구원 원장과 한국연구재단 인문사회연구본부장, 한국경학회 회장을 지냈다. 지은 책으로『고려본 논어집해의 재구성』,『논어처럼 이끌어라』등이 있다. 옮긴 책으로『고대중국어 어휘의미론』,『고대중국어』(공역),『고대중국어 어법론』(공역) 등이 있다.

이종묵

서울대학교 국어국문학과 교수. 한국고전문학을 연구한다. 서울대학교에서 「해동강서시파 연구」로 박사학위를 받았으며, 한국정신문화연구원(현 한국학중앙연구원) 교수를 지냈다. 선비의 운치 있는 삶을 사랑하여 한국의 옛글을 읽고 그 자취를 찾아다니는 것을 즐거움으로 삼는다. 지은 책으로『한국 한시의 전통과 문예미』,『조선의 문화공간』(총 4권),『우리 한시를 읽다』,『부부』,『절해고도에 위리안치하라』(공저),『돌아앉으면 생각이 바뀐다』,『조선시대 경강의 별서』(총 3권) 등이 있다. 옮기고 해설한 책으로『누워서 노니는 산수』,『부휴자담론』,『사의당지, 우리 집을 말하다』,『글로 세상을 호령하다』,『양화소록: 선비, 꽃과 나무를 벗하다』등이 있다.

장문석

서울대학교 서양사학과 교수. 이탈리아사와 유럽현대사를 연구한다. 영남대학교 역사학과 교수를 지냈으며, 지은 책으로『토리노 멜랑콜리』,『자본주의 길들이기』,『국부의 조건』(2인 공저),『근대정신은 어떻게 탄생했을까?』,『민족주의』,『파시즘』,『피아트와 파시즘』,『민족주의 길들이기』등이 있다. 옮긴 책으로『인간의 어리석음에 관한 법칙』,『파시즘의 서곡, 단눈치오』,『현대 유럽의 역사』,『스페인 은의 세계사』,『래디컬 스페이스』,『제국의 지배』,『만들어진 전통』(2인 공역) 등이 있다.

장진성

서울대학교 고고미술사학과 교수. 한국 및 중국 회화사를 연구한다. 서울대학교 고고미술사학과를 졸업하고, 미국 컬럼비아대학교에서 석사학위, 예일대학교에서 박사학위를 받았다. 지은 책으로『단원 김홍도: 대중적 오해와 역사적 진실』,『Landscapes Clear and Radiant: The Art of Wang Hui(1632-1717)』(공저) 등이 있다. 옮긴 책으로『화가의 일상: 전통시대 중국의 예술가들은 어떻게 생활하고 작업했는가』가 있다.